JEROME GROOPMAN
ABSCHIED VOM LEBEN

Jerome Groopman

ABSCHIED VOM LEBEN

Acht Schicksale, die Mut machen

Aus dem Amerikanischen von
Maria Zybak

verlegt bei Kindler

Titel der Originalausgabe: The Measure of Our Days
Originalverlag: Viking Penguin

Besuchen Sie uns im Internet:
www.droemer-knaur.de

Die Folie des Schutzumschlags sowie die Einschweißfolie
sind PE-Folien und biologisch abbaubar.
Dieses Buch wurde auf chlor- und säurefreiem
Papier gedruckt.

Umschlaggestaltung: Büro Jorge Schmidt, München
Umschlagfoto: Premium, Düsseldorf
Satz: Ventura Publisher im Verlag
Schrift: 10/13,32 Punkt Janson Text
Druck und Bindung: Wiener Verlag, Himberg
Printed in Austria
ISBN 3-463-40380-3

2 4 5 3 1

Zum Gedenken an meinen Vater,
der mich gelehrt hat zu lieben.

Inhalt

Vorwort

Herr, tu mir mein Ende kund
und die Zahl meiner Tage! ...
Nur wie ein Schatten geht der Mensch einher,
um ein Nichts macht er Lärm ...
Und nun, Herr, worauf soll ich hoffen?

PSALM 39

IM FRÜHJAHR 1974 holte mich, mitten in der Nacht, ein Anruf meiner Mutter aus dem Schlaf. Mein Vater, der Mensch, den ich über alles liebte und bewunderte, der Mensch, der mir mein Leben lang Vorbild gewesen war, lag nach einem schweren Herzinfarkt in einem kleinen Krankenhaus in Queens. Ich wohnte damals in Manhattan und studierte im zweiten Jahr Medizin an der Columbia University, bislang allerdings nur aus Büchern und im Labor. Ich fuhr sofort ins Krankenhaus und erlebte meinen Vater in der letzten Phase eines Herzstillstands. Er wurde von einem Allgemeinarzt betreut, den keiner von unserer Familie kannte und der weder besondere Fachkenntnis noch emotionale Unterstützung anzubieten hatte. Mein Vater starb vor meinen Augen. Er starb vor seiner Zeit – und ohne daß ihm, seiner Familie und seinen Freunden Zeit geblieben wäre, sich auf seinen Tod vorzubereiten.
Daß ich mich heute so sehr für eine solche Betreuung von Patienten und ihren Angehörigen einsetze, wie sie meinem Vater und

9

meiner Familie nicht vergönnt war, nämlich mit echter Anteilnahme und bester medizinischer Versorgung, geht zum Teil auf diese Erfahrung zurück. Und sie ist auch der sehr persönliche Bezugspunkt, warum mir die Zeit vor dem Tod so kostbar ist, so sehr wert, darum zu kämpfen.

Das biologische und emotionale Geschehen, das den Tod umgibt, fasziniert uns, löst aber gleichzeitig Abwehr in uns aus. Bis vor kurzem war es in unserer Gesellschaft praktisch tabu, offen über den Tod zu sprechen. Inzwischen debattieren sogar Gerichte und Gesetzgeber über Fragen von Krankheit und Tod. Bei solchen Debatten wird mir immer wieder bewußt, wie weit Gesetze und Vorschriften von der täglichen Praxis am Bett der Patienten entfernt sind.

Gerade diese Komplexität versuche ich in meinem Buch zu erfassen und zu beleuchten, nicht durch wissenschaftliche Analyse, sondern mit Hilfe wahrer Geschichten, die ich so erzähle, wie sie sich vor meinen Augen abgespielt haben – als medizinische Rätsel und menschliche Dramen. Manche dieser Geschichten kommen zu einer Lösung und liefern Antworten, andere werfen Fragen auf, für die wir eine Antwort erst noch finden müssen.

Ich werde oft gefragt, ob ich als Arzt nach zwei Jahrzehnten des Engagements für Menschen mit Krebs, Blutkrankheiten und Aids nicht »ausgebrannt« oder depressiv sei. Das Gegenteil ist der Fall, trotz allem Leid und Unglück, dem ich begegne, das ich miterlebe. Ich empfinde meine Arbeit als sehr bereichernd und befriedigend.

Es sind mehrere Dinge, die mir in Gegenwart des Todes Hoffnung und Kraft geben. Das eine ist die moderne Medizin mit ihren Möglichkeiten, die Dinge doch noch zum Guten zu wenden. Das andere sind die Weisheit und der Trost, die ich im Glauben finde. Und, was vielleicht am allerwichtigsten ist und in den folgenden Geschichten deutlich wird: Ich schöpfe aus dem, was meine Patienten mich lehren, Mut und Geduld.

Ich habe das Glück, neben meiner Arbeit als Arzt auch wissenschaftliche Forschung betreiben zu können. Im Labor sehe ich die Krankheit aus einem ganz anderen Blickwinkel als am Bett des Patienten. Dort habe ich die Welt der Moleküle und Gene vor mir – eine Welt, die ihre Geheimnisse angesichts der modernen Molekularbiologie, Proteinchemie und Hochleistungscomputer schnell preisgibt. Wenn ich erschöpft bin von den Anstrengungen und Enttäuschungen des Kampfes gegen eine unheilbare Krankheit, von dem ich weiß, daß wir ihn nicht gewinnen können, flüchte ich mich in die Laborarbeit. Der Gedanke, daß ich aktiv zur Entdeckung neuer Therapien beitrage, gibt mir bei allem Leid, das ich sehe, immer wieder neue Kraft. Ich vertraue darauf, daß die medizinische Wissenschaft die Welt verändert, daß durch sie tödliche Krankheiten eines Tages heilbar sein werden.

Ich war in der fünften Klasse, als mein Freund und Klassenkamerad Eric Gold eine akute lymphatische Leukämie bekam, die bei Kindern häufigste Form dieser Krankheit. Ich wußte damals nicht, was er hatte. Keiner in Mrs. Lavins Klasse wußte es, denn 1960 sprach man über so eine schlimme Krankheit nicht. Ich erinnere mich noch gut, wie sehr Eric sich veränderte, wie ihm allmählich das dunkelblonde Haar ausfiel, wie er immer hohläugiger wurde, wie sein fröhliches Lachen hinter einer müden, traurigen Maske verschwand. Seine Eltern versuchten ihn mit Geschenken aufzumuntern, und so bekam er als erstes Kind in unserem Arbeiterviertel ein Zehngangrad. Eric umrundete damit nachmittags oft langsam und vorsichtig den Schulhof, und wir, seine nichtsahnenden Freunde, schauten ihm neidisch zu.

Eines Tages war Eric verschwunden. Unserer Klasse wurde mitgeteilt, er sei an einer »Blutvergiftung« gestorben. Wir saßen alle ganz schockiert da und fragten uns, welches geheimnisvolle Gift unseren Spielkameraden getötet hatte.

Heute könnten wir Eric Gold heilen, wie die meisten Kinder mit akuter lymphatischer Leukämie in den 25 Jahren seit seinem Tod. Dank intensiver Forschung im Labor und in der klinischen Praxis konnten wirksame Therapien entwickelt werden, die, wenn sie miteinander kombiniert werden, die Krebszellen ausrotten und gesunde Zellen nachwachsen lassen. Für die wenigen Patienten, die auf die inzwischen allgemein angewandten Behandlungsmethoden nicht ansprechen, gibt es experimentelle Therapien, unter anderem die Knochenmarktransplantation.

Solche medizinischen Triumphe hat es in den letzten Jahrzehnten nicht nur einmal, sondern schon mehrmals gegeben, und auch jetzt stehen wir, vor allem bei Aids, wieder vor einem entscheidenden Durchbruch. Und weil ich das weiß, akzeptiere ich nicht, daß bestimmte Krankheiten »unbesiegbar« sein sollen. Dieser Glaubenssatz eines wissenschaftlich arbeitenden Mediziners, daß – mit genug Beharrlichkeit und Wissen – heute noch tödlich verlaufende Krankheiten einmal geheilt werden können, treibt mich immer wieder an, wenn ich bei dem vielen Leid, das ich sehe, manchmal fast nicht mehr weiterkann. Diesen Glauben an die medizinische Wissenschaft möchte ich auch meinen Patienten vermitteln, damit sie daraus neue Kraft schöpfen.

Ich bin zwar Wissenschaftler und stütze mich als solcher auf ein rationales Verständnis der Natur, aber ich bin auch ein Mensch mit einem zutiefst spirituellen Bezug zum Leben. Ich sehe in der Vielfalt und im Nutzen der Wissenschaft Wunder und Geschenke Gottes. Ich sehe im Kampf eines Patienten um sein Leben – um einen Neubeginn – ein Geschehen, das dieses Leben noch heiliger macht.

Ich bin in einer traditionellen jüdischen Familie aufgewachsen. Die weitverzweigte Verwandtschaft meiner Mutter – Chassidim, die im Gebiet der Karpaten in Ostungarn und Rumänien lebten, einem Gebiet, das durch Elie Wiesel bekannt wurde – ist größtenteils Opfer des Holocaust geworden. Die wenigen Brukkensteins, die die Hölle von Auschwitz überlebten, konnten durch eine Bürgschaft meiner Großmutter mütterlicherseits in die USA kommen und ließen sich in New York nieder, ganz in unserer Nähe. Ich wunderte mich als Kind immer über ihren seltsam leeren Blick und fragte mich, was die Geschichten bedeuten sollten, die sie sich bei Familientreffen mit gedämpfter Stimme auf jiddisch erzählten. Durch sie bin ich mir des unbeschreiblich

Bösen bewußtgeworden, das es in der Welt geben kann – des Bösen, das Millionen von Menschen als »anders« und lebensunwert gebrandmarkt hat. Manche ihrer Erfahrungen haben mir jedoch gezeigt, daß es auch das genau entgegengesetzte Verhalten gibt, eine beispiellose Güte und Hilfsbereitschaft, die selbst unter den widrigsten Umständen gedeihen können.

Als ich in der jüdischen Schule die Geschichten der Bibel und den Talmud, die Sammlung rabbinischer Lehrtexte, kennenlernte, suchte ich darin nach einer Erklärung für die Erlebnisse meiner Bruckenstein-Cousins. Ich kam zu dem Schluß, daß es in der eigenen Lebens- wie in der Weltgeschichte Phasen gibt, während denen Gottes Antlitz verborgen scheint und wo die Religion erst einmal keine Antworten liefert. Dennoch kann man auch in diesen Momenten Kraft im Glauben finden.

Und das gilt, wie ich festgestellt habe, auch für Zeiten schwerer Krankheit. Das Erbe meiner Vorväter, ihr Wissen um Freud und Leid, ihr Wissen, daß Glaube mit Zweifeln verbunden ist, bringt mir Erkenntnis und Trost.

Wie kann ich die Ängste und Qualen meiner Patienten nachvollziehen? Ich schaue auf eine entscheidende Phase meines Lebens zurück, als ich noch nicht in der Rolle des Arztes war. Kurz nach meiner Heirat im Jahr 1979, als ich für einen Marathonlauf trainierte, zog ich mir eine Rückenverletzung zu. Da ich möglichst schnell wieder gesund sein wollte, um für den bevorstehenden Lauf trainieren zu können, entschied ich mich für eine Operation anstelle einer »unblutigen« Rehabilitation. Die Operation ging schief. Ich wachte mit entsetzlichen Schmerzen auf und konnte meine Beine nicht mehr bewegen. Die Ärzte wußten nicht, was passiert war. Ich konnte nicht mehr gehen und war unsicher, ob dieser quälende Zustand sich jemals wieder ändern würde.

Diese körperlich und psychisch extrem belastende Situation und der mühsame Weg zurück ins Leben sind eine Erfahrung, die nur wenige Ärzte machen. Ich habe mich selbst als verletzlich, verwirrt und leidend erlebt, als Patient, der sich in den Trümmern seiner Welt mühsam zurechtzufinden versucht, der gesagt bekommt, es gebe keine Garantie, daß er jemals wieder ein normales Leben führen könne. Was zum Glück nach jahrelanger anstrengender Physiotherapie doch wieder der Fall war.

Warum habe ich mich vor diesem Hintergrund entschieden, Facharzt für Blutkrankheiten und Krebs zu werden und mich später auch intensiv mit Aids zu beschäftigen?

Zunächst, weil das Studium der Krebserkrankungen eine große intellektuelle Herausforderung für mich war. Die normale Zellphysiologie läßt ein streng geregeltes Programm von Wachstum und Reifung mit einem genau festgelegten Ablauf erkennen. In der Geschichte einer einzelnen Zelle ist die Geschichte des größeren Organismus zusammengefaßt: Geburt, Fortpflanzung, Reifung und Tod. Gegen diese Ordnung rebelliert die Krebszelle. Sie hält sich nicht an diesen Ablauf, sondern reproduziert sich unkontrolliert, ohne zu reifen. Und sie sucht sich mysteriöserweise auch andere Orte für ihre wilde Fortpflanzungsorgie; sie verläßt ihren angestammten Platz in den Geweben und dringt ungehemmt in Körperräume vor, wo sie nicht hingehört. Es handelt sich um einen Prozeß, der als »Metastasierung« bezeichnet wird.

Aids ist das biologische Spiegelbild zum Krebsprozeß. Anstelle eines ungebremsten Zellwachstums kommt es hier jedoch zum vorzeitigen Zelltod. Das HI-Virus, Verursacher der Krankheit Aids, greift die T-Zellen an, die für das Immunsystem von entscheidender Bedeutung sind. Es kapert diese Abwehrzellen sozusagen, indem es seine Virusgene in den Kern der T-Zellen einbringt. Dann vermischt sich das tödliche Programm des Virus mit der DNS, die wir von unseren Eltern mitbekommen. Die T-Zellen, vorher Schlüsselstellen unseres Immunsystems, werden zu Fabriken, die neue HI-Viren produzieren und uns damit für Mikroben anfällig machen, die sonst harmlos sind, nun jedoch lebensbedrohliche Infektionen verursachen.

Über die Wunder der Biologie und die Komplexität der Zell- und Virus-DNS und der Proteine hinaus faszinierten und beschäftigten mich jedoch auch die komplexen Vorgänge im Patienten, der sich mit seiner Sterblichkeit konfrontiert sieht, seine psychischen Anstrengungen in der Auseinandersetzung mit seiner Krankheit.

Ich gehöre zu den Ärzten, die die allerersten Aids-Fälle – sie wurden 1981 in Los Angeles diagnostiziert – zu sehen bekamen. Nach Abschluß meiner Fachausbildung in Hämatologie und Onkologie in Harvard hatte ich eine Assistentenstelle an der University of California in Los Angeles angenommen. In meinem ersten Jahr an der UCLA sprach die ganze Klinik über den schwierigen Fall eines jungen Prostituierten, der sich »Queenie« nannte. Er hatte auf den Straßen von Hollywood ein entwürdigendes Leben geführt und kam mit einer seltsamen neuen Krankheit in die Universitätsklinik, die später unter dem Namen Aids weltweit bekannt werden sollte.

Im folgenden Jahr hatten wir viele Fälle dieser neuen, unspezifischen Erkrankung unter jungen homosexuellen Männern. Wir wußten nichts über die Krankheit, noch konnten wir sie behandeln; den Patienten blieb daher nur wenig Zeit. Ihr mysteriöser, viel zu früher Tod bewegte mich zutiefst, und deshalb beschloß ich, mich an der Erforschung dieser Krankheit und der Pflege der betroffenen Patienten zu beteiligen.

Ich hatte zu diesen verängstigten, psychisch angeschlagenen Patienten einen besonderen Bezug – aus den gleichen Gründen, weshalb viele Ärzte den Umgang mit ihnen mieden. Ich spürte, daß ich ihnen diese schwere Zeit ein wenig leichter machen konnte. Ich stellte fest, daß ich, wie bei Krebspatienten, ohne jede Scheu oder Berührungsangst an ihren Betten stehen und mein Herz öffnen konnte. In solchen Momenten wußte ich, daß ich ihr Leid auch mit der Medizin der Freundschaft ein wenig gelindert hatte.

Ich habe also auf meinem Weg als Arzt und Wissenschaftler zwei Begleiter. Der eine ist Krebs, den ich mir während meiner Fachausbildung selbst ausgesucht habe. Der andere ist Aids, die mysteriöse Krankheit, die ohne Einladung zu mir gekommen ist. Mir

15

wurde schon früh in meiner Laufbahn klar, daß beide Begleiter ähnliche Kraft und ähnliches Wissen erfordern, um ihre Gesellschaft aushalten zu können. Die folgenden Geschichten machen deutlich, daß Krebs und Aids mich viel mehr über das Leben gelehrt haben als über den Tod.

Kirk

»ICH BESTEHE DARAUF. Das ist doch Schwachsinn. Ich bin vierundfünfzig. Ich lege mich doch in dem Alter nicht hin und sterbe. Ich
bin ein Kämpfer. Das nehme ich Ihnen nicht ab, daß man *nichts*
mehr tun kann.«

Kirk Bains lehnte sich bei diesen Worten aufgeregt vor und fixierte mich mit seinen gelblich verfärbten Augen. Offenbar versuchte
er an meinem Gesicht abzulesen, wie die Antwort ausfallen würde; er suchte nach irgendeinem Anhaltspunkt. Wahrscheinlich hat
er sich das bei seinen geschäftlichen Verhandlungen angewöhnt,
dachte ich, daß er seine Kunden mit Blicken festnagelt und abzu-
schätzen versucht, ob die jeweilige Sache und Person seine Zeit
und Mühe überhaupt wert ist. Nur daß diesmal die Rollen umgekehrt waren.

»Sie kennen die Krankenberichte von Yale, vom Sloan Kettering
und M. D. Anderson. Sie meinen, daß ich zu krank sei für ihre
Forschungsstudien. Also lassen Sie sich etwas einfallen. Nehmen
Sie mich als Versuchskaninchen. Ich gehe dauernd Risiken ein.
Mein ganzes Leben habe ich das getan. Das ist mein Geschäft. Ich
werde Sie nicht vor Gericht zerren, seien Sie unbesorgt. Mein
Cousin Grant sagt, Sie sind ein medizinisches Genie, ein Wun-
derdoktor.«

»Nett von Grant, das zu sagen, aber ich bin kein Genie und auch
kein Wunderdoktor, Mr. Bains.«

»Dr. Groopman, Sie müssen es sein. Sie sind meine letzte Hoffnung.

Ich hatte Kirk Bains' Krankenberichte gelesen, alle 96 fotokopierten Seiten, und mich hatte die blanke Verzweiflung gepackt. Geniale Ideen kamen nicht auf. Ich hatte nach irgend etwas gesucht, das übersehen oder unzureichend untersucht worden war – in der Hoffnung, ich könnte darauf eine sinnvolle und vielleicht wirksame Behandlung aufbauen. Aber jedes nüchterne Computertomogramm, jedes Blutbild und jeder Operationsbericht war ein weiterer Stein in einer geradezu undurchdringlichen Mauer von Tatsachen. Die Onkologen in Yale, am Sloan Kettering und M. D. Anderson waren schnell zu ihrer abschließenden Diagnose gekommen, im typischen, sachlichen Telegrammstil der Medizinersprache in den Berichten festgehalten: »Diffus metastasierendes Nierenkarzinom. Mehrere Organe einschließlich Leber, Knochen und Lunge betroffen. Behandlung aussichtslos. Palliative Therapie empfohlen.«

Ich stellte mir vor, wie sie seiner Frau Catherine diese Diagnose unter vier Augen und mit ernstem Gesicht mitgeteilt hatten, damit sie ihm schonend beibrachte, daß er keine Chance hatte: Der Krebs hat sich schon im ganzen Körper ausgebreitet; die wenigen Medikamente, die wir haben, helfen in diesem Stadium nicht mehr; er hätte nur unter ihren schweren Nebenwirkungen zu leiden; er hat höchstens noch ein paar Wochen zu leben; am besten nehmen Sie Ihren Mann wieder mit nach Hause, damit er in Frieden sterben kann.

Ich schaute Kirk Bains an – pechschwarzes Haar, Adlernase, ein kantiges, entschlossenes Gesicht, gutaussehend – und fragte mich, wie lange es wohl dauern würde, bis er sich mit seinem Zustand abfand. Dann fiel mein Blick auf den Stapel Krankenblätter vor mir, die ich als störend empfand und möglichst weit wegschob, als hätten sie bei einem vertraulichen Gespräch unter Freunden nichts zu suchen. Ich holte einen unbenutzten Block mit weißem liniertem Papier aus der Schublade und legte ihn, bereit zum Schreiben, an die Stelle, wo vorher die Krankenberichte gelegen hatten.

»Ich habe die Berichte gelesen, Mr. Bains ...«

»Sagen Sie doch Kirk zu mir, Dr. Groopman.«

»Okay, dann bin ich für Sie Jerry. Lassen Sie uns noch einmal ganz von vorne anfangen. Ich möchte die Geschichte von Ihnen selbst hören – die Berichte vergessen wir erst mal –, und zwar in allen Einzelheiten, seit dem Tag, als Sie gespürt haben, daß etwas nicht stimmt. Dann werde ich Sie untersuchen. Von Kopf bis Fuß. Und anschließend werden wir gemeinsam nachdenken.«

Kirk Bains nickte, lehnte sich in seinem Stuhl zurück, holte tief Luft und begann zu erzählen.

Daß ich ihn zum vierten Mal seine Krankengeschichte wiederholen ließ und ihn erneut untersuchte, war keine bloße Routine als Rechtfertigung, um ihm seine Bitte um Hilfe abschlagen zu können. Wenn ich ihn vernünftig betreuen wollte, mußte ich erst die Richtigkeit der Informationen überprüfen, die ich seiner Krankenakte entnommen hatte. Und auch wenn sich keine neuen Fakten oder körperlichen Befunde ergaben, erfuhr ich durch die persönliche Schilderung des Patienten und meine Untersuchung doch eine ganze Menge. Es war eine Erfahrung der Sinne – Hören, Berühren, Sehen –, die mir den Zugang zur außersinnlichen Dimension der Intuition eröffnete.

Ich wollte nach und nach die wichtigsten Punkte in Kirks Leben durchgehen – wie seine Eltern und Geschwister waren, welche Ausbildung er hatte, was er beruflich machte, wie er lebte, wie seine privaten Beziehungen aussahen, wie frühere und gegenwärtige Erkrankungen und Therapien verlaufen waren –, um alles möglichst gut nachvollziehen zu können.

Hatte ich mir aus seinen Schilderungen ein Bild von seiner Vergangenheit gemacht, würde ich mit der körperlichen Untersuchung den Schritt in seine Gegenwart machen. Meine Hände würden seinen Bauch abtasten, um die Größe und Struktur der inneren Organe festzustellen; meine Augen würden hinter seine Pupillen schauen, um an der Netzhaut Hirndruck und Durchblutung zu überprüfen; meine Ohren, über das Stethoskop verbunden, würden seine Herztöne hören.

Allerdings befürchtete ich, in Kirks Fall vielleicht gar keinen Zugang zu meiner Intuition zu bekommen, denn die medizinische Wissenschaft schien mich in eine Gefängniszelle gesperrt zu haben, aus der es kein Entkommen gab. Die Computertomogramme, die Blutbilder und Operationsbefunde waren wie Gitterstäbe vor dem Fenster, die übereinstimmenden Diagnosen meiner Kollegen in New Haven, New York und Houston wie stählerne Fesseln, die es mir unmöglich machten, mich geistig und seelisch auf ihn einzustellen.

»Ich war auf dem Golfplatz in Palm Beach. Am 20. September, vormittags. Mit zwei japanischen Investoren. Sie waren aus Osaka eingeflogen. Wollten meinen Anteil an einer Raffinerie am Golf von Mexiko kaufen, in der Nähe von Galveston. Ich bin der Hauptinvestor. Die Raffinerie expandiert zur Zeit, wir setzen darauf, daß das Ölgeschäft wieder anzieht. Ein guter Zeitpunkt zum Einsteigen – frühzeitig, bevor jede Oma es mitgekriegt hat. Jedenfalls sind wir früh auf den Platz gegangen, bevor es richtig heiß wird. Die Japsen sind ganz scharf aufs Golfspielen, wußten Sie das? Wenn Sie mal was von einem wollen, gehen Sie am besten erst mit ihm Golf spielen. Es schadet auch nichts, wenn Sie ihn gewinnen lassen.«

Ich nickte, unangenehm berührt von seiner rüden Art, dachte dann aber, daß ihm seine Unverfrorenheit im Kampf gegen den Krebs vielleicht helfen würde.

»Und beim ersten Abschlag spürte ich es … dieses Ziehen im Rücken. Es war eigentlich kein Schmerz. Nicht wie bei Ischias, das hatte ich vor ein paar Jahren mal. Nicht wie ein Messerstich. Mehr ein dumpfer Schmerz, wie bei einem starken Muskelkater. Er saß auf der rechten Seite. Ich versuchte ihn zu ignorieren, aber er verging den ganzen Vormittag nicht. Eine Menge Schläge wurden zu lang, die Bälle landeten im Rough. Ich spielte alle 18 Löcher. Diesmal mußte ich die Japsen gar nicht absichtlich gewinnen lassen.«

Kirk hielt inne, um tief Luft zu holen. Ich bemerkte, daß sich seine Lippen leicht bläulich verfärbt hatten – Zyanose, ein Zeichen,

daß der wenige Sauerstoff im Blut schon bei einer minimalen Anstrengung wie dem Sprechen aufgebraucht war.

»Haben sie Ihren Anteil an der Raffinerie denn gekauft?«

»Noch nicht. Aber sie werden. Sie kommen nach Weihnachten
noch mal. Eigentlich nach Neujahr, das ist ihnen ja fürchterlich
wichtig. Sie müssen mich also bis Januar von diesem verdammten
Tumor befreien. Ich werde mit ihnen wieder auf den Golfplatz
gehen. Und je nachdem, bei welchem Preis wir uns einigen, werde ich sie schlagen oder gewinnen lassen – aber auf jeden Fall nur
ganz knapp.«

Kirk sah mich mit einem listigen, wissenden Lächeln an, als hätte
er in mir einen Mitverschwörer gefunden.

Seine bisherige Krankengeschichte ergab keinen Anhaltspunkt,
warum Kirkland Bains mit vierundfünfzig Jahren Nierenkrebs bekam. Er war auf dem Landsitz der Familie in Newport, Rhode Island, geboren und aufgewachsen. Niemand in der Familie hatte,
soviel man wußte, eine Blasen- oder Nierenerkrankung gehabt.
Die Bains besaßen seit Generationen Schiffbaufirmen an der Süd-
küste von Neuengland, die Kirk und sein Vater allerdings selten
besuchten. Sie wurden von Geschäftsführern geleitet; solange die
Bilanz stimmte und die Firmen jedes Jahr gute Profite abwarfen,
zog sein Vater es vor, das sorglose Leben eines Mannes zu führen,
der in eine reiche Familie hineingeboren wurde. Kirk und seine
Mutter folgten ihm an die Orte, wo die High-Society sich traf:
Den Herbst verbrachte man in Manhattan, den Sommer auf
Mount Desert Island in Maine, und im Frühjahr machte man
eine Europareise.

Wir wissen, daß zwischen Nierenkrebs und verschiedensten Um-
weltgiften ein Zusammenhang besteht. Zu den bekanntesten dieser Schadstoffe zählt Kadmium, ein Metall, das beispielsweise in
Batterien verwendet wird. Viele Fabriken, die ihre Produktions-
abfälle einfach in nahe gelegene Flüsse kippten oder in schlecht
gesicherten Behältern in der Erde vergruben, haben den Grund-
wasserspiegel dadurch in weitem Umkreis verseucht. Das Kadmium reichert sich in den Nieren an, und Spuren des Metalls konn-

ten auch in den bösartigen Zellen gefunden werden, die die Keimzelle des Krebses sind. Andere Industriematerialien wie Erdölprodukte und Asbest, der im Schiffs- und Wohnungsbau verwendete Isolierstoff, werden ebenfalls mit Nierenkrebs in Verbindung gebracht. Als ich Kirk fragte, ob er mit solchen Materialien zu tun gehabt hätte, versicherte er mir jedoch, er habe sich in den Firmen seines Vaters nie »die Hände schmutzig gemacht«. Sein Vater hatte ihm erklärt, wie das Geschäft finanziert wurde, welche Gewinnspannen und Abschreibungsmöglichkeiten es gab, und er hatte immer gesagt, es wäre »dumm, als Sohn des Chefs so zu tun, als sei er ein Arbeiter«. Jedenfalls, erzählte Kirk weiter, habe die Familie nach dem Tod seines Vaters Ende der fünfziger Jahre alle Firmen liquidiert – zum Glück, denn kurze Zeit später brach die ganze Schiffbauindustrie in Neuengland zusammen.

Seit strengere Bestimmungen für den industriellen Einsatz von Kadmium, Asbest und Erdölprodukten erlassen wurden, gingen die Fälle von Nierenkrebs, die auf diese Schadstoffe zurückzuführen waren, erheblich zurück. Damit rückte Tabak zum größten Risikofaktor auf, mit einer um das Zwei- bis Dreifache erhöhten Krankheitshäufigkeit. Die Teerstoffe aus dem Zigarettenrauch gelangen über die Lunge in den Blutkreislauf und lagern sich dann, wie Kadmium, Asbest und petrochemische Stoffe, in den Nieren ab. Kirk sagte, er habe früher geraucht, allerdings nur kurze Zeit im Internat und nur ein paar Zigaretten am Tag.

»In den fünfziger Jahren haben in Saint Grotlesex alle geraucht«, meinte er.

»Wo ist Saint Grotlesex?« Von einem Internat dieses Namens hatte ich noch nie gehört.

»Das gibt's gar nicht. Besser gesagt, nicht an *einem* Ort. Es ist mehr ein Zustand. Gemeint sind damit die besonders snobistischen Internate, noch eine Klasse über Andover und Exeter. Saint Grotlesex ist eine Zusammenziehung aus Saint Paul's, Saint Mark's, Saint George's, Groton und Middlesex. Nur Jungen aus reichen, alteingesessenen Familien wurden aufgenommen. Heute reden sie von einer neuen ›Vielfalt‹. Als ich in Groton war, redeten wir nur über eins. Wer's wem besorgt und so. Ich habe aber mit dem Rauchen aufgehört, als ich nach Dartmouth ging. Dafür habe ich als Hauptfach Alkoholkunde genommen. Auf dem Diplom stand ›Betriebswirtschaft‹, aber eigentlich kannte ich mich viel besser mit Bier aus. Bier verursacht keinen Nierenkrebs, oder?«

»Nicht, daß ich wüßte.«

»Schade. Wir könnten den Brauereien die Luft abdrehen, dann gezielt Informationen über ihre schlechte Lage verbreiten und eine Menge Geld machen.«

»Und beide ins Gefängnis gehen.«

»Krankenhaus. Gefängnis. Das ist kein großer Unterschied.«

Kirk hatte mit seinem vom Vater ererbten Vermögen eine unabhängige, auf Risikokapital und Warentermingeschäfte spezialisierte Investmentfirma gegründet und war schon in der ganzen Welt herumgekommen. Er war nach Lagos gegangen, als der Ölboom in Nigeria begann und »jeder, der nicht ein paar Goldbarren im Gepäck hatte, wenn er Afrika verließ, ein Idiot sein mußte«. Er war eine Zeitlang in Ägypten gewesen, hatte sich aber am unteren Nil keine Bilharziose zugezogen – eine Erkrankung, bei der ein Parasit das Urogenitalsystem befällt, dort Entzündungen und Vernarbungen im Gewebe verursacht und zu einer erhöhten Anfälligkeit für Blasenkrebs führt. Er war keiner Strahlenbelastung ausgesetzt gewesen, hatte noch nie Nierensteine gehabt. Er nahm ungern Medikamente, nicht einmal freiverkäufliche Kopfschmerztabletten, die die Nieren belasten können und bei regelmäßiger Einnahme und hoher Dosierung mit Nierenkrebs in Verbindung gebracht werden.

»Wir Bains sind unglaublich zäh. Beste Ware. Ein Versuch lohnt sich bei mir allemal«, meinte Kirk mit so energischer Stimme, wie es sein begrenztes Atemvolumen zuließ.

Bei dieser speziellen Krebsform hatte man jedoch schon vieles versucht, und nichts hatte den gewünschten Erfolg gebracht. Das ging mir immer wieder durch den Kopf, als ich Kirk zuhörte. Alle bekannten Chemotherapeutika sind in der Behandlung von Nierenkrebs schon ausprobiert worden, und die »Erfolgsrate«, also der Prozentsatz an behandelten Patienten, deren Tumoren nach der Therapie signifikant geschrumpft waren, war minimal. Deshalb fragen sich die Forscher, warum Nierenkarzinome so resistent sind gegen Zellgifte, die bei anderen Krebsformen gute Erfolge bringen, sogar bei Tumoren in angrenzenden Bereichen wie Harnleiter und Blase. Warum läßt sich Nierenkrebs so schwer behandeln?

Vieles weist darauf hin, daß an der Oberfläche der bösartigen Zelle, die sich schließlich zum Nierenkrebs auswächst, eine Art überaktive »Pumpe« sitzt. Diese »Pumpe«, ein Plasma-Glykoprotein, ist ein normaler Bestandteil der Nierenzellen. Sie befördert unerwünschte Stoffe, die fortlaufend in die Zellmembranen und das Zytoplasma eindringen, wieder nach draußen. Eigentlich könnten wir dankbar dafür sein, daß Zellen, deren Aufgabe es ist, unerwünschte und giftige Abfallstoffe aus unserem Blut herauszufiltern – die dann als Urin ausgeschieden werden –, mit wirksamen »Pumpen« ausgestattet sind, die verhindern, daß sich schädliche Moleküle festsetzen.

Doch nun trägt ein Verräter diesen Schutzpanzer, den unsere Nieren von der Natur bekommen haben, und er macht ihn sogar noch widerstandsfähiger. Wenn Onkologen die als Chemotherapie bezeichneten toxischen Moleküle einsetzen, um den Tumor anzugreifen, werden sie von den Krebszellen mühelos zurückgeschlagen und von dem Plasma-Glykoprotein schnell wieder in den Blutkreislauf »gepumpt«. Niemand hat bisher eine Strategie entwickelt, um diesen Schutzpanzer zu durchdringen und die überaktive Pumpe der Krebszellen abzustellen, ohne den normalen Abwehrmechanismus zu zerstören. Da Nierenkrebs praktisch alle Chemotherapeutika schlichtweg ignoriert, wird er im Onkologenjargon als mehrfachresistent bezeichnet.

Kirk kam nun zum Ende seiner Krankengeschichte und erzählte, wie er aus Palm Beach zurückgekommen war und seinen Internisten in Tarrytown, New York, aufgesucht hatte. Dieser meinte, der Schmerz im Rücken komme von einer Muskelzerrung, die er sich beim Golfspielen zugezogen habe. Eine Woche später bekam Kirk jedoch Fieber, und sein Urin färbte sich rötlichbraun wie Tee, was den Internisten zu einer genaueren Untersuchung veranlaßte. Die Teefarbe kam von kleinen Mengen Blut im Urin, und er wurde zum Urologen geschickt, der die Ursache der Blutung feststellen sollte. Der Urologe konnte bei der körperlichen Untersuchung nichts Ungewöhnliches finden, erklärte Kirk jedoch, daß Blut im Urin immer aufgeklärt werden müsse. Als erstes wurde eine Zystoskopie gemacht, bei der ein teleskopartiges Instrument von außen über die Harnröhre in die Blase geschoben wird. Auch diese Untersuchung ergab nichts Auffälliges. Deshalb wurden eine intravenöse Pyelographie, eine Röntgenaufnahme der Nieren nach intravenöser Injektion eines Kontrastmittels, und anschließend ein Computertomogramm des Bauchraums gemacht, um die blutende Stelle in den Nieren selbst zu finden.

Der Urologe hatte Kirk das Ergebnis nach einer langen Vorrede mitgeteilt und ihm erklärt, daß Nierenkrebs besonders heimtückisch und schwer festzustellen sei, weil er, wie in seinem Fall, häufig in den Bauchraum hineinwachse und deshalb bei der körperlichen Untersuchung kaum zu ertasten sei. Man hatte eine Geschwulst mit einem Durchmesser von etwa zwölf Zentimetern entdeckt, die sich vom oberen Pol der rechten Niere bis zur Leberbasis erstreckte, und Krebstentakel, die in die großen Venen, auch die Vena cava, eingedrungen und entlang dieser Kanäle weitergewachsen waren. Ein Krebstentakel hatte sich durch das Zwerchfell bis in den Venenkreislauf des Brustraums vorgeschoben. Wenn man nicht sofort etwas unternahm, würde er bald in den rechten Herzvorhof eindringen.

In der zweiten Oktoberwoche war Kirk im New Haven Hospital in Yale operiert worden. Der Primärtumor und die betroffene Niere waren erfolgreich entfernt worden, ebenso die bösartigen Tentakel in den Venen. Gegen die zahlreichen Absiedelungen in Leber, Darm und Beckenknochen konnte der Chirurg mit seinem Skalpell jedoch nichts ausrichten.

»Ich hatte gehofft, es wäre wie im Film *Der Exorzist*«, witzelte

Kirk. »Erinnern Sie sich, wie der Priester den Dämon herausgeholt hat, dieses blutige, eklige Etwas? Ich dachte, der Chirurg würde es genauso machen. Vielleicht wäre ich mit einem Priester besser drangewesen als mit einem Arzt. Hätte nie gedacht, daß ich die Geistlichkeit mal brauchen würde. Im Moment sagen alle, es wäre gut für mich.«

»Sind Sie denn in einer Kirche?« Ich versuche immer herauszufinden, welche religiösen Bindungen der Patient und seine Familie haben, welchen Bezug zum Glauben. Gott, ob wir ihm positiv, negativ oder gleichgültig gegenüberstehen, ist ein ganz wichtiger Faktor, wenn es um den Tod geht.

»Ja, bei den Episkopalen. Ich feiere gern Weihnachten. Gut essen. Weihnachtslieder singen. Den Baum schmücken. Geschenke verteilen. Das macht Spaß. Aber die Religion ... Ich halte nicht viel von einer Kirche, die gegründet wurde, weil Heinrich VIII. eine jüngere Frau haben wollte.«

Ein skeptischer Blick war meine Antwort darauf.

»Oder anders gesagt: Ich investiere nicht gern langfristig. Die schnelle Rendite ist mir lieber. Ich möchte nicht für Dividenden schuften, die erst im Himmel ausbezahlt werden.«

Ich gab Kirk zu verstehen, daß ich ihn nun untersuchen wollte. Er zögerte, wandte den Blick ab und schaute bedrückt zu Boden.

»Meine Frau Cathy muß mir beim Ausziehen helfen. Allein komme ich nicht mehr damit klar. Kann Ihre Assistentin sie aus dem Wartezimmer holen?«

Cathy, eine großgewachsene, braunhaarige Frau mit Pagenfrisur, tiefblauen Augen und einem fließenden Blümchenkleid, half Kirk aus seinem blauen Blazer und nahm ihm die tannengrüne Krawatte ab – die Collegefarben von Dartmouth, wie ich erfuhr. Das gestärkte weiße Hemd saß jedoch derart straff über dem aufgeblähten Bauch voller Krebsgeschwülste, daß sie es mit ihren zitternden Fingern erst gar nicht aufbekam.

»Ich war noch unerfahren, als ich Kirk heiratete«, meinte Cathy mit einem nervösen Lachen. »Ich glaube, ich habe nie gelernt, wie man einen Mann auszieht.«

Kirk reagierte nicht auf ihre scherzhafte Bemerkung, und es wurde auf einmal bedrückend still im Zimmer. Cathy half Kirk noch aus dem letzten Kleidungsstück, blauen baumwollenen Boxershorts, so daß seine von aufgestauter Flüssigkeit prallen Genitalien kurz sichtbar wurden, ehe ich ihm ein Krankenhaushemd überstreifte. Ich band es hinten nur lose zusammen, damit ich Lunge und Herz mit dem Stethoskop abhören konnte, ohne ihn allzusehr zu entblößen.

»Ich bestehe nur noch aus Wasser, sogar meine Eier macht der Krebs ganz dick.«

Cathy wandte sich ab und winkte uns mit einem gezwungenen Lächeln im Gesicht kurz zu, als sie hinausging. Kirk nahm ihr Gehen nicht zur Kenntnis.

»Das Krankenhaus hat diese Saison nicht beim besten Schneider gekauft«, scherzte ich.

»Ja, dieses Hemd ist überhaupt nicht mein Stil«, entgegnete er verdrießlich.

Krankheit macht den Menschen zum Hilfsbedürftigen, und es kommt unweigerlich zu Situationen, wo er sich schämt und gedemütigt fühlt, gerade in Momenten wie diesem, wo er sich vor einem anderen entblößt, auch wenn es ein Arzt ist. Ich dachte an die Zeit, als ich nach der mißglückten Operation an der Wirbelsäule dalag, unfähig, meine Beine zu bewegen, halb nackt in dem unförmigen Krankenhaushemd. Ich war mir damals wie ein monströser Säugling vorgekommen, ein bemitleidenswertes Wesen, das von anderen herumgetragen, gewaschen und angezogen werden mußte.

Ich wollte Kirk zu verstehen geben, daß ich ihn nicht als verunstalteten, mitleiderregenden »Patienten« sah, sondern als wertvollen und kompetenten Menschen.

»Erzählen Sie mir noch was von Galveston«, sagte ich, als ich das Stethoskop anlegte, um seine Lunge abzuhören.

»Sie investieren?«

»Nicht wie Sie. Ich habe nur ein paar ganz normale Fidelity-Wertpapiere. Aber Risiko-Investment finde ich interessant.«

»Warum?«

»Weil es eine gewisse Ähnlichkeit mit wissenschaftlicher Forschung hat. Man glaubt, die Zukunft sehen zu können. Und um seine Vision zu verwirklichen, geht man ein kalkuliertes Risiko ein. Man versucht, aus ungewöhnlichen Ideen Kapital zu schlagen, indem man technisches Wissen, Menschen und andere Ressourcen mobilisiert. Und man muß sehr kritisch mit sich sein, alle Probleme und Rückschläge sofort angehen, weil man sich keine Illusionen leisten kann.«

Kirk nickte wissend. Er erzählte ausführlich von seinem neuesten Geschäft, wie er als erster eingestiegen war, als er erkannt hatte, daß der Ölbedarf stark ansteigen würde, teils weil der Irak immer noch kein Öl exportieren durfte, teils wegen der anhaltenden wirtschaftlichen Expansion. Und jetzt, nur fünf Monate später, wollten alle einsteigen, besonders die Japaner. Dies bedeutete, daß es Zeit zum Verkaufen war. Er rechnete mit einer hübschen Rendite, etwa 100 Prozent.

»Aber es gibt einen Unterschied zwischen dem, was ich mache, und dem, was Sie tun«, fuhr Kirk fort. »Das Produkt ist mir absolut egal. In Ihrer Welt ist es das Produkt, das zählt – neues Wissen, mit dem Sie eine Krankheit heilen können. Mir bedeutet das Produkt gar nichts. Es kann Öl sein, Platin, Software oder sonstwas. Es ist ein trickreiches Geschäft um das ganz große Geld, und wenn ich genug verdient habe, steige ich aus.«

Ich fuhr mit der Untersuchung fort, während er erzählte, was ihn bei seiner Arbeit antrieb: das herrliche Gefühl, eine gute Chance zu erkennen, bevor alle anderen sie sahen; die Herausforderung, sich schnell entscheiden zu müssen; der Spaß daran, wie jeder jeden auszutricksen versuchte. Ich ertastete mandelgroße, steinharte Knoten hinter seinem linken Ohr, sicherlich Absiedelungen seines Nierenkrebses am unteren Schläfenbein. Die Atemgeräusche waren aufgrund der Geschwülste im Brustraum durchgängig rauh und pfeifend. Sein Bauch, angefüllt mit malignem Aszites, einer proteinreichen Flüssigkeit, die Leber, Milz und Lymphknoten abgesondert hatten und nun Heerscharen schwimmender Krebszellen nährte, wölbte sich vor, als wäre er im letzten Schwangerschaftsmonat. Als ich seine Leber abtastete, konnte ich die steinharten Metastasenknoten an der Oberfläche spüren. Im Beckenbereich gab es mehrere druckempfindliche Stellen, die den im Computertomogramm sichtbaren Tumoren entsprachen. Die Beine waren unförmige Säulen, die an den Knöcheln noch breiter wurden, weil viel Flüssigkeit durch die Schwerkraft und das Gewicht des Oberkörpers nach unten sackte.

Ich konnte gut verstehen, warum so viele Kliniken Kirk wieder nach Hause geschickt hatten, denn ich konnte der Prognose nur zustimmen: Ihm blieben wahrscheinlich nur noch ein paar Wochen. Er würde bald an Sauerstoffmangel sterben, weil der Tumor langsam die Lunge zerfraß, oder nach Leber- oder Nierenversagen ins Koma fallen, weil der Krebs auch diese Organe bald zerstört haben würde. Ich konnte während der Untersuchung spüren, wie der Tod die letzte Lebensglut bereits auszulöschen begann: die kalte Haut, die eingesunkenen, gelblich verfärbten Augäpfel, die Flecken auf Haut und Lippen.

Aber Kirk war nicht bereit zu sterben. Er wollte eine Chance, eine Chance zu kämpfen. Und ich war seine »letzte Hoffnung«. Aber gab es überhaupt noch Hoffnung?

Ich überlegte und suchte nach einer Möglichkeit, nach irgend etwas, worauf ich eine Therapie aufbauen konnte, die ihm wenigstens ein bißchen helfen könnte. Obwohl eine Chemotherapie bei Mehrfachresistenz kaum wirksam war, hatte ein Medikament, Vinblastin, in manchen Fällen einen Erfolg gebracht. Vinblastin ist ein toxischer Wirkstoff aus der Pflanze Immergrün, der die Zellteilung oder Mitose hemmt. Ich schätzte die Chance, daß dieses Medikament Kirk half, auf bestenfalls 1:100. Und wenn es die Geschwülste teilweise zum Schrumpfen brachte, dann wäre der Effekt wahrscheinlich nur vorübergehend, während die Nebenwirkungen von Vinblastin dauerhaft sein können: Rückgang der Blutkörperchen, erhöhte Infektionsanfälligkeit und Darmlähmung, was aufgrund des zurückgehaltenen Inhalts zu einer schmerzhaften Darmerweiterung führen würde. Eine solche

Darmlähmung wird als Ileus bezeichnet, und da bei Kirk der ganze Bauchraum voll von Metastasen und Aszites war, wäre ein solcher Ileus eine besonders schreckliche Nebenwirkung. Männer bekommen drei- bis fünfmal häufiger Nierenkrebs als Frauen; man nimmt daher an, daß männliche Hormone seine Entstehung fördern und daß weibliche Hormone sie hemmen. In einigen Fällen soll das weibliche Hormon Progesteron einen Nierenkrebs zum Schrumpfen gebracht haben. In einem derart fortgeschrittenen Stadium wie bei Kirk schätzte ich die Erfolgschancen jedoch noch geringer ein als bei Vinblastin. Die schlimmste Nebenwirkung von Progesteron ist die Hyperventilation. Bei den vielen Metastasen in der Lunge würde er eine Hyperventilation kaum verkraften; sie könnte sogar einen Lungenkollaps auslösen, weil die Brustmuskeln durch den hormonbedingten Drang, schneller zu atmen, zunehmend ermüden.

Ich wußte über den traurigen Stand klassischer Therapien bei metastasierendem Nierenkrebs deshalb so gut Bescheid, weil man mich als Vorsitzenden der Gutachterkommission für biologische Therapien bei der staatlichen Gesundheitsbehörde FDA vor fünf Jahren um die Beurteilung neuer Behandlungsansätze gebeten hatte. Biologische Therapien sollen das körpereigene Immunsystem zur Bekämpfung von Infektionen oder Krebs anregen, indem sie sich Proteine zunutze machen, die jeder Mensch von Natur aus hat. Der Ansatz war, die Natur gewissermaßen zu übertreffen und ihre »Reparaturwerkzeuge« gezielter einzusetzen. Das Konzept interessierte seriöse Wissenschaftler wie alternative Heiler, denn man hoffte, »natürliche« Methoden würden die größte Wirkung erzielen und am wenigsten schaden.

In manchen Fällen bestätigte sich diese Hoffnung. Man entdeckte, daß ein Protein namens G-CSF sozusagen als physiologischer Regulator bei der Bildung von neutrophilen Granulozyten fungiert. Neutrophile Granulozyten sind weiße Blutkörperchen, die im Knochenmark gebildet werden, sich im ganzen Körper verteilen und vor Bakterien schützen. Treffen sie auf einen solchen Eindringling, verschlingen und zerstören sie ihn. Patienten mit einer geringen Zahl an neutrophilen Granulozyten – zum Beispiel solche, bei denen das Knochenmark durch eine Chemotherapie geschädigt ist – haben eine erhöhte Anfälligkeit für lebensbedrohliche bakterielle Infektionen. Das Protein G-CSF wurde auf gentechnischem Weg in großen Mengen hergestellt und bei solchen Krebspatienten getestet. Das G-CSF zeigte enorme Wirkung; es förderte merklich die Produktion neutrophiler Granulozyten und senkte damit die Infektionsanfälligkeit. Unsere Kommission empfahl der Gesundheitsbehörde einstimmig die Zulassung von G-CSF als Medikament, und es wird in den USA inzwischen allgemein als lebensrettende biologische Therapie bei Krebspatienten eingesetzt.

Andere Ansätze der biologischen Therapie erweisen sich jedoch als weniger fruchtbar, insbesondere solche, bei denen das Immunsystem dazu angeregt werden soll, Krebszellen unschädlich zu machen. Hier sollen die körpereigenen Systeme der Immunüberwachung genutzt werden. Truppen sogenannter Killer- oder T-Zellen sind ständig auf Patrouille, um alle Krebszellen, die sie entdecken, zu zerstören. Bei Menschen mit einer Immunschwäche, zum Beispiel bei Aids-Kranken, führt der Verlust dieser Abwehrreaktion sehr schnell zur Entwicklung aggressiver Krebsformen – zu einem Lymphom oder Kaposi-Sarkom. Warum die Killerzellen bei Patienten ohne offenkundige Immunschwäche, zum Beispiel auch bei Kirk, ihren Auftrag, Krebszellen aufzuspüren und zu zerstören, nicht mehr durchführen, wissen wir nicht.

Es wurde ein natürliches Protein namens Interleukin-2 entdeckt, das die Killer- oder T-Zellen aktiviert. Erste Forschungen am National Cancer Institute in Bethesda zeigten, daß die Behandlung mit Interleukin-2 in manchen Fällen zur Rückbildung des Nierenkarzinoms führen kann. Daraufhin wurden breitangelegte Untersuchungen mit Interleukin-2 durchgeführt; schließlich wurde bei der FDA ein Antrag auf Zulassung für diese Therapie gestellt. Und wiederum sollte unsere Gutachterkommission für die FDA ein unabhängiges Gutachten über die Vorteile und Risiken einer Behandlung mit Interleukin-2 bei Nierenkrebs erstellen. Es wurde eine schwierige und hitzige Debatte. Wir alle waren uns einig, daß es für diese spezielle Krebsform keine gute Therapie gab. Es stellte sich jedoch heraus, daß Interleukin-2, obwohl es sich um eine natürliche Substanz handelt, in der hohen Dosierung, wie sie zur Stimulierung der T-Zellen-Produktion offenbar notwendig war, schwere Nebenwirkungen hat. Bei den meisten behandelten Patienten kam es zu hohem Fieber und Hautausschlag am ganzen Körper, zu schwerer Beeinträchtigung der Herz- und Lungenfunktion mit Ödembildung, zu starkem Blutdruckabfall und nachfolgendem Schockzustand. Es gab zwar gelegentlich aufsehenerregende Erfolge; im allgemeinen war die positive Wirkung jedoch nur von kurzer Dauer. Außerdem wurden Tumorrückbildungen hauptsächlich bei Patienten mit wenigen Tochtergeschwülsten beobachtet und nicht in Fällen von breitgestreuter Metastasierung und Organversagen wie bei Kirk. Von dieser Behandlung würde wahrscheinlich nur eine kleine Gruppe von Nierenkrebspatienten profitieren, und das um den hohen Preis der schweren Nebenwirkungen. Der anfängliche Optimismus, daß Interleukin-2 ein hochwirksames Mittel zur Stärkung der körpereigenen Abwehrkräfte gegen Krebs sein würde, schwand zunehmend.

Unsere Gutachterkommission empfahl schließlich den Einsatz von Interleukin-2, allerdings nur für die kleine Gruppe von Krebspatienten im Frühstadium und bei strenger Überwachung. Wir fanden es wichtig, daß dieses Protein den Menschen zugänglich gemacht wurde, denen es möglicherweise helfen konnte, selbst wenn die Chance nur gering war, denn es gibt keine echten Alternativen. Der größeren Gruppe von Nierenkrebspatienten wollten wir mit unserer Empfehlung zum begrenzten Einsatz des Mittels die toxischen Nebenwirkungen bei höchst ungewissem Nutzen ersparen.

»Nehmen Sie mich als Versuchskaninchen.«

War Kirk wirklich klar, was das bedeutete? Konnte er die erheblichen Risiken und den minimalen Nutzen wirklich nüchtern abwägen? Wie vernünftig können unsere Entscheidungen sein, wenn wir verzweifelt sind und nicht vorbereitet auf den Tod?

Klinische Versuche sind der Motor des Fortschritts in der modernen Medizin. Dazu müssen die grundlegenden Erkenntnisse aus der Laborforschung auf die klinische Praxis übertragen werden. Voraussetzung für ethisch einwandfreie klinische Versuche mit neu entwickelten Therapien ist zudem die Einverständniserklärung des Patienten, der vorher umfassend aufgeklärt werden und aus freiem Willen zustimmen muß. Diese Verfahrensweise wurde mit größter Sorgfalt erarbeitet, um sicherzustellen, daß der klinische Versuch ethisch zulässig und wissenschaftlich stichhaltig ist. Nach den grauenhaften Menschenversuchen der Nazis schrieben die Regierungen zwingend vor, daß alle Versuche an Menschen von Aufsichtsgremien überprüft werden müssen, die sich aus Wissenschaftlern, Anwälten, Patientenanwälten, Geistlichen und Ärzten zusammensetzen. Vorrang hat für diese Gremien die Frage, ob der mögliche Nutzen für die Testperson größer ist als die erwarteten Risiken.

Aber Kirk paßte in keines der ethisch und wissenschaftlich überprüften Forschungsvorhaben, weder bei uns in Harvard noch an einer der angesehenen Krebskliniken, wo er bereits gewesen war. Er war zu krank; sein Krebs war zu weit fortgeschritten – in der harten Terminologie der Forschung ein sogenannter Ausreißer, der kaum einen Nutzen, dafür aber höchstwahrscheinlich starke Nebenwirkungen haben würde. Das war der Grund, warum ihn die anderen Kliniken abgewiesen hatten.

Ich schaute Kirk an, seinen aufgetriebenen Körper, und versuchte etwas zu erkennen, was nicht in den Laborbefunden, den Computertomogrammen und Untersuchungsberichten stand. Und ich sah in seinen Augen einen unbändigen Lebenswillen, eine große Entschlossenheit, trotz allem nicht aufzugeben, denn ihm mußte schon seit langem klar sein, daß er im Endstadium war, daß es keine Hilfe mehr für ihn gab. Ich wußte noch nicht, warum er um jeden Preis leben wollte. Wir waren uns noch zu fremd, als daß ich ihn direkt hätte fragen können. Aber ich spürte die Energie, die noch in diesem todkranken Körper steckte, die Kraft, die er mir mit seinem Händedruck hatte demonstrieren wollen, die Intensität, mit der er von seinem Ölgeschäft erzählte, auch seinem Ärger über Cathy, als sie die Knöpfe an seinem Hemd nicht gleich aufbekam.

Und ich prüfte meine eigenen Motive, um ganz sicher zu sein, daß ich das, was ich möglicherweise für ihn tun würde, auch wirklich für ihn tat und nicht für mich. Daß ich ihm nicht meine Hilfe anbieten würde, um der große Held zu sein, der verwegene Cowboy, der, nachdem alle Sheriffs die Flucht ergriffen haben, in die Stadt geritten kommt und in einem dramatischen Auftritt seine Revolver leerfeuert, obwohl die Kugeln ihr Ziel gar nicht erreichen.

Was würde eine Behandlung bei Kirk rechtfertigen? Daß es eine echte Chance gab, ihm helfen zu können. Aber wann konnte man von einer »echten Chance« sprechen? Reichte eine Chance von 1 zu 50? Und wenn die Chancen 1 zu 100 oder 1 zu 1000 ständen? Wo wollte man die Grenze ziehen?

Ich mußte an die Geschichte aus der Genesis denken, in der Abraham mit Gott »verhandelt«. Sie entsprach nicht ganz der Situation, in der ich momentan war, die Schlußfolgerung jedoch durchaus. Abraham erfährt, daß Gott Sodom und Gomorrha zerstören will, und fürchtet, daß mit den Gottlosen auch die Gerechten umkommen werden. Abraham fragt Gott, wie viele Gerechte es in den sündigen Städten geben müsse, damit er sie verschone. Hundert, oder fünfzig, oder zwanzig, oder vielleicht zehn? Abraham feilscht hartnäckig mit Gott und stellt damit den Grundsatz auf, daß selbst ein einziges Menschenleben nicht geringgeschätzt werden darf und gerettet werden muß. Nicht geringgeschätzt von Gott, um so weniger von Menschen.

Ich *war* seine »letzte Hoffnung«. Und seine Chancen waren nicht gleich Null. Aber ich mußte sicher sein, daß er verstand, so gut ein verzweifelter Mensch im Angesicht des Todes es verstehen kann, was die Behandlung bedeutete. Ich holte Cathy wieder dazu, und wir gingen in mein Büro. Diesmal nahm ich aber nicht an meinem Schreibtisch Platz, sondern holte mir den Stuhl, um den beiden direkt gegenüberzusitzen.

»Kirk, ich bin kein Genie und auch kein Wunderdoktor.«
Ich sah die Enttäuschung in seinem Gesicht in Erwartung dessen, daß gleich wieder eine Ablehnung kommen würde, daß er in die Hoffnungslosigkeit und den sicheren Tod entlassen würde. Cathy wollte tröstend seine Hand nehmen, aber er ließ es nicht zu.
»Ich wünschte, ich könnte zaubern. Ich wünschte, ich wäre ein Alchimist, der aus Blei Gold macht, der Ihre Krebszellen wieder in normale Zellen verwandelt. Aber ich kann es nicht. Niemand kann es. Wir müssen die bekannten und unbekannten Faktoren gemeinsam abwägen und zu der für Sie bestmöglichen Entscheidung kommen.
Ich weiß eine ganze Menge über Ihre Krankheit und die verschiedenen Therapien. Ich war Vorsitzender der FDA-Kommission, die weltweit die Studien über die Behandlung von metastasierendem Nierenkrebs ausgewertet hat. Nicht einmal ein Zauberer könnte das Ergebnis dieser Studien verschwinden lassen, daß es nämlich für die meisten Menschen keine wirksame Therapie gibt.«
Ich machte eine kleine Pause, damit er und Cathy wirklich aufnahmen, was ich sagte.
»Die üblichen Therapien schlagen in Fällen wie dem Ihren kaum an, denn der Krebs ist bei Ihnen sehr weit fortgeschritten, und die Organfunktionen sind stark beeinträchtigt. Die Therapien können furchtbare Nebenwirkungen haben und qualvolle Schmerzen verursachen, ohne in irgendeiner Weise zu helfen. Sie könnten sogar Ihr Leben verkürzen. Um es ganz offen zu sagen, die Therapien könnten Sie umbringen.«
Cathy zuckte bei diesen Worten zusammen. Kirk reagierte nicht.
»Und wenn wir Sie behandeln, dann außerhalb jedes wissenschaftlich und ethisch überprüften und genehmigten Verfahrens. Wir werden uns natürlich an die üblichen Grundsätze halten, aber Sie gehen unbekannte Risiken ein und müssen sich darüber im klaren sein, daß wir in diesem Fall mit dem Hintern fliegen, wie die Piloten sagen.«
»Darf ich mal kurz unterbrechen?« warf Kirk höflich ein.

»Natürlich.«

»Jerry, ich bin verdammt erfolgreich, was Risikokapital angeht. Und ich weiß, was für eine miserable Investition ich bin. Meine Hypothek wird bald fällig. Ich habe nichts mehr im Bestand. Und dieser verdammte Krebs holt sich meinen Marktanteil, also mein Leben.«

Cathys Augen füllten sich mit Tränen. Ich griff nach einer Packung Papiertaschentücher, die auf meinem Schreibtisch lag, und reichte sie ihr. Kirk wartete ein bißchen, bis sie sich wieder etwas gefaßt hatte, und sprach dann weiter.

»Aber ich bin bereit zu kämpfen, bis zu meinem letzten Atemzug. Ich will es wenigstens versuchen. Wenn Sie mir helfen, lasse ich alles mit mir machen. Und wenn die Nebenwirkungen noch so schlimm sind. Für mich können sie gar nicht schlimmer sein als …«, Kirk schluckte, »…als der Tod.«

»Ich bin ein knallharter Typ. Im Geschäftsleben und sonst auch meistens. Ich habe mich mein ganzes Leben auf niemand als mich selbst verlassen. Cathy kann es Ihnen bestätigen. Ich bin ziemlich unleidlich in letzter Zeit. Ich werde Ihnen zuhören, bis Sie fertig sind, Jerry, wenn es Ihnen Freude macht. Ich werde nicken, wenn Sie mir die ganzen Risiken erzählen. Aber ich bin entschlossen, alles zu riskieren. Was soll's? Welche Alternative habe ich denn? Keine. Soll ich vielleicht William fragen?«

»William? Wer ist William?« Ich ging im Geiste schnell mein Adreßbuch durch, fand aber keinen Spezialisten für Nierenkrebs mit diesem Vornamen. Vielleicht William Peters, ein Forscher am Duke in Durham, der über Transplantation von Knochenmark bei Brustkrebs arbeitet? Oder William McDevitt, ein Immunologe in Stanford?

»William ist ein Engländer gut in den Siebzigern – in Jupiter, Florida, wo meine Mutter und ihre reichen, verwitweten Freundinnen leben. Er ist ein Wunderheiler, ein Scharlatan. Außerdem ein Gigolo. Erst streut er ihnen irgendein Kräuterpulver aufs Haupt, dann vögelt er sie. Das kuriert sie von ihren Wehwehchen. Meine Mutter will unbedingt, daß William herkommt und mich

36

heilt. Sie schickt ihn mit dem nächsten Flugzeug nach New York, wenn Sie mir nicht helfen. Wollen Sie mich zwingen, mich diesem William auszuliefern?« Kirk verzog verächtlich das Gesicht. Ich mußte schmunzeln, und mir wurde in diesem unpassenden Moment bewußt, daß Kirk durchaus zu einer vernünftigen Entscheidung fähig war, daß es sein gutes Recht war zu kämpfen, auch wenn die Chancen noch so schlecht standen. Den Tod vor Augen, war noch Leben in Kirk, schwach und bedrängt, langsam erlöschend, aber dennoch Leben.

Ich ließ Kirk direkt in die Klinik einliefern. Für die Rückfahrt nach New York war er zu schwach, und wenn wir ihn behandeln wollten, mußten wir sofort beginnen.

Damit war die Schlacht eröffnet, und ich spürte zwischen uns die gleiche Hochspannung fließen wie bei Soldaten, die sich zum Vorstoß in unbekanntes Feindesland entschlossen haben. Wir machten uns gegenseitig Mut mit Sätzen, die man als die medizinische Entsprechung von Schlachtrufen bezeichnen könnte. Wir würden alle verfügbaren Waffen einsetzen, unsere Strategie würde sein, ihre kleinen Vorteile zu maximieren und ihre beträchtlichen Risiken zu minimieren. Das Interleukin-2 würden wir fünf Tage lang geben, wie von der FDA empfohlen, aber in niedrigeren Dosen, die, so hofften wir, keinen Schockzustand auslösen würden, aber dennoch hoch genug wären, um seine T-Zellen zu aktivieren. Mit der ersten Dosis Interleukin-2 würden wir gleichzeitig eine Einzeldosis Vinblastin geben. Auch hier wollten wir in Anbetracht seines schlechten Zustandes die Dosis reduzieren, um Nebenwirkungen zu vermeiden. Wenn es bei diesen ersten beiden Medikamenten keine Probleme gab, würde er auch täglich Progesteron bekommen.

Kirk hatte es so gewollt. »Ich setze alles auf eine Karte«, sagte er. Es war sein Spiel. Ich hatte ihm die Risiken klargemacht, und jetzt mußte ich dafür sorgen, daß nicht beim ersten Mal Würfeln schon alles verloren war.

Später am Abend beschloß ich, noch einmal bei Kirk hineinzuschauen. Inzwischen war ich längst nicht mehr so euphorisch. Ich hatte mich mit meiner Frau Pam in einem Bistro in Brookline zum Abendessen getroffen, eine unserer seltenen »Verabredungen«. Wir versuchten um die Wochenmitte immer einen Abend für uns beide freizuhalten, wo wir, weder durch Arbeit noch Familie abgelenkt, miteinander reden konnten. Diesmal fiel es mir jedoch schwer, mich von den Ereignissen des Tages zu lösen und mich auf unser Gespräch zu konzentrieren. Pam spürte es und fragte, was los sei. Ich erzählte ihr, daß mir nicht ganz wohl war bei der Sache mit Kirk, daß ich mich vielleicht von einem momentanen Gefühl hatte hinreißen lassen. Vielleicht hatte ich in Kirk unrealistische Hoffnungen geweckt, obwohl er gesagt hatte, er sei sich der minimalen Chance und der zu erwartenden Nebenwirkungen bewußt. Ich befürchtete, daß der Weg, für den wir uns entschieden hatten, nichts als Leid bringen würde.

Deshalb ging ich noch einmal zu Kirk, um nachzuschauen, ob alles in die Wege geleitet worden war, wie ich es angeordnet hatte, und um mit ihm noch einmal über unsere Entscheidung zu reden. Cathy war bereits nach New York zurückgefahren, um einige Sachen für seinen Klinikaufenthalt zu holen. Ich dachte, Kirk hätte inzwischen zu Abend gegessen und sich nach dem anstrengenden Tag bereits schlafen gelegt. Aber als ich in sein Zimmer schaute, waren noch die Lichter an; der Fernseher lief, und Kirk saß noch ganz wach im Bett.

»Alles klar für morgen?« fragte ich.

»Alles klar, Partner.«

Ich sagte, er solle nach unserem Gespräch versuchen zu schlafen. Ich wußte, daß man im Krankenhaus nur schwer Ruhe fand; deshalb hatte ich eine Schlaftablette aufgeschrieben, falls er eine brauchte. Sollte ich der Schwester läuten, damit sie sie gleich brachte?

Kirk schüttelte heftig den Kopf. Ich sah, daß seine Hand zu zittern begann, und als ich sie beruhigend in meine nahm, spürte ich, daß sie kühl und feucht war, obwohl es warm war im Zimmer und Kirk in Decken eingepackt.

Wir sahen uns eine Weile schweigend an. Ich konnte mir aufgrund meiner Erfahrungen mit anderen Patienten denken, warum er nicht schlafen wollte.

»Haben Sie Angst, daß Sie heute nacht sterben könnten?«

Kirk preßte die Lippen zusammen, um seine Gefühle zu beherrschen. Ich drückte seine Hand etwas fester, als wollte ich ihm ein bißchen von der Energie und Sicherheit abgeben, die mir meine Gesundheit gab.

Ich erklärte Kirk, daß diese Angst sehr häufig hochkommt, wenn wir uns mit unserer Sterblichkeit konfrontiert sehen. Wir erinnern uns an immer wiederkehrende Alpträume in unserem Leben, wo wir ins Bodenlose stürzen, ertrinken oder ersticken. Erst jetzt denken wir daran, daß wir in einen Traum eintauchen werden, der kein Traum mehr ist, daß uns die Schreckensvision des nahen Todes nicht mehr wach machen wird.

»Sie werden heute nacht nicht sterben, Kirk«, sagte ich zuversichtlich.

»Dann sind Sie also ein Prophet und kein Zauberer. Soll ich Sie Saint Jerome nennen? Gefällt mir, der Name. Saint Jerome.«

Ich lächelte etwas verlegen.

»Ich bin kein Heiliger. Und noch weniger ein Prophet. Aber Sie sind aus medizinischer Sicht stabil genug, um eine Schlaftablette nehmen zu können, wenn Sie eine brauchen. Und Sie sind in einem Krankenhaus; Sie werden laufend überwacht. Wir lassen Sie nicht so einfach sterben.«

»Ich habe nicht gedacht, daß ich soviel Angst haben würde, Jerry.« Kirk hielt inne, um seine Gedanken zu formulieren. »Ich weiß auch nicht, warum. Ich habe eigentlich selten Angst. Vielleicht, weil ich weiß, daß es meine letzte Chance ist und daß ich wahrscheinlich sterben werde, und nach dem Tod ... kommt das absolute Nichts.«

Ich ließ seine Worte auf mich wirken und drückte fest seine Hand. Jetzt verstand ich, warum er auf der Behandlung bestanden hatte, und spürte, daß es falsch wäre, diese Entscheidung noch einmal in Frage zu stellen.

»Es wird sein wie in der Zeit, als wir noch nicht geboren waren«, sagte ich leise. »Ist das so schrecklich, nicht geboren zu sein? Damit hat mein Vater mich als Kind immer getröstet, wenn ich ihn nach dem Tod gefragt habe.«

»Na, ob Sie das noch tröstet, wenn *Sie* in diesem Bett liegen? Das Nichts. Ohne Zeit. Ohne Raum. Ohne Gestalt. Ich will ja gar nicht in den Himmel. Ich gehe auch in die Hölle. Nur *sein* will ich.«

Am nächsten Morgen dachte ich noch einmal über Kirks Worte nach; eine bernsteinfarbene Sonne schien durchs Fenster in sein Zimmer; Tricia McGann, eine lebhafte, lockenköpfige Chemotherapie-Schwester, ging mit Kirk und Cathy noch einmal alle Einzelheiten durch: den Dosierungsplan für den kombinierten Einsatz von Interleukin-2, Vinblastin und Progesteron und die zu erwartenden Nebenwirkungen.

»Wenn es sein muß, können Sie mich auch einfrieren«, war Kirks Antwort, als ich ihn noch einmal um eine klare Aussage bat, die als seine Einverständniserklärung gelten konnte – mit Tricia als Zeugin. Ich schrieb ein paar Zeilen, in der Art einer solchen Erklärung formuliert, wie sie gewöhnlich einem offiziellen klinischen Versuchsprotokoll beiliegt, und steckte sie zu seiner Krankenakte.

Ich stellte mir vor, in diesem Bett zu liegen, wie Kirk es mir am Abend zuvor nahegelegt hatte. Es waren gefährliche Gedanken, die ich nur für einen kurzen Moment zulassen durfte und die ich für mich behalten würde. Kirk brauchte mich nicht als Patient, der mit dem Tod ringt, sondern als Arzt, der für das Leben kämpft, der sich ganz konzentriert um jedes Detail seines komplexen Krankheitsbildes kümmert, der die oft nicht vorhersehbaren Entwicklungen, die die Biologie und die klinische Medizin ausmachen, möglichst gut in den Griff zu bekommen versucht: Überempfindlichkeitsreaktionen auf normalerweise harmlose Medikamente; unklare und scheinbar belanglose Symptome, die aber eine bedenkliche Entwicklung anzeigen; abweichende Laborwerte, die vielleicht als Artefakte abgetan werden, jedoch erste Anzeichen einer Organfunktionsstörung sind. Mit diesen Unbekannten der Biologie und Medizin war jeden Moment bei jedem Patienten zu rechnen. Aber hier, in Kirks Fall, stellten sie sich in extremer Form dar. Wir würden eine Kombination aus drei Medikamenten geben, die man noch nie miteinander kombiniert hatte, nicht in dieser Weise, nicht in dieser Dosierung und eben auch nicht bei diesem Patienten, bei dem Stoffwechsel und Medikamentenwirkung aufgrund der gestörten Leberfunktion, des erhöhten Kalziumspiegels im Blut, einer einzigen funktionstüchtigen Niere und eines verlangsamten Kreislaufs kaum vorhersehbar waren.

Aber solange Tricia sich um ihn kümmerte, konnte ich diese ganzen Schwierigkeiten und die bevorstehende Therapie gedanklich beiseite schieben und die Szene vom Vorabend Revue passieren lassen. Ich dachte an meine zahlreichen Erfahrungen mit dem Tod, von der Stunde an, in der mein Vater vor meinen Augen starb, bis heute, wo mir der Tod tagtäglich in meiner Arbeit begegnet. Ich dachte daran, daß wir uns alle ein inneres Bild vom Tod und dem Leben danach machen, an die Geschichten und Bemerkungen, die wir als Kinder hören, aus denen wir unser erstes Bild formen. Im Laufe unserer Lebensreise formen wir diese Bilder immer wieder um und hoffen, daß wir am Ende vorbereitet sind auf das, was uns erwartet.

Meine Kindheitsvorstellung vom Tod war, wie ich Kirk angedeutet hatte, von den Gesprächen mit meinem Vater geprägt. Er war Anhänger der alten jüdischen Vorstellung, daß es keinen Himmel und keine Hölle gibt, keinen Zustand bewußter Existenz ähnlich dem im Diesseits. Was uns gemäß dieser Vorstellung jenseits des Lebens erwartet, ist rätselhaft und unbeschreibbar, ein Gefühl, daß wir in irgendeiner Weise mit der göttlichen Energie Gottes, die das Universum durchdringt, vereint werden, jedoch in einer Form, die wir weder begreifen noch uns vorstellen können. Für meinen Vater stand das Erinnertwerden im Mittelpunkt – daß das Leben weitergeht in den Herzen und Gedanken der Menschen, die sich der Verstorbenen erinnern. Das war die einzige Form von

Unsterblichkeit, die er sich vorstellen konnte. »Ich lebe in meinen Kindern weiter«, sagte er immer.

Als ich Student war, reichte mir diese Antwort nicht mehr, und ich drängte ihn immer wieder, es mir genauer zu erklären. Ich fragte: Und wenn wir, seine Kinder und die Kinder seiner Kinder, sterben? Und wenn jede direkte Erinnerung an ihn verloren ist? Ist dann jeglicher Rest von Leben ausgelöscht? Oder wird die Erinnerung weitergegeben wie genetisches Material – in jeder Generation um die Hälfte verringert, aber nie ganz verloren –, so daß sie Worten und Taten immer noch ihren Stempel aufprägt, sogar bei einem Menschen, der den Toten gar nicht mehr gekannt hat?

Mein Vater zuckte als Antwort auf meine Metapher nur stumm die Schultern, als wollte er sagen: Was bringen dir diese ganzen Spekulationen? Es gibt auch keine andere Antwort als ein Schulterzucken, denn noch niemand ist zurückgekehrt, um es uns zu erzählen.

Mir nach seinem Tod vorzustellen, mein Vater hätte sich in nichts aufgelöst, war mir unmöglich. Vielleicht habe ich deshalb so selten sein Grab besucht. Die Vorstellung war viel zu schmerzlich für mich, daß sein Körper, der warme, große Körper, an den ich mich als kleiner Junge kuscheln konnte, wenn ich Angst hatte vor den Schatten der Nacht, der mich im tiefen Wasser verläßlich hielt, als ich schwimmen lernte, der mich überraschend fest umarmte, wenn mir etwas gut gelungen war, und noch fester, wenn ich versagt hatte, daß dieser Körper jetzt nur noch Materie war, unbelebte Materie, atomisiert in der Erde als Kohlenstoff und Stickstoff, Wasserstoff und Schwefel. Und mehr nicht.

Ich spürte seine Gegenwart jeden Tag, manchmal ganz unerwartet, ausgelöst von einem Ereignis, das an eine Erinnerung rührte, noch öfter aber bewußt heraufbeschworen. Ich stellte mir vor, er sei bei mir, und entwickelte einen Dialog in meinem Kopf, bei dem ich die Antworten auf meine Fragen in seinen Worten und mit seiner Stimme formulierte. Auch später, als sich in meinem Leben schon einiges ereignet hatte, was er nicht mehr erlebt hatte, bemühte ich mich, in Worte zu fassen, was er sagen würde, wie er es sagen würde, warum er es sagen würde. Ich wußte, daß es nur eine Phantasie war, eine Art psychologischer Trost für einen Verlust, den ich nie überwinden würde, nie überwinden durfte, denn wer löst sich schon freiwillig von einer solch tiefen, bedingungslosen Liebe?

Aber dann begann ich mich zu fragen, ob es nicht eine Dimension gab, wo er tatsächlich noch existierte, und ob die Gedanken und Gefühle, die ich heraufbeschworen hatte, nur Illusion waren, ein psychologischer Balsam, ein praktischer Mechanismus, um Zugang zu seiner Klugheit und seinem Wissen zu bekommen. Konnten diese Gedanken und Gefühle nicht von einem anderen Ort kommen, dem Ort, wo menschliches Wissen und Rationalität an ihre Grenzen stoßen, dem Ort, wo alle Spekulation endet?

Ich hoffte, ich würde nicht angsterfüllt wie Kirk im Bett liegen. Ich hoffte, meine enge Beziehung zum Tod, angefangen vom Tod meines Vaters bis zum Tod so vieler meiner Patienten, würde diese Angst irgendwie verringern, würde mich dem Unbekannten mit dem Gefühl begegnen lassen, daß andere, die ich gekannt hatte, vor mir gegangen waren, und alle, die ich heute kenne, mir einmal folgen würden.

Dann könnte das Unbekannte nicht als Schrecken, sondern als Trost begriffen werden, denn es hätte die Möglichkeit in sich, daß ich mich mit den lieben Menschen, die vor mir gegangen sind, wieder vereine, in irgendeiner Form und Dimension, und daß ich, wie mein Vater, durch die Erinnerung mit jenen verbunden bleibe, die ich zurücklasse.

Irgendwann würde ich Kirk von diesen Gedanken und Gefühlen vielleicht erzählen. So wie anderen Patienten, wenn wir uns besser kannten. Ich spürte, daß es ihnen Trost und Kraft gab zu wissen, daß auch ich Ängste und Zweifel hatte.

Aber jetzt war nicht der richtige Moment, denn wir hatten dickköpfig beschlossen, uns dem Unvermeidlichen nicht zu fügen. Ich mußte Kirk helfen, seine Energien auf den bevorstehenden Kampf zu konzentrieren, ihm helfen, die nebenwirkungsreiche

Behandlung möglichst gut zu verkraften, besonders das Interleukin-2.

»Bereit zum Kampf, Kirk?«

»Aber klar. Ihre Investition wird zehnfachen Gewinn bringen, Sie werden schon sehen.«

»Hört sich gut an. Meine Fidelity-Papiere bringen viel weniger.« Wenn ich Patienten betreue, taucht manchmal eine Metapher auf, die sich auf einen ganz persönlichen Aspekt ihrer Arbeit, ihrer Familie oder ihres kulturellen Hintergrunds bezieht. Im Laufe unserer Beziehung, wenn wir eine bestimmte Behandlung besprechen oder beginnen, wenn sie anschlägt oder scheitert, wenn wir eine Remission erreichen und zum Leben zurückkehren oder wenn wir uns eingestehen müssen, daß wir es nicht geschafft haben, daß das Ende nah ist, an jedem kritischen Punkt kommen wir wieder auf unsere Metapher. Sie wird unsere ganz persönliche Form der Kommunikation, die uns miteinander verbindet, wie Kinder, die eine Geheimsprache erfinden, oder Geschwister, die besondere Wörter und Sätze benützen, deren Bedeutung nur sie und niemand sonst kennt.

Kirk und ich hatten unsere Metapher schon nach zwei Tagen gefunden, und ich wußte sofort, daß sie in seiner Verfassung gut für ihn war. Die Bilder in sich wachzurufen, die in seinem Leben Erfolg bedeutet hatten, würde ihm Mut und Kraft geben. Er konnte wieder der erfolgreiche Börsianer sein, der gegenläufig zum Markttrend investiert und kämpft, um der Welt zu zeigen, daß diese Investition, sein Leben, eine Zukunft hat.

Wie erwartet reagierte Kirk auf das Interleukin-2 mit hohem Fieber und schwerem Schüttelfrost. Am dritten Tag der Behandlung fiel sein Blutdruck plötzlich ab, und wir mußten Flüssigkeit infundieren, um seinen Kreislauf zu stützen. Außerdem bekam er einen Bläschenausschlag, und wir mußten Steroide geben, um die gereizte Haut zu beruhigen. Am vierten Tag ging sein Atem nur noch keuchend. Eine Röntgenaufnahme des Thorax ergab, daß Flüssigkeit aus dem Blutkreislauf in die Lunge diffundierte und sich ein sogenanntes Lungenödem gebildet hatte. Ich befürchtete schon, wir müßten ihn intubieren und künstlich beatmen, damit er genug Sauerstoff bekam, aber zum Glück war diese invasive Maßnahme nicht erforderlich. Wir konnten ihm über eine Gesichtsmaske Sauerstoff zuführen und die Atemnot durch adrenalinähnliche Medikamente und hochdosierte harntreibende Mittel lindern.

Ich hatte das Vinblastin sehr vorsichtig dosiert, denn dieses Medikament wird über die Galle aus dem Körper ausgeschieden, und es bestand das Risiko, daß sich bei seiner Gelbsucht und der gestörten Leberfunktion eine extrem toxische Menge in seinem System ansammelte. Trotz der niedrigen Dosis verschlechterte sich das Blutbild nach der Vinblastingabe, und wir mußten G-CSF verabreichen, um die Produktion von neutrophilen Granulozyten zu unterstützen, worauf sich die Werte wieder stabilisierten.

Am vierten Tag bekam Kirk starke Darmblutungen. Vermutlich hatten sich Metastasen des Primärtumors im Darm angesiedelt und ein Blutgefäß angefressen. Erst nach Transfusion von sechs Einheiten roter Blutkörperchen war die Anämie behoben. Kurz darauf bekam er infolge der vom Vinblastin verursachten Darmlähmung einen Darmverschluß, und wir mußten zur Druckentlastung des schmerzhaft aufgeblähten Bauches über Nase und Speiseröhre einen langen Schlauch bis in den Darm vorschieben.

Bei alledem kam von Kirk kein Wort der Klage. Cathy saß an seinem Bett und versuchte, ihn hin und wieder mit Geplauder abzulenken. Meistens saß sie jedoch schweigend daneben und las ein Buch oder arbeitete an einer Stickerei. Ich besuchte Kirk mehrmals täglich, einerseits um ihn psychisch zu unterstützen, aber auch, um über seinen Zustand immer auf dem laufenden zu sein. Den Ärzten und Schwestern zeigte Kirk zwar unerschütterliche Gelassenheit, Cathy gegenüber wurde er jedoch immer fordernder. Sie erfüllte jede seiner Bitten, kühlte die fieberheiße Stirn mit kalten Umschlägen, massierte behutsam seine schmerzenden, geschwollenen Füße und stellte ihm das Kopfteil des Bettes hoch, so daß er bequem die Nachrichten im Fernsehen ansehen konnte. Aber es war, als wäre nichts recht, was sie tat. Vor mir und dem medizinischen Personal blieb sie immer sehr höflich, aber ihr Ton gegenüber Kirk wurde zunehmend schärfer.

»Soll ich dir noch einen Umschlag machen, Schatz? Oder nicht? Ist das Kissen wieder feucht – ich kann der Schwester läuten, damit sie es frisch bezieht.«

»Die Kissenbezüge sind im Schrank, Cathy«, antwortete Kirk.

»Hol einen, und mach es selbst. Die Schwester hat wichtigere Dinge zu tun.«

»Früher warst du solchen Leuten gegenüber nicht so rücksichtsvoll, mein Lieber.«

Cathy hatte jeden Tag ein anderes Kleid an, ein geblümtes oder ein pastellfarbenes, und dazu passenden Schmuck, eine Perlenkette, die ihren schönen Hals zur Geltung brachte, oder Smaragdohrringe, die ihre tiefblauen Augen betonten. Sie sah aus, als hätte sie sich für eine Verabredung schön gemacht oder als wollte sie bei einem großen Essen mit wichtigen Kunden einen guten Eindruck machen. Ihre elegante Erscheinung bildete einen scharfen Kontrast zu Kirks ungepflegtem Aussehen, der mit nichts als seinem baumwollenen Krankenhaushemd bekleidet war.

Kirk und Cathy hatten zwei Kinder, Roanna und Paul. Die Tochter machte Führungen in einem Museum in Philadelphia, der Sohn arbeitete in einer kleinen Marketingfirma in Chicago, die einem ehemaligen Klassenkameraden von Kirk gehörte. Ich bot an, die beiden anzurufen, aber Cathy meinte, das sei nicht nötig. Unter vier Augen machte ich Cathy noch einmal klar, daß Kirk durch die Nebenwirkungen der Medikamente oder den schnell fortschreitenden Krebs jederzeit sterben konnte und die Kinder vielleicht keine Gelegenheit mehr haben würden, ihn zu besuchen. Cathy sagte, sie wisse das und die Kinder auch, aber sie könnten nicht einfach alles liegen- und stehenlassen, und außerdem würde es Kirk wahrscheinlich nur aufregen, und er würde denken, man hätte sie zum letzten Besuch am Sterbebett hergeholt.

Kirk erholte sich langsam von den schweren Nebenwirkungen des Interleukin-2 und des Vinblastins und wurde aus der Klinik entlassen. Jetzt sollte er täglich Progesteron bekommen. Er war sogar noch schwächer als vor Beginn der Behandlung. Wir hielten es für das beste, wenn er in der Nähe blieb, damit wir ihn regelmäßig untersuchen konnten. Deshalb zogen Kirk und Cathy zu Kirks Cousin Grant in Cambridge.

Ich war sehr erleichtert, daß er unter der Therapie nicht gestorben war und aus der Klinik entlassen werden konnte. Ich war immer noch überzeugt, daß es richtig gewesen war, ihn zu behandeln, hatte aber wenig Hoffnung, daß er noch viel länger leben oder einen zweiten Behandlungszyklus überstehen würde.

Ich untersuchte Kirk eine Woche nach seiner Entlassung, etwa vierzehn Tage nach der ersten Dosis Interleukin-2. Seine Haut wirkte nicht mehr so gelb, aber Neonlicht verfälscht häufig die Hautfarbe. Die Leber schien kleiner geworden zu sein. Die vorher steinharten, knotigen Ränder waren weicher, gaben dem Druck meiner Finger mehr nach. Und das Ödem war zweifelsfrei zurückgegangen. Der Bauch war nicht mehr so aufgetrieben, und ich konnte die Fußknöchel wieder mit einer Hand umspannen. Kirk versicherte, er habe seit seiner Entlassung keine harntreibenden Mittel mehr genommen.

Ich wurde ganz aufgeregt, denn vielleicht hatte die Behandlung doch angeschlagen, vielleicht hatte dieses aggressive Monster von Krebs doch klein beigegeben und sich wenigstens ein paar Zentimeter zurückgezogen.

»Wir machen gleich eine Brustaufnahme und ein großes Blutbild«, sagte ich zu meiner Assistentin Youngsun, als ich mit der Untersuchung fertig war.

»Ich dachte, wir warten mit diesen Sachen bis nächsten Freitag«, warf Kirk ein.

»Ich glaube, es kommt Bewegung in den Markt«, antwortete ich. Er schaute mich gespannt an und wartete auf weitere Erklärungen. »Wissen Sie, Kirk, ich folge einfach Ihrem Beispiel und handle aus dem Impuls heraus. Warum sollten wir es nicht gleich herausfinden, wenn sich etwas verändert? Dann können wir unsere Optionen doch viel besser nutzen – meinen Sie nicht?«

Kirk versuchte ein breites Grinsen zu unterdrücken, wie ein Pokerspieler, der die Karten auffächert, die ersten beiden Asse sieht und überlegt, wieviel Glück er wohl diesmal hat.

»Klar, wir sollten unsere Chance maximal nutzen. Alles andere hat keinen Sinn. Aber ich dachte, Jerry, wir hätten unser ganzes Kapital schon bei der ersten Tranche eingesetzt und nichts mehr in der Kasse?«

»Meinen Sie denn, ich könnte nicht irgendwo noch frisches Kapital auftreiben? Wir müssen uns nicht sklavisch an unseren Plan halten, wenn sich etwas Neues tut und wir schnell reagieren sollten. Wir steigern jetzt die Dosis beim Interleukin-2 und Vinblastin, lassen sie sozusagen schon mal arbeiten.«

»Das haben Sie vorher gemeint mit ›unsere Optionen besser nutzen‹. Ich bin dabei. Gehen wir's an.«

Eine Stunde später standen Kirk und Cathy neben mir, als ich die neue Brustaufnahme neben das alte Röntgenbild von vor vierzehn Tagen in den Sichtkasten schob. Die schattigen runden Gebilde, die den schwarzen Raum von Kirks Lunge ausfüllten, waren immer noch da, wie in ihrer Umlaufbahn festgefrorene Monde, aber sie waren kleiner geworden. Keine Frage. Ich nahm Lineal und Kugelschreiber, markierte jede Metastase und maß sie aus. Die meisten waren um mehr als die Hälfte geschrumpft. Ich machte Kirk und Cathy auch darauf aufmerksam, daß die Unmenge an mit Krebszellen gefüllter Flüssigkeit über dem Zwerchfell fast verschwunden war, nur ein kleiner Rest war noch zu sehen. Der objektive Befund war eindeutig.

»Der Krebs geht zurück!« rief ich aus und zog die beiden vor Freude spontan in meine Arme. Fast hätte ich Kirk, der noch unsicher auf den Füßen war, mit dieser heftigen Bewegung umgeworfen.

»Wir Angelsachsen sind solche Gefühlsausbrüche gar nicht ge-

wohnt«, witzelte Kirk und wischte sich dabei mit dem Hemds-
ärmel Tränen aus dem Gesicht. »Tja, Saint Jerome, da haben
Sie's. Ein echtes Wunder.«

Es war wirklich wie ein Wunder. Den scheinbar unbesiegbaren,
aggressiven Tumor hatten wir, wie David einstmals Goliath, mit
unserer hastig zusammengebauten Steinschleuder bezwungen.
Wie war dieser verblüffende Erfolg zu erklären?
Vielleicht hatte Kirks Immunsystem außergewöhnlich gut auf
das Interleukin-2 angesprochen und die Killerzellen bis an die
Grenze des biologisch Möglichen aktiviert. Vielleicht hatte der
Tumor eine unerwartet schwache P-Glykoprotein-»Pumpe« und
so viel Vinblastin abbekommen, daß er das Zellgift nicht mehr
hatte ausstoßen können. Oder die Proteine, die das Progesteron
binden, könnten sich an den Oberflächen der Nierenkrebszellen
so verteilt haben, daß diese auf die Hemmwirkung des Hormons
ungewöhnlich gut ansprachen. Eine genaue Untersuchung von T-
Zellen und Tumor im Labor würde eine Klärung bringen oder
womöglich ganz neue Erkenntnisse über Nierenkrebs und seine
Therapie liefern. Die medizinische Wissenschaft ist immer hoch
erfreut, wenn sie die Ausnahmen von der Regel nachvollziehen
und, basierend auf diesem neuen Wissen, ihre Therapiemöglich-
keiten erweitern kann. Vielleicht konnten wir aus Kirks Fall noch
etwas lernen.

Während ich die Möglichkeiten aus wissenschaftlicher Sicht
durchspielte, suchte ein Teil meines Gehirns nach einer Erklärung. Warum Kirkland Bains, zu diesem Zeitpunkt, an diesem
Ort? Daß dieses »Wunder« nichts als die physikalische Konver-
genz von Zellen, chemischen Wirkstoffen und Proteinen sein
sollte, schien mir als Antwort unbefriedigend. Ich schloß die Augen, während wir tief berührt dastanden, und versuchte, noch
eine andere Dimension zu sehen, eine, die sich nicht mit den Ge-
setzmäßigkeiten der Chemie, Biologie und Physik beschreiben
läßt, die der Wissenschaft Beistand geleistet und Kirk ins Leben
zurückgeholt hatte. Ich meinte, sie kurz sehen zu können, aber
sicher war ich mir nicht.

Kirk unterzog sich noch drei weiteren Behandlungszyklen mit Interleukin-2 und Vinblastin, das Progesteron wurde beibehalten. Mit der Zeit bekam sein Körper wieder die gleiche Form wie in gesunden Tagen, als wäre er vorher durch einen bösen Zauber grotesk aufgebläht worden und hätte nun zu seiner wahren Gestalt zurückgefunden. Der vorgewölbte, mit malignem Aszites gefüllte Bauch wurde wieder flach wie zuvor, das Wasser in den Beinen verschwand, ebenso die steinharten Knoten in der Leber, die sich beim Abtasten wieder wie ein gesundes Organ anfühlte. Wir machten neue Röntgenaufnahmen und Computertomogramme. Das Dutzend Metastasen in der Lunge war verschwunden. Dort, wo der Krebs zerklüftete Buchten in die Beckenknochen hineingefressen hatte, hatte sich wieder gesunde Knochenmasse gebildet. Wir hatten eine Vollremission erzielt, und es gab keinen Hinweis auf Tumor- oder Metastasenreste.

Die ganze Klinik sprach über Kirks Fall. Die Assistenzärzte präsentierten ihn ihrem Fachbereichsleiter bei der monatlichen Fallkonferenz als »Faszinom«, im Medizinerjargon ein außergewöhnlicher, aufgrund seiner Seltenheit, seines Verlaufs oder seines Ausgangs faszinierender Fall.

Nach der Fallpräsentation überhäuften mich Kollegen und Mitarbeiter mit Lobesworten. Und obwohl ich mich darüber freute, rechnete ich mir diesen Erfolg eigentlich nicht als Verdienst an, denn er war nicht das Ergebnis besonderen Könnens. Es war eher so gewesen, wie wenn jemand den letzten Groschen, den er in der Tasche hat, in einen Spielautomaten steckt und damit rechnet, zu verlieren, aber schon so viel verloren hat, daß er genausogut weitermachen kann. Ich verdiente kein Lob dafür, daß ich Glück gehabt hatte. Wenn ich ins Labor zurückgehen und herausfinden könnte, warum dieser höchst aggressive Krebs bei diesem bestimmten Patienten völlig verschwunden war, und aus diesem Wissen heraus neue Behandlungsmethoden entwickeln könnte, die auch anderen Patienten halfen, dann wären Glückwünsche angebracht.

Kirk und Cathy bereiteten inzwischen ihre Rückreise nach New

York vor, nachdem er sich zwei Monate bei Grant in Cambridge erholt hatte. Wir saßen in meinem Büro und gingen noch einmal die Nachsorgetermine bei uns in der Klinik durch, die er abwechselnd mit wöchentlichen Untersuchungen bei seinem Internisten zu Hause wahrnehmen sollte.

»Alles klar für die Rückkehr ins richtige Leben?« fragte ich beiläufig.

Cathy reagierte darauf mit einem gezwungenen Lächeln, wie man es auf einer Party aufsetzt, zu der man eigentlich nicht gehen wollte.

»Ja, doch«, antwortete Kirk nicht sehr überzeugt.

»Es ist ganz normal, wenn Sie jetzt noch etwas verunsichert sind«, meinte ich beruhigend. »Sie waren monatelang wie durch eine Nabelschnur mit mir und der Klinik verbunden, und jetzt haben Sie Angst, daß sie durchgeschnitten wird. Sie wird eigentlich gar nicht durchgeschnitten, nur ein bißchen in die Länge gezogen, von Boston nach New York. Es wird mit jedem Tag leichter werden. Sie werden mit der Zeit wieder darauf vertrauen, daß Sie stabil sind und nicht plötzlich eine Katastrophe über Sie hereinbricht.«

Kirk wandte den Blick ab und schaute bedrückt zu Boden. Ich bemühte mich weiter, ihm Mut zu machen.

»Sie sind noch ganz verstört, Kirk. Sie waren lange nur auf eine Sache konzentriert, den Kampf gegen den Krebs, Ihr Leben hat sich praktisch nur in der Klinik und in der Ambulanz abgespielt. Alles andere – Arbeit, Privatleben, Hobbys – war erst einmal auf Eis gelegt. Und ehrlich gesagt dachte niemand, daß Sie den Krebs so schnell und so radikal besiegen würden. Es ist völlig normal, daß Sie noch nicht im Gleichgewicht sind. Aber jetzt gehen Sie wieder nach Hause und leben Ihr Leben wie früher.«

Kirk blieb schweigend sitzen. Cathy rang sich erneut ein Lächeln ab und stand dann plötzlich auf.

»Laß uns gehen, Kirk. Jerry hat viel zu tun. Wenn wir jetzt fahren, kommen wir nicht in den Stoßverkehr.«

In der ersten Woche telefonierte ich mit ihnen jeden Tag, in der Woche darauf jeden zweiten. Wenn möglich, rief ich sie kurz vor dem Mittagessen an, denn Kirk war, wie erwartet, noch erschöpft von seinem Klinikaufenthalt und brauchte einen langen Mittagsschlaf. Cathy und Kirk waren immer beide am Telefon. Wir gingen zuerst die Checkliste der Symptome durch, und wenn nichts Neues oder Beunruhigendes geschehen war, erkundigte ich mich, wie es inzwischen mit der körperlichen Belastbarkeit aussah. Kirk machte gute Fortschritte, ging jeden Tag spazieren, schaffte die drei Treppen in ihrem Haus und konnte 45 Minuten bis eine Stunde am Frühstückstisch sitzen. Als Kirk frustriert äußerte, wie wenig er tun könne im Vergleich zu früher, sagte ich ihm noch einmal, daß die Genesung sehr lange brauchen würde. Er habe viele Schläge einstecken müssen, erst durch den Krebs, dann durch die Therapie.

»Er will keine Zeitung mehr lesen«, warf Cathy bei einem Telefongespräch am Ende der zweiten Woche ein. »Früher hat er sie geradezu verschlungen. Wir haben drei Zeitungen abonniert: die *New York Times*, das *Wall Street Journal* und *Investor's Daily*. Jetzt gebe ich sie ungelesen zum Altpapier.«

Ich fragte Kirk, ob er nicht mehr Zeitung lese, weil er sich nicht konzentrieren könne oder sich das Denken verlangsamt habe, beides mögliche Anzeichen für eine Depression.

»Nein, das ist es nicht«, antwortete er.

Ich bohrte weiter nach, denn eine Depression ist nach schwerer Krankheit ziemlich häufig. Ob er am frühen Morgen mit Beklemmungen aufwache und nicht mehr einschlafen könne? Ob die Verdauung unregelmäßig sei oder er keinen Appetit habe?

»Nein, das ist alles in Ordnung, Jerry. Ich glaube nicht, daß ich depressiv bin. Es ist einfach nicht mehr wichtig, was in den Zeitungen steht.«

Ich war nicht sicher, ob ich verstand, was er meinte, ließ es aber dabei bewenden, denn ich war etwas unter Zeitdruck. Da sich seine körperliche Verfassung besserte und es keine eindeutigen Anzeichen für ein psychisches Problem gab, das einer sofortigen Behandlung bedurft hätte, bestätigte ich noch einmal unseren Termin in Boston für die folgende Woche und wünschte ihnen ein schönes Wochenende.

Die nächsten drei Monate sah ich Kirk alle zwei Wochen. Körperlich erholte er sich schneller, als ich erwartet hatte. Er konnte schon einige Male zu Besprechungen nach Manhattan fahren, spielte am Wochenende seine neun Löcher auf dem Golfplatz und wollte Ostern die erste größere Reise machen, zu seiner Mutter nach Florida.

Alles schien in Ordnung, eine Rekonvaleszenz ohne Komplikationen. Aber mir fiel auf, daß er nicht mehr den forschen Ton von früher hatte, daß ihm der Biß fehlte.

Ich versuchte, ihn mit unserer Investment-Metapher aus der Reserve zu locken, und fragte ihn, was aus dem Galveston-Geschäft geworden sei.

»Na ja, die beiden Japsen sind ausgestiegen. Vielleicht haben sie meinen Golftrick durchschaut. Aber keine Sorge. Es gibt genug andere Idioten«, meinte er lustlos.

Vier Wochen nach Ostern hatte Kirk den nächsten Nachsorgetermin. Er erzählte, daß sie in Florida wunderbares Wetter gehabt hätten, und sagte dann fast beiläufig, daß er einen ständigen Schmerz im Rücken spüre.

»Ich habe am letzten Tag dort ein Tennismatch gespielt, auf einem Hartplatz, und mich irgendwie verdreht, als ich einen Return die Linie entlang erwischen wollte. Ich dachte, ein warmer Umschlag und etliche Bourbon, dann ist es wieder weg. War es aber nicht.«

Erst jetzt fiel mir auf, daß er ziemlich abgespannt aussah und nicht so braun war, wie man es nach mehreren sonnigen Wochen in Florida erwartet hätte.

Bei der Untersuchung konnte ich im unteren Bereich der rechten Lunge kein Atemgeräusch hören. Innen am linken Oberschenkel ertastete ich einen harten Knoten, so groß wie ein Vierteldollar, der fest am darunterliegenden Muskel saß. Als ich auf die Lendenwirbel drückte, stöhnte er auf. Dann bat ich ihn, sich auf den

Rücken zu legen, und versuchte, das gestreckte rechte Bein in den rechten Winkel zu bringen. Diese Bewegung löste bei Kirk einen blitzartigen Schmerz aus, der bis in die Zehen ging.

Ich wußte schon vor der Blut- und Röntgenuntersuchung, daß der Krebs zurückgekommen war. Und ich spürte, daß Kirk es auch wußte.

»Der Rückenschmerz hat vor drei Wochen angefangen? Warum haben Sie mich nicht gleich aus Florida angerufen?«

»Cathy und den Kindern den Urlaub verderben? Und meiner Mutter einen Mordsschrecken einjagen? Es spielt keine Rolle, ob ich bis zum Termin warte und Sie mir sagen, daß der Krebs wieder da ist.«

»Es sieht fast so aus«, entgegnete ich vorsichtig, da ich noch keine Untersuchungsergebnisse vorliegen hatte, aber ich konnte mir eigentlich keine andere Erklärung denken, vor allem wegen des Knotens im Oberschenkel. »Aber wir müssen röntgen, um ganz sicher zu sein. Und der Zeitfaktor spielt durchaus eine Rolle. Wenn ein Tumor auf die Nerven in der Wirbelsäule drückt, können Sie die Kraft in den Beinen verlieren.«

»Ob die Beine funktionieren oder nicht, ist ziemlich egal, wenn man tot ist.«

Ich sah Kirk erschrocken an. Er hatte plötzlich eine völlig andere Einstellung als am Anfang. Hatten wir so hart gekämpft, nur um jetzt doch verzweifelt aufzugeben?

Ich erklärte Kirk, daß es schon etwas ausmacht, wenn seine Wirbelsäule zusammengedrückt wird – selbst wenn wir den Krebs letztlich nicht besiegen würden. Es wäre schlimm, wenn er die Zeit, die ihm noch blieb, inkontinent und im Rollstuhl verbringen müßte. Er solle doch daran denken, argumentierte ich, wie launenhaft sich sein Nierenkrebs bisher gezeigt habe. Es könne gut sein, daß sich diese Eigenschaft wieder zu unseren Gunsten auswirke. Der Krebs habe eine verwundbare Stelle, die wir wieder versuchen sollten zu treffen. Es sei verfrüht, jetzt kampflos aufzugeben.

Kirk hörte zu, aber ich sah an seinen Augen, daß er sich nicht noch einmal Hoffnungen machen wollte. Er dachte eine ganze Weile nach und stimmte dann widerstrebend zu.

»Also gut, Jerry, machen Sie Ihre Untersuchungen. Tun Sie, was Sie tun müssen. Sie sollen Ihren Willen haben.«

Ich hatte keine Zeit, die Gründe für seine Resignation zu erforschen. Ich mußte schnellstens ein Kernspintomogramm der Wirbelsäule und des Gehirns veranlassen. Bei Verdacht auf eine Kompression der Wirbelsäule muß so schnell wie möglich gehandelt werden. Jede Stunde zählt, denn die Lähmung und Inkontinenz können dauerhaft sein. Ich machte mir auch Sorgen um sein Gehirn und fragte mich, ob seine Apathie nicht von einer Metastase im Stirnlappen herrührte, die eine ähnliche Persönlichkeitsveränderung wie eine Lobotomie bewirken kann.

Ich informierte das Team in der Radiologie, daß mein Patient möglicherweise sofort bestrahlt werden mußte. Sollte das Kernspintomogramm Metastasen im Rückenmark zeigen, müßten wir zur Druckentlastung der Nerven den Tumor durch eine hochdosierte Bestrahlung zerstören.

Am Abend besuchte ich Kirk in seinem Krankenzimmer. Das gleiche Zimmer hatte er auch während der Behandlung gehabt. Er lag auf der Seite, die Beine wie ein Fötus zur Brust hochgezogen, um die entzündeten Nerven im Rücken nicht zu dehnen, wie es bei ausgestreckten Beinen der Fall ist.

Er hatte bereits die erste Bestrahlung bekommen. Cathy war gerade gegangen; sie wollte bei Grant und seiner Familie in Cambridge übernachten. Ich hatte kurz telefonisch mit ihr gesprochen, und sie schien zu begreifen, daß es kaum noch Hoffnung gab. Ich erklärte ihr, daß wir im Gehirn zwar keine Metastasen gefunden hätten, daß der Krebs sich aber in die Wirbelknochen hineingefressen habe und jetzt das Rückenmark angreife. Die Bestrahlung würde zwar eine Lähmung und Inkontinenz hoffentlich verhindern, aber es gebe keine Chemotherapie oder biologische Therapie, die den Krebs im Zentralnervensystem auf Dauer stoppen könne. Ich fragte sie, ob sie dabeisein wolle, wenn ich es Kirk sagte.

»Gehen Sie lieber allein zu ihm. Kirk ist Ihnen gegenüber offener als mit mir.«

Ich saß an seinem Bett, und wir schauten uns eine ganze Weile schweigend an, nahmen die Geräusche auf dem Flur wahr, die gedämpft ins Zimmer drangen. Ich spürte, daß wir auf telepathischem Weg kommunizierten und beide wußten, daß nun das Ende nah war, obwohl wir alles versucht hatten. Wir nahmen wortlos voneinander Abschied.

»Es tut mir leid, Kirk, daß die Wundermittel nicht länger geholfen haben«, sagte ich schließlich.

»Sie haben besser geholfen, als wir erwarten konnten. Es braucht Ihnen nicht leid zu tun, Jerry. Mein Leben war sowieso sinnlos geworden.«

Dieser barsche Kommentar traf mich angesichts der Remission, die er erlebt hatte, wie ein Schlag. Was war geschehen mit Kirk Bains, der doch unbedingt hatte leben wollen und jeden Onkologen bekniet hatte, ihn zu behandeln? Ich wußte nicht recht, wie ich reagieren sollte, und überlegte, was ihm wohl in der Zeit der Remission Freude gemacht haben könnte.

»Sie haben noch einige Geschäfte abgeschlossen. Cathy, die Kinder und Ihre Mutter haben Sie noch vier Monate länger und ziemlich gesund erlebt. Sie haben sich William erspart.«

Kirk lächelte nicht bei meinem schwachen Versuch, witzig zu sein.

»Lesen Sie Zeitung?« fragte Kirk unvermittelt. Ich erinnerte mich an Cathys Bemerkung, daß Kirk sie früher geradezu verschlungen hatte, seit seiner Rückkehr nach Hause aber keine mehr las. Ich wußte nicht, worauf Kirk hinauswollte, daß ich aber darauf eingehen mußte.

»Ich lese jeden Morgen drei, die *New York Times*, das *Wall Street Journal* und den *Boston Globe*«, antwortete ich.

»Und was interessiert Sie?«

Ich überlegte eine Weile und erklärte dann, daß ich eine bestimmte Reihenfolge habe, erst das *Journal* lese, dann die *Times* und schließlich den *Globe*. Zuerst überfliege ich die Berichte über

Innen- und Außenpolitik, lese anschließend etwas aufmerksamer die Artikel über Technik und Medizin. Dann schaue ich mir die Buch- und Filmbesprechungen und den Leitartikel an. »Ich lese keine Zeitungen mehr. Ich wüßte auch gar nicht mehr, wozu.« Kirk machte eine kurze Pause, und seine Stimme wurde leiser. »Die Zeitungen waren eine Goldmine für mich. Sie waren voll von Informationen, die Ihnen zusammenhanglos erscheinen: ein Schneesturm im Mittelwesten, die Einwanderungsdebatte in Kalifornien, die Probleme Westdeutschlands seit der Vereinigung mit dem Osten. Für Sie, Jerry, geht es in diesen Artikeln um das Leben und Schicksal von Menschen und Völkern. Mir geht es nur um Informationen für Geschäfte, ansonsten bedeuten sie nichts für mich. Ich habe mich nie wirklich für die Ereignisse in der Welt oder die Menschen interessiert. Nicht hier innen drin.«

Kirk fixierte mich unbewegt, und ich spürte, daß es stimmte, was er sagte.

»Und als ich in Remission war, konnte ich keine Zeitung mehr lesen, weil mir meine ganzen Geschäfte sinnlos vorkamen. Sinnlos, weil es mir immer nur um kurzfristige Investments ging. Ich habe Ihnen ja schon gesagt, Jerry, daß ich für langfristige Sachen keine Geduld habe. Ich hatte kein Interesse daran, etwas aufzubauen, kein Produkt zum Vermarkten und auch keine Beziehung mit einem Menschen. Und jetzt ist mein Kapital aufgebraucht. Und es kommen keine Dividenden herein. Ich habe nichts vorzuweisen im Portefeuille.«

Kirk verzog das Gesicht vor Schmerzen.

»Wie hat Ihnen meine Rede gefallen? Keine göttliche Erleuchtung, nur eine Zeitung, die noch ungelesen im Streifband steckt.«

Ich versuchte, ihn etwas aufzumuntern, und sagte, er sei zu streng zu sich und daß viele Menschen sich schwertun, sich nach dem Schock einer schweren Krankheit wieder auf das Leben einzustellen.

»Sie müssen es nicht beschönigen, Jerry. Und behandeln Sie mich nicht wie einen Depressiven, denn das bin ich nicht.«

57

Ich erkundigte mich nach Cathy und den Kindern. Ob es denn mit ihnen nicht schön gewesen sei?

»Sie werden sehr gut ohne mich klarkommen.«

Ich wußte nicht, was ich sagen sollte, denn ich hatte das Gefühl, er könnte recht haben. Sein Sarkasmus, sein beißender Witz hatten mich amüsiert, aber ich konnte den Menschen nicht sehen, der dahintersteckte. Es schien, als sollte unsere gemeinsame Metapher mit Oscar Wildes berühmtem Spruch schließen, daß ein Zyniker von allem den Preis, aber von nichts den Wert kennt.

»Jerry, Sie wissen, daß ich recht habe. Die Remission hatte keine Bedeutung, weil es zu spät war, mein Leben noch einmal zu leben. Ich habe doch einmal gesagt, ich würde in die Hölle gehen. Vielleicht hat Gott mir mit diesem Wunder zeigen wollen, wie es dort sein wird.«

Die furchtbare Last, die Kirk mit sich herumschleppte, drückte mir das Herz ab. Es gibt keinen schlimmeren Tod als in dem Gefühl, sein Leben sinnlos vertan zu haben.

Einen Moment lang packte mich die Angst, mir könnte es eines Tages genauso gehen. Ich spürte, daß mein Leben erfüllter war als Kirks Leben, daß meine Liebe und Wertschätzung für meine Familie, meine Freunde und meine Arbeit ihm Sinn und Inhalt gaben. Aber ich hatte noch so vieles vor mir: Die Kinder mußten groß werden, Beziehungen sich entwickeln, Arbeit reifen. Das einzig Beständige im Leben ist, daß es sich verändert. Und ich hatte unzählige Male erlebt, auf welch schreckliche und unerwartete Weise es sich verändern kann. So vieles, was man mit Freude geschaffen hat, kann zerstört werden, kann man verlieren.

Mir fiel wieder die Metapher ein, die Kirk und ich gefunden hatten. Unsere Investitionen ins Leben – in Familie, Beruf und Beziehungen – sind immer mit einem Risiko verbunden. Wir müssen lernen, wie wir diese Risiken absichern können, unser Portefeuille diversifizieren, und, am allerwichtigsten, langfristig eine Kapitalbasis aufbauen, die einen unerwarteten, unkontrollierbaren Crash, wie Kirk ihn erlebt hatte, überdauert.

Aber wie konnte ich Kirk in dieser Verfassung helfen? Was konnte ich ihm noch sagen? Ich dachte wieder daran, wie sehr mein Vater überzeugt war, daß die Erinnerung unsere einzige Trumpfkarte gegen den Tod ist, und erkannte, daß Kirk immer noch die Möglichkeit hatte, sich und sein Leben mit Worten neu zu definieren, wenn schon keine Zeit mehr war für Taten.

»Wollen Sie nicht Cathy und den Kindern sagen, was Sie mir gesagt haben?« schlug ich behutsam vor.

Kirk schaute mich entsetzt an.

»Warum? Damit sie hören, was sie schon lange wissen? Daß ich ein egoistischer, gefühlloser Scheißkerl war? Das wird bestimmt eine sehr tröstliche Unterhaltung am Sterbebett.«

»Kirk, Sie können Ihr Leben nicht noch einmal leben. Dazu ist keine Zeit mehr. Aber Cathy und Roanna und Paul können von Ihnen lernen. Und die Erinnerung an das, was Sie gesagt haben, wird ihnen helfen, wenn Sie nicht mehr da sind.«

Kirkland Bains starb am 8. Mai 1995 in einem Hospiz in Tarrytown, New York. In der Episkopalkirche von Hastings-on-Hudson sollte ein Trauergottesdienst im engsten Kreis stattfinden. Cathy rief mich an und sagte, daß er nur für die Angehörigen gedacht sei. Sie dankte mir für alles, was ich getan hatte, und meinte, ich wäre für Kirk sehr wichtig gewesen. Sie und die Kinder würden nach Florida fliegen, zu Kirks Mutter, und die Urne mit seiner Asche dort begraben. Sie erzählte, sie habe die ganze Nacht an seinem Bett gesessen, und klang sehr erschöpft. Cathy sagte von sich aus nicht, was vor Kirks Tod noch gesprochen worden war, und ich fragte nicht weiter nach.

Nach Cathys Anruf ließ ich meine Schreibarbeiten erst einmal liegen und nahm mir Zeit für ein Gebet, wie ich es immer tue, wenn einer meiner Patienten stirbt. Ich betete darum, daß Kirks Seele vor seinem Tod noch Trost gefunden haben möge, und wenn es ein Jenseits gibt, er dort Frieden finden möge. Und ich fand auch einen Segensspruch für ihn, der sich, wie alle solche Sprüche, eigentlich an die Lebenden richtet. Die Worte, die ich wählte, stammten diesmal nicht aus einem heiligen Text, sondern von Kierkegaard: »Es ist fraglos richtig, daß das Leben rückblickend verstanden werden muß, wie die Philosophen sagen. Aber sie vergessen den anderen Teil: Es muß vorwärts schauend gelebt werden.«

Dan

Es war Dan Bergers erster Tag in meinem Labor, und er richtete sich an dem ihm zugewiesenen Schreibtisch in dem Raum, wo die Forschungsassistenten arbeiteten, gleich häuslich ein. Allerdings packte er statt der üblichen Dinge wie Fachbücher, Kugelschreiber, Rechner und Notizblöcke ganz andere Sachen aus: zwei Vakuumpackungen mit Kaffeebohnen einer starken französischen Sorte, eine schicke schwarze Kaffeemühle, eine robuste Kaffeemaschine aus Glas und Chrom und zwei gelbe Kaffeebecher in Fleur-de-Lis-Design mit passenden Untertassen, dazu ein hübsches Platzdeckchen mit aufgedrucktem Mosaikmuster.

»Das Labor soll mein zweites Zuhause werden«, erklärte Dan neugierigen Besuchern, die im Laufe des Tages vorbeikamen, um den neuen Kollegen kennenzulernen. »Kommen Sie doch auf eine Tasse Kaffee vorbei, wenn Sie Zeit haben.«

Ich hörte von dem Schreibtisch-Café und ging es mir ansehen. Dan unterhielt sich gerade bei einer Tasse Kaffee mit Roberta Ferriani, meiner Laborleiterin, die ihm seine Aufgaben erläuterte.

»Ich hoffe, Sie haben nichts dagegen, Jerry. Während meinem Aufbaustudium am McGill hatte ich mir den Schreibtisch genauso eingerichtet. Ich kann dann besser denken und mich entspannen. Und die Arbeit macht mehr Spaß.«

Ich hatte nichts dagegen. Und ich war nicht überrascht, als sein Schreibtisch zum Treffpunkt für einen entspannten Austausch unter Wissenschaftlern wurde.

Klein und drahtig, mit dunkelblondem Haar und einem jungenhaften Lächeln war mir Dan vom ersten Moment an sympathisch gewesen, als er zum Auswahlgespräch für ein Forschungsstipendium an unserem Fachbereich für Krebsmedizin und Blutkrankheiten gekommen war.

Dan war Kanadier, in Montreal geboren und aufgewachsen. Mit 22 Jahren hatte er am McGill seinen Doktor in Medizin und Philosophie gemacht und sein Praktikum am angegliederten Royal Victoria Hospital abgeleistet. Seine Doktorarbeit hatte er über Hämophilie geschrieben, eine erbliche Blutkrankheit, von der hauptsächlich Männer betroffen sind. Wenn Blut gerinnt, legen sich die beteiligten Proteine, die sogenannten Gerinnungsfaktoren, normalerweise wie die Ziegel einer Mauer aneinander. Bei der Hämophilie, der sogenannten »Bluterkrankheit«, ist ein wichtiger Gerinnungsfaktor minderaktiv, der sogenannte »Faktor VIII«. Das Blutgerinnsel, das zum Wundverschluß führt, beispielsweise nach einer kleinen Verletzung, löst sich schon bei geringster Belastung auf. Das bedeutet, auch eine normalerweise harmlose Wunde führt zu stärkeren Blutungen, eventuell sogar zum Verbluten des Patienten. Dan hatte die Genmutationen untersucht, die dazu führen, daß das Faktor-VIII-Protein sich auflöst.

»Ich möchte mich ausschließlich den Blutkrankheiten widmen«, versicherte mir Dan bei unserem ersten Gespräch. Ähnliches hatte ich schon von vielen Bewerbern gehört, die sich den begehrten Platz sichern wollten, aber das Zittern in Dans Stimme ließ vermuten, daß er es wirklich so meinte.

Er hatte als Student freiwillig auf der Hämophilie-Station am McGill gearbeitet. Bei manchen erwachsenen Patienten sah man noch die verheerenden Folgen der Krankheit; sie konnten sich, weil Arme und Beine durch häufige Gelenkblutungen deformiert waren, nur an Krücken vorwärtsschleppen. Seit es gelungen war, aus dem Blut buchstäblich Tausender von Blutspendern das lebenswichtige Gerinnungsprotein zu gewinnen und daraus Faktor-VIII-Konzentrate herzustellen, blieben jüngeren Blutern solche

Komplikationen größtenteils erspart. Diese Konzentrate mußten sich die Patienten regelmäßig spritzen, damit der Faktor-VIII-Spiegel im Blut möglichst normal blieb. Inzwischen konnten viele Bluter ein aktiveres Leben führen, weil es nicht schon bei kleinsten Verletzungen zu massiven Blutungen kam.

»Die Kinder auf dieser Station sind großartig«, meinte Dan. »Sie lassen sich von ihrer Krankheit das Leben nicht vermiesen. Manche sind Leistungsschwimmer, andere spielen Tennis. Wir bringen ihnen bei, wann sie sich vor einem Wettkampf ihre Spritze setzen müssen. Beim Eishockey ist allerdings Schluß.« Er lächelte stolz. »Da wird's doch manchmal zu blutig für unsere Jungs.«

Stipendiaten in der Ausbildung gehen sozusagen bei einem Facharzt in die Lehre und arbeiten mit ihm Hand in Hand, bis sie das entsprechende Fachgebiet beherrschen und die Patienten selbständig betreuen können. Dan war zwei Fachärzten zugeteilt, James Levine und mir. Auf Jims Station waren hauptsächlich Patienten mit Blutkrankheiten; Dans Aufgaben dort waren also eine logische Ergänzung seiner früheren Interessen. Meine Patienten waren eher gemischt, und es gab viele Aids-Kranke darunter.

Ich war beeindruckt, wie schnell Dan sich das nötige diagnostische und therapeutische Wissen für die Behandlung von Aids-Patienten aneignete, und noch mehr beeindruckten mich seine Wärme und Fürsorglichkeit im Umgang mit ihnen. Waren die für den Fall relevanten medizinischen Fragen geklärt, erkundigte Dan sich nach den Interessen des Patienten, was er gemacht hatte, bevor er krank wurde, wer ihm im Alltag half und ihn seelisch unterstützte, welche persönlichen Probleme und Konflikte zu lösen waren.

Wir hatten angenommen, daß Dan die klassische akademische Medizinerlaufbahn einschlagen, irgendwann Mitglied einer medizinischen Fakultät werden und ein eigenes, unabhängiges Forschungsprogramm aufbauen würde. Ich hätte ihn gerne länger bei uns gehabt, aber eines Tages teilte er mir mit, daß er nach Montreal zurückgehen werde.

Ich hatte Verständnis für seine Entscheidung. Seine Eltern wurden langsam alt. Sie waren ungarische Juden, wie die Familie meiner Mutter, Überlebende von Auschwitz, die in Kanada ein neues Leben begonnen hatten. Dan, ihr einziges Kind, seine Frau Rina und die zwei kleinen Töchter – Becky, drei Jahre alt, und Emma, vier – hatten eine sehr enge Beziehung zu ihnen.

Nach seinem klinischen Ausbildungjahr wollte Dan lieber in der Aids-Forschung mitarbeiten, als seine Untersuchungen auf dem Gebiet der Hämophilie fortzuführen. Er stieß also zu meinem Aids-Team, das daran arbeitet, Blutzellen genetisch zu verändern und gegen das HI-Virus resistent zu machen.

»Hört sich an, als sollten wir eine Kampftruppe für *Star Wars* aufbauen«, witzelte er, als ich ihm unser Projekt erläuterte.

Der Ansatz war in gewisser Weise tatsächlich futuristisch, basierte aber auf dem Konzept, daß Aids eine erworbene genetische Erkrankung ist. Aids läßt sich im wesentlichen als eine Art genetisches Kidnapping und Gehirnwäsche beschreiben, wobei das Aids- oder HI-Virus sich in die T-Zellen des Immunsystems einschleicht und sie gewissermaßen als Geisel nimmt. Es schleust seine eigenen Gene, wie einen fünften Strang, in die normale DNS der Zellen des Patienten ein. Sind die Virusgene in den Zellkern, die Kommandozentrale der Zelle, vorgedrungen, programmieren sie die Zelle dahingehend um, daß sie glaubt, sie müsse ausschließlich die Bedürfnisse des Virus erfüllen. Die T-Zellen werden »umgedreht«, die früheren Hauptstützen des Immunsystems zu Fabriken, die Millionen neuer Viren produzieren. Hat das HI-Virus alle Ressourcen der T-Zelle zur Produktion neuer Viren ausgeschöpft, bringt es seinen Wirt um. Das Immunsystem ist ohne T-Zellen so schwach, daß normalerweise harmlose Mikroben lebensbedrohliche Infektionen verursachen. Häufig entwickeln sich zusätzlich Krebsformen wie das Kaposi-Sarkom oder Lymphome.

Wenn es uns gelingen würde, die T-Zellen mit künstlichen Genen zur Abwehr des HI-Virus zu »bewaffnen«, könnte es sich im Körper nicht vermehren. Wir wußten beide, daß die Entwicklung einer solchen Gentherapie langwierig und mühsam sein würde, aber Dan meinte, er sehe es als große Herausforderung.

Dan frühstückte normalerweise mit seinen Töchtern, bevor sie in den Kindergarten gingen, kam dann am späteren Vormittag ins Labor und arbeitete bis zehn oder elf Uhr abends. Oft sah ich ihn auch am Sonntag, wenn er seinen Labortisch für die Experimente der kommenden Woche vorbereitete oder mit seinem berühmten Kaffeebecher in der Hand am Schreibtisch saß und die neuesten wissenschaftlichen Artikel las.

Er war keineswegs der einzige, der sich derart engagierte. Die meisten Forschungsstipendiaten arbeiteten sechs oder sieben Tage die Woche. Anders geht es in der Laborforschung gar nicht. Die weitverbreitete Vorstellung, daß Fortschritt sich in Quantensprüngen vollzieht, daß die Lösung sich dem Forscher als plötzliche Erleuchtung offenbart, gefolgt von dem klassischen »Heureka!«, ist weit von der Realität entfernt. Jedes Experiment wird bis ins kleinste Detail geplant, bis zu Größe und Typ der Plastikpipetten und Reagenzgläser, die verwendet werden sollen.

Die Realität in der Forschung ist, daß die Experimente trotz aller Planung oft mißlingen. Oder die zur Überprüfung der Reinheit der Reagenzien und des logischen Ablaufs parallel durchgeführten Kontrollen lassen erkennen, daß die ursprüngliche Versuchsanordnung fehlerhaft war. Also beginnt man noch einmal von vorne, verändert ein Detail bei der Versuchsanordnung, die Konzentration einer bestimmten Substanz oder die Inkubationszeit der Mischung. Und meistens geht es wieder schief.

Hartnäckig sucht man nach der Fehlerquelle. In dem Glauben, sie gefunden zu haben, wiederholt man das Experiment. Möglicherweise erbringt es Teildaten, die nicht aussagefähig genug sind, um die nächste Projektstufe zu beginnen, aber gut genug, um den Versuch besser zu wiederholen. Also wird das Experiment noch einmal wiederholt, wobei man die aus dem vorangegangenen Versuch erworbene Erkenntnis zur Verbesserung der Versuchsanordnung nutzt. Allein diese Kleinkindschritte – kurz, unsicher, mit gelegentlicher Schräglage oder Stürzen – führen schließlich zum Erfolg.

Dan sollte in meinem Labor mit der Zellbiologin Phong Phen

zusammenarbeiten. Ihre Aufgabe bestand darin, die T-Zellen zu isolieren, die Dans Blockergene verändern sollten. Sie war Expertin im Umgang mit dem HIV und zeigte Dan, wie er mit dem Lebendvirus arbeiten konnte, ohne sich zu gefährden.

Ich schätzte Phong sehr, nicht nur als Wissenschaftlerin, sondern auch wegen ihrer Charakterstärke. Phong war mir über ein Flüchtlingshilfswerk, das bei der Harvard Medical School um Arbeitsmöglichkeiten für seine Schützlinge angefragt hatte, vermittelt worden. Als sie zu uns kam, sprach sie nur stockend und mit fast geschlossenem Mund. Ihr Betreuer beim Hilfswerk erzählte mir, daß Phong als Labortechnikerin beim Roten Kreuz in Phnom Penh gearbeitet hatte. Eines Tages waren die Roten Khmer dort eingedrungen und hatten den Verwaltungsdirektor und zwei Ärzte, die die Blutbank betreuten, kurzerhand erschossen. Phong hatte versucht, einem der Partisanen das Gewehr zu entreißen, aber der hatte ihr den Gewehrkolben ins Gesicht gerammt. Sie hatte dadurch alle Vorderzähne verloren und immer noch Schwierigkeiten beim Sprechen, obwohl sie bei der Ankunft in den USA eine Brücke bekommen hatte.

Phong konnte sich nicht erklären, warum sie nicht sofort getötet worden war; schließlich hatte sie die Erschießungen verhindern wollen. Die Roten Khmer stuften sie als »Technokratin« ein und schickten sie mit ihrem Mann und dem dreijährigen Sohn zur »Umerziehung« in ein Arbeitslager im tiefsten Dschungel im Norden des Landes.

Eines Tages verschwand Phongs Mann bei einem Arbeitseinsatz in einem nahe gelegenen Sumpf, der ausgebaggert werden sollte. Sie erfuhr weder von den Wachposten noch von den verängstigten Mitgefangenen, was geschehen war. Phong vermutete, daß ihr Mann, zermürbt von Hunger und Schlägen, Selbstmord begangen hatte. Eine Verzweiflungstat, weil er überzeugt war, daß er und seine Familie im Lager umkommen würden.

Phong war bald klar, daß sie und ihr Kind, ebenso die vielen hundert Mitgefangenen, das »Umerziehungslager« niemals lebend verlassen würden. Sie hatte gesehen, wie auf großen Lastwagen

Planierraupen herangeschafft wurden, und die Wachposten Witze über die »neuen Wohnungen« für die Gefangenen machen hören. Sicher würde man sie und ihren Sohn bald töten und in ein Massengrab werfen.

Phong beschloß zu fliehen. Sie wartete einige Tage, bis Neumond war. Ihren goldenen Ehering, den sie versteckt hatte, tauschte sie beim Lagerkoch gegen ein Kilo gekochten Reis und eine Flasche Wasser ein. Sie sagte, sie brauche das gegen ihren Durchfall. Dann schob sie ihrem kleinen Sohn behutsam einen Stoffetzen als Knebel in den Mund, so daß er durch die Nase atmen konnte, aber nicht schreien. Sie kroch zuerst unter dem Stacheldraht durch, der das Lager umgab, ihren mäuschenstillen Sohn neben sich herziehend. Erst weitab im Unterholz wagte sie es, sich umzuschauen. Nichts bewegte sich im Lager, alles schlief; nichts ließ erkennen, daß ihre Flucht entdeckt worden war. Die Posten auf den Wachtürmen waren nachts meistens betrunken und dösten vor sich hin. Sie gingen ohnehin davon aus, daß jeden, der verrückt genug war, sich in den erbarmungslosen Dschungel vorzuwagen, das gleiche Schicksal ereilen würde, wie wenn ihn eine Kugel aus ihren Gewehren traf.

Phong brauchte zwei Monate bis zur Grenze nach Thailand. Sie hat mir nie erzählt, was ihr auf dem Marsch durch den Dschungel alles widerfahren ist. Wenn ich sie in einem ruhigen Augenblick, nachdem ich die Ergebnisse ihrer Experimente an dem Tag durchgesehen hatte, nach ihren Erlebnissen unter den Roten Khmer fragte, antwortete Phong mit einem sanften Lächeln, und die gutgemachte Brücke verriet kaum, daß es nicht ihre echten Zähne waren:

»Dr. Groopman, das ist schon lange her. Ich kenne Leute in Kambodscha, die haben Schlimmeres durchgemacht. Ich denke an die Zukunft, nicht an die Vergangenheit.«

»Und wie sehen Sie die Zukunft, Phong?«

»Schön, Dr. Groopman. Schön. Mein Sohn ist ein kluger, ein braver Junge. Die Lehrer mögen ihn. Und ich liebe meine Arbeit. Ich habe viel Glück.«

Der Winter kam 1993 sehr früh in Neuengland. Schon in der ersten Oktoberwoche hatten wir morgens Bodenfrost, denn die Temperatur fiel nachts durch den eisigen Wind aus Kanada stellenweise weit unter null Grad. Die Bäume verloren sehr schnell ihr dichtes Laub, das Gras wurde braun und dürr. Boston hüllte sich in das typische graue Dämmerlicht der Nordhalbkugel, das die warm eingepackten Fußgänger, die durch die engen Straßen eilten, als verschwommene Schatten erscheinen ließ.

Dan hatte die zehn Tage über Rosch ha-Schana, das jüdische Neujahr, und Jom Kippur, den Tag des Fastens und der Besinnung, in Montreal verbracht und war diese Woche zurückgekommen. Er wirkte abgespannt und sorgenvoll, das sonst so frische Gesicht war blaß. Er arbeitete zwar genausoviel wie vorher, aber sein Gang war schleppend. Mir fiel auf, daß er mit den Gedanken oft ganz woanders zu sein schien. Ich fragte ihn, ob in Montreal alles in Ordnung sei. Ob es denn irgendwelche Probleme gebe zu Hause? Er sah mich zögernd an, bevor er antwortete.

»Nein, es gibt keine Probleme, nicht in Montreal und nicht in Boston.«

Ich nickte etwas skeptisch, und Dan redete weiter.

»Übrigens, mein Vater hat mir letzte Woche einen guten Witz erzählt. Nelson Mandela, Jitzhak Rabin und Patrick Buchanan treffen sich bei einer Weltkonferenz in Miami Beach. Als sie am Meer spazierengehen, wird eine Flasche an den Strand gespült, und ein Geist kommt heraus.«

Dan fing an zu grinsen, sein Gesicht hellte sich auf.

»Der Geist sagt, er habe insgesamt drei Wünsche zu vergeben. Jeder der Männer habe einen frei. Mandela kommt zuerst dran. Er wünscht sich, daß alle Schwarzen der Welt in einem freien Südafrika vereint werden. Der Wunsch wird ihm gewährt.«

Dan sah mich an, ob ich auch aufmerksam zuhörte.

»Rabin wünscht sich, daß die in aller Welt verstreuten Juden alle nach Israel kommen mögen. Der Wunsch wird ihm gewährt. Dann wendet sich der Geist an Buchanan und sagt: ›Du hast den dritten Wunsch!‹ Buchanan sagt zu dem Geist: ›Noch mal im

Klartext. Alle Schwarzen gehen zurück nach Afrika? Und alle Juden wandern nach Israel aus? Dann bitte nur eine Cola light!«« Wir lachten über den Witz, aber Dans Lachen ging schnell in einen langen Hustenanfall über.

»Dieser verdammte Husten. Ich muß mir in Montreal was eingefangen haben.«

Dan machte mir in den folgenden Wochen immer mehr Sorge. Er wirkte sehr verändert. Bei der wöchentlichen Laborbesprechung, wo wir die Daten der letzten Experimente analysierten, zeigte er nicht mehr den gewohnten Scharfblick. Sein Vortrag bei der monatlichen Besprechung der neu veröffentlichten wissenschaftlichen Artikel war zum ersten Mal schlecht vorbereitet. Er kam am Wochenende nicht mehr regelmäßig ins Labor und erklärte, es gebe zu Hause einiges zu tun.

An einem Nachmittag Ende November schaute ich bei ihm im Labor vorbei, und da waren seine Kaffee-Utensilien verschwunden.

»Der Kaffee schmeckt mir nicht mehr«, meinte Dan. »Vielleicht habe ich zuviel Koffein geschluckt in letzter Zeit.«

»Zuviel Koffein? Dann wäre doch koffeinfreier Kaffee eine Alternative, oder?«

»Ach, wahrscheinlich hat man das Zeug einfach irgendwann über«, seufzte er.

Das klang mir nicht sehr überzeugend.

Ich hatte Dan in Gedanken oft mit einem munteren kanadischen Biber verglichen. Er war immer von Labortisch zu Labortisch geflitzt, hatte sich chemische Substanzen, Reagenzgläser, Pipetten und andere Gerätschaften zusammengesucht und sie dann fix und ordentlich für sein geplantes Experiment vor sich aufgereiht. Er war Hobbyfotograf und wanderte auf der Suche nach interessanten Szenen, die er festhalten wollte, oft mit seiner Nikon bewaffnet im Labor umher. Die Wand über seinem Schreibtisch war voller Fotos von Kollegen im Labor, manche ganz auf die Arbeit konzentriert, andere herumalbernd wie Teenager und wilde Grimassen schneidend.

Ich erzählte Phong einmal, daß Dan mich an einen Biber erinnere. Sie sagte, nach dem chinesischen Kalender sei Dan im Jahr des Affen geboren. Und Affen, so erfuhr ich, werden als klug, manchmal respektlos und sehr flink angesehen. Aber Dan war nicht mehr munter und schwungvoll. Er war lustlos und langsam geworden, wie ein alter, resignierter Mann.

Ich fragte Phong, ob sie wisse, was Dan derart beschäftigen oder bedrücken könnte. War mit Rina und den Kindern alles in Ordnung? Gab es irgendein Problem mit den Eltern in Montreal, oder belastete ihn die geplante Rückkehr? Oder war er ausgebrannt, hatte seine Energie wie eine Sternschnuppe allzu schnell aufgebraucht?

Phong sah mich mit ausdruckslosem Gesicht an. Offenbar wußte sie es auch nicht.

Der erste Sonntag im Dezember war ein kalter, klarer Tag. Ich war am Vormittag lange geschwommen und ging energiegeladen ins Labor, um Fachliteratur durchzuarbeiten. Nach einigen Stunden stieß ich auf einen Artikel über verschiedene Methoden zur Messung der HIV-Produktion in T-Zellen. Er würde Dan sicher interessieren, und ich wollte mit ihm darüber reden. Als ich in sein Zimmer kam, sah ich ein Notizbuch offen auf seinem Schreibtisch liegen, wo er aufgeschrieben hatte, welche Arbeiten er an diesem Tag fertigmachen wollte. Wahrscheinlich arbeitete er mit Phong gerade in BL3. Ich beschloß, sie dort zu besuchen, um zu sehen, wie weit sie mit ihren Experimenten waren.

BL3 steht für Biosicherheitslevel 3 und ist ein Raum für die Arbeit mit hochinfektiösen Substanzen, zum Beispiel Aids-Viren. Wenn man hineinwill, muß man zuerst eine Luftschleuse passieren. Der Raum selbst ist mit einem speziellen Belüftungssystem ausgestattet, das einen Unterdruck herstellt. Es ist eine Vorsorgemaßnahme für den Fall, daß Aids-Viren oder andere gefährliche Substanzen versehentlich in die Luft gelangen. Die Forscher können den Raum verlassen, ohne eine Wolke von infektiösem Material freizusetzen, denn die Außenluft strömt hinein und hält alle gefährlichen Partikel zurück, die sich in der Innenluft angesammelt haben könnten.

In der Luftschleuse zieht man einen sterilen Kittel über, streift sterile Überschuhe aus Papier über die eigenen Schuhe, zieht ein zusätzliches Paar undurchlässige Latexhandschuhe an und setzt eine bruchsichere Schutzbrille auf. Erst wenn man Kleidung und Körper auf diese Weise vor dem Kontakt mit kontaminiertem Material geschützt hat, kann man in das eigentliche BL3-Labor hineingehen. Unseres ist ein großer, L-förmiger Raum mit einer niedrigen, gekachelten Decke und langen Reihen von Neonleuchten. In der Decke versteckt ist das leistungsstarke Belüftungssystem, das den Unterdruck zur Außenluft erzeugt.

Die Forscher sitzen auf niedrigen Stühlen mit dem Blick auf speziell konstruierte Kammern aus Glas und Metall. Diese Kammern, etwa 1,80 Meter breit und 1,50 Meter hoch, werden als »Laminarboxen« bezeichnet. In diesen Kammern wird am Virus gearbeitet. Der Forscher geht mit geschützten Armen und Händen durch eine Luftwand, die von einem Gitter unten an der Laminarbox aufsteigt. Diese Luftströmung bildet einen perfekten Parabolbogen und befördert etwaige gefährliche Partikel aus dem unteren Teil der Kammer zu einem oben angebrachten Spezialfilter, der sie wiederum einfängt und die Luft an ein zweites Dekontaminationssystem in der Zimmerdecke weiterleitet.

Trotz dieser umfangreichen Schutzmaßnahmen wird in BL3 so gearbeitet, als wäre alles mit Viren verseucht. Nichts verläßt den Raum, außer den Forschern, ohne bei hoher Temperatur sterilisiert zu werden. Das geschieht mittels Dampfsterilisation in einem Autoklav von gut einem halben Meter Durchmesser und einem Meter Länge, der in die Wand von BL3 eingebaut ist. Er sieht aus wie ein Kanonenrohr. Alle in dem Raum benutzten Dinge, ebenso die Handschuhe, Kittel und andere Schutzkleidung kommen in den Autoklav, wo sie mehrere Stunden bei hoher Temperatur und Druck sterilisiert werden. Die Abluft wird über einen Luftabscheider abgegeben; die nun hundertprozentig sterile Schutzkleidung kann außerhalb der Luftschleuse entnommen werden.

Ich sah Dan sofort, als ich den von Neonlicht erhellten Raum betrat. Er saß vor einer Laminarbox, neben ihm Phong. Seine Arme ruhten auf dem Metallgitter unten an der Kammer. Phong war gerade dabei, mit der Pipette eine Lösung auf eine große Petri-Schale zu geben. Ich wartete, bis sie fertig war, um sie nicht bei ihrer Arbeit zu stören.

»Dan«, sprach ich ihn mit gedämpfter Stimme an.

»Oh, hallo, Jerry.« Seine Stimme war etwas heiser.

Dan zog seine Arme aus der Kammer und drehte den Stuhl, so daß er mich anschauen konnte. »Was machen Sie am Sonntag in BL3?«

»Nun, ich suche Sie. Ich habe da einen Artikel, der Sie interessieren könnte.«

»Ach, danke«, entgegnete er. »Eigentlich könnte ich ihn mir gleich anschauen. Ich werde heute sowieso nicht mehr viel schaffen hier. Phong, könntest du das Experiment für mich fertigmachen?«

Phong nickte schweigend.

Wir gingen gemeinsam in die Luftschleuse und entledigten uns dort der Schutzkleidung, wie es beim Verlassen von BL3 vorgeschrieben ist. Nachdem wir Handschuhe, Kittel, Überschuhe und Schutzbrillen, in einem undurchlässigen Plastiksack verschlossen, in den Autoklav gesteckt hatten, wuschen wir uns und kehrten wieder in die Außenwelt zurück.

Dan ging neben mir den langen Korridor vom Labor zu meinem Büro entlang und blieb beim Instrumentenraum stehen, um hineinzusehen.

»Schon beeindruckend«, bemerkte er leise.

An diesem Sonntag war kein Mensch im Instrumentenraum, nur die vielen Geräte. Ich fand den Raum ebenso beeindruckend wie Dan. Jedes Gerät hatte eine besondere Funktion, ein eigenes Temperament, und es wurde mit dem gleichen Respekt und der gleichen Fürsorge behandelt wie ein wertvolles Kunstwerk.

Dan ging hinein, bis zur anderen Ecke des Raumes, und ich folgte ihm. Dort, in einem abgetrennten Bereich, blieb er eine ganze

72

Weile stehen, als würde er dem Gen-Sequenzer, dem König unter den Instrumenten, seine Reverenz erweisen. Der Gen-Sequenzer war erst vor kurzer Zeit bei Cal Tech entwickelt worden, und nur wenige der zahlreichen Forschungslabors an der Harvard Medical School besaßen einen. Jeder Gen-Sequenzer kostet 120 000 Dollar und wird von einem spezialisierten Wissenschaftler bedient. Hinzu kommen monatlich noch etwa 20 000 Dollar für das zum Betrieb notwendige Material.

Mit dem Gen-Sequenzer kam unser Gentherapie-Projekt dreimal so schnell voran. Als es dieses Gerät noch nicht gab, war das Entschlüsseln der DNS-Sequenz eines Gens eine mühsame Sache. Zuerst mußte das Gen in immer kleinere Stücke geschnitten werden, bis es in seine Bestandteile, die sogenannten »Basen«, zerlegt war. Die DNS wird aus nur vier Basen gebildet: Adenin (A), Thymin (T), Guanin (G) und Cytosin (C). Diese Bausteine werden in der DNS zu Dreiergruppen angeordnet, zum Beispiel ATG oder GGG. Ein Gen besteht aus Hunderten bis Tausenden dieser Dreiergruppen. Die Zelle hat die Fähigkeit, aus dieser Folge von kodierten Dreiergruppen ihre gesamte Struktur und alle ihre Funktionen herauszulesen.

Wenn der Forscher das Gen in Tausende dieser chemischen Bestandteile zerlegt hat, muß er sie wieder zusammenfügen, wie bei einem riesigen Puzzle. Es dauerte oft acht bis zwölf Monate, bis dieses Puzzle, die Gensequenz, richtig geordnet war. Und es mußte in der richtigen Reihenfolge geschehen, denn es gibt weder Punkt noch Komma im Kode. Wird eine Base übersprungen oder an die falsche Stelle des Puzzles gelegt, liest sich die ganze Sequenz wie blanker Unsinn.

Ein erfahrener Wissenschaftler kann die zwei- bis viertausend Teile des Gen-Puzzles am Gen-Sequenzer in zwei oder drei Monaten intensiver Arbeit zusammenfügen. Und so funktioniert es: Zuerst werden große Genfragmente in das Gerät eingelegt. Dann werden vier Laserstrahlen auf die freigelegte DNS gerichtet. Jeder Strahl interagiert anders mit jeder Base des Genfragments. Diese spezielle Wechselwirkung verändert die Wellenlänge des

Strahls, die das Gerät mit Hilfe eines ausgeklügelten Programms interpretiert. Wenn die Laser das DNS-Fragment abgetastet haben, wird ein Ausdruck erstellt. Darauf ist eine Abfolge von vier verschiedenfarbigen Zacken zu sehen, die wie die Edelsteine eines ganz besonderen Halsbandes aufgereiht sind: ein Rubin, ein Diamant, ein Saphir, ein Smaragd. Jede farbige Zacke steht für eine andere DNS-Base – A, T, G oder C. Die Analyse der Anordnung dieser farbigen Zacken ergibt die Gensequenz.

Mit dem Gen-Sequenzer konnten wir nun sowohl die Gene der verschiedenen HIV-Stämme schnell analysieren als auch die gewünschte Zusammensetzung der Blockergene verifizieren, die das Virus lähmen sollten. Es ist leicht nachzuvollziehen, warum diese elegante, großartige Erfindung sozusagen der neugekrönte König in einer Welt der Wissenschaftler ist, in der Gene als die Basis aller normalen Körperfunktionen und genetische Störungen als die Grundlage der meisten Krankheiten verstanden werden.

»Mir liegt sehr viel an unserem Labor«, bemerkte Dan ernst, als wir den Instrumentenraum verließen und den Gang entlanggingen. »Ich bin nicht religiös wie Sie, Jerry. Aber in letzter Zeit habe ich öfter im stillen dafür gedankt, daß mein Leben so ist, wie es ist, daß ich unsere Arbeit machen darf.«

Ich nickte schweigend und fragte mich, warum Dan gerade jetzt über solche Dinge nachdachte.

»Es klingt etwas bombastisch, aber als Mediziner kann man ein *moralisches* Leben führen. Sie wissen ja, was sie einen beim Aufnahmegespräch für die medizinische Fakultät immer fragen: ›Warum wollen Sie Arzt werden?‹ Die meisten Leute sagen, sie möchten den Menschen helfen. Oder sie finden Medizin so spannend *und* möchten den Menschen helfen. Andere sagen es zwar auch, wollen aber eigentlich sich selbst helfen oder ihre Eltern glücklich machen. Man könnte sagen, daß jeder Beruf Möglichkeiten bietet, den Menschen zu helfen. Aber andere Berufe sind darin nicht so *konsequent* wie die Medizin und nicht immer so eindeutig moralisch.«

Dan schaute mich forschend an, ob ich denn verstand, was er meinte. Ich zog fragend die Augenbrauen hoch.

»Ich meine, ein Rechtsanwalt hütet das Gesetz, was angeblich moralisch ist. Aber vielleicht verteidigt er einen Mandanten, der schuldig ist, oder er arbeitet in einer Firma und soll im Grunde nur nach Möglichkeiten suchen, wie sie gerade noch innerhalb der Legalität möglichst viel Geld machen kann. Oder ein Geschäftsmann: Er leistet vielleicht einen moralischen Beitrag, indem er Menschen Arbeit gibt. Aber er weiß, daß Geschäft ein Krieg ist, daß es Gewinner und Verlierer gibt und daß er jeden Tag seines Lebens gegen die Konkurrenz kämpfen muß.«

Ich stand schweigend da und wußte immer noch nicht, worauf Dan hinauswollte.

»Die Medizin bietet einem die Chance, einen *grundsätzlich* moralischen Beruf auszuüben. Man arbeitet in einem Team mit den Kollegen. Man hat das gleiche Ziel wie der Patient: die Krankheit zu heilen, ihn wieder gesund zu machen. Man darf Mensch bleiben bei seiner Arbeit.«

Ich wollte seinen Gedankenfluß nicht unterbrechen und sagte nichts.

»Ich bin dankbar, weil wir als Ärzte so viel an menschlicher Erfahrung mitbekommen. Wir lernen genausoviel über uns selbst, wenn wir unsere Patienten betreuen, wie über sie, besonders bei Patienten mit Krebs oder Aids. Wir lernen jeden Tag, daß wir sterblich sind.« Er machte eine kurze Pause und fügte hinzu: »Aber das wußte ich natürlich schon.«

Dan lachte nervös auf und versank dann in Schweigen.

Wir betraten mein Büro. Dan nahm das Foto von meiner Frau und den drei Kindern in die Hand, das auf meinem Schreibtisch steht. Er betrachtete es aufmerksam und begann wieder zu sprechen, ohne mich anzuschauen.

»Jerry, ich bin übrigens an Jom Kippur in der Synagoge gewesen. Zum ersten Mal seit Jahren.«

Er hob den Kopf, ein angestrengtes Lächeln auf dem Gesicht.

»Ich habe sogar fast den ganzen Gottesdienst durchgehalten. Er dauert furchtbar lang, wissen Sie.«
»Oh, das weiß ich sehr gut.«
»Dann wissen Sie ja auch, daß an Rosch ha-Schana, an Neujahr, unsere Namen im Buch des Lebens eingeschrieben werden. Und daß an Jom Kippur unser Schicksal besiegelt ist?«
»Natürlich.«
Und dann zitierte Dan, den ich als Agnostiker kannte, überraschenderweise einen Passus aus der Liturgie, der einen erschauern läßt:

Am Neujahrstag wird es geschrieben
und am Versöhnungstag besiegelt:
wie viele vergehen
und wie viele entstehen;
wer leben wird
und wer sterben wird;
wer an seinem Ziel
und wer vor seinem Ziel;
wer durch Feuer
und wer durch Wasser;
wer durchs Schwert
und wer durch Hunger;
wer durch Erdbeben
und wer durch Seuche ...

Dan brach mitten im Satz ab, sah mich mit ernstem Gesicht an und sagte fast flüsternd: »Jerry, mein Schicksal ist besiegelt. Ich habe Aids.«
Ich fühlte mich, als hätte ich einen Schlag ins Gesicht bekommen, unerwartet und brutal. Mir wurde kurz schwindelig. Als ich wieder bei mir war, klopfte mein Herz wie wild, und meine Augen füllten sich mit Tränen.
Ich stand auf und ging mit etwas zittrigen Beinen auf Dan zu. Ich nahm ihn in die Arme und hielt ihn lange Zeit ganz fest, als könn-

te die Energie meiner Umarmung in ihn fließen und ihm Kraft geben für den Kampf gegen den Tod. Wir saßen an diesem Sonntag bis in den Abend zusammen und schauten von meinem Bürofenster aus zu, wie die Dämmerung einem sternenklaren Nachthimmel wich. Ich hörte zu, während Dan die, wie er sagte, »andere Geschichte meines Lebens« erzählte – die Geschichte, die nicht in seinen Studienunterlagen und Empfehlungsbriefen stand.

Dan war Bluter. Stunden nach seiner Geburt am Montreal Jewish Hospital hatte der Kinderarzt bemerkt, daß aus der Nabelschnur immer noch Blut kam. Die Ärzte befragten seine Eltern, die sich nicht erinnern konnten, daß irgend jemand in der Familie ein Problem mit der Blutgerinnung gehabt hätte. Ein Hämatologe wurde geholt, und einen halben Tag nach Dans Geburt wurde die Diagnose bestätigt. Er hatte eine schwere Hämophilie, der Spiegel an Faktor VIII lag bei unter 2 Prozent vom Normalwert.

Dan wußte eigentlich nicht, wie seine Eltern die Nachricht aufgenommen hatten, konnte es sich aber von ihrem Charakter her ungefähr vorstellen. Da meine Mutter und ihre Familie ebenfalls Überlebende von Auschwitz waren, kann auch ich es mir ziemlich genau vorstellen. Sie hatten bei allem, was sie taten, immer nur ein Ziel vor Augen gehabt: zu überleben. Alle Möglichkeiten wurden blitzschnell durchkalkuliert und in einen fast anormalen Pragmatismus übersetzt. Keine Handlung, kein Gefühl wurde verschwendet. Deshalb stellte Dan sich vor, daß sie sich gezwungen hatten, angesichts der schlimmen Nachricht ruhig zu bleiben, daß sie ihren Schmerz und ihre Angst unterdrückt hatten, bevor ihre Gefühle sich zur Panik auswachsen konnten. Denn man durfte kein Risiko eingehen, das die Überlebenschancen verringert hätte. Dan wußte, daß seine Eltern ihn von den allerbesten Spezialisten hatten behandeln lassen.

Der Holocaust hatte seine Wahrnehmung der Außenwelt und seine Reaktion auf sie von Kindheit an stark beeinflußt, ebenso wie bei mir. Er wußte schon sehr früh, daß es böse und todbringende

Kräfte im Leben gibt – manchmal offen und manchmal verborgen – und daß man immer dagegen gewappnet sein mußte.

Der Tod war ein sehr realer und ständiger Begleiter in seinem Leben. Er erfuhr als kleiner Junge, daß man ihn nach dem Bruder seines Vaters genannt hatte, Daniel Hershel Berger, der einen deformierten Fuß gehabt hatte und Minuten nach der Ankunft der Familie Berger in Auschwitz von Josef Mengele in die Gaskammer geschickt worden war. Daniel hatte als Kind oft die Phantasie, seine Hämophilie sei ebenfalls ein Fluch der Natur, wie der Klumpfuß seines toten Onkels, der seinen frühen Tod heraufbeschworen hatte.

Als er älter wurde, ging er heimlich in die Bücherei und las über Hämophilie nach. Er fand schnell heraus, daß jede Tätigkeit mit einem großen Risiko behaftet war, daß ein Sturz vom Fahrrad oder ein kleiner Schnitt mit dem Messer zu einer so schweren Blutung führen konnte, daß er starb.

Seine Freunde hatten offenbar eine unbeschwerte Kindheit, und der Tod war für sie nur eine Karikatur mit schwarzem Umhang und Sense, aber für Dan war es anders. Er wußte aus den Erzählungen seiner Eltern, daß das Leben unsicher und gefährlich war, daß der Tod real war und in ganz unterschiedlicher Gestalt erscheinen konnte, die niemals komisch war und auch jederzeit erbarmungslos nach einem greifen konnte.

Eines beeindruckte Dan an seinen Eltern ganz besonders: Daß sie, obwohl sie so viel Leid und Grauen erlebt hatten, obwohl sie unzählige Male in das entsetzliche Gesicht des Todes geblickt hatten, obwohl ihr einziges Kind mit einer potentiell tödlichen Erbkrankheit auf die Welt gekommen war, dennoch Freude am Leben hatten. Er glaubte, sie hätten eben nie die Hoffnung aufgegeben. Wie sie das schafften, das lernte Dan mit der Zeit von ihnen, und damit war der Grundstein für seine Fähigkeit gelegt, zuerst mit der Hämophilie und jetzt mit Aids fertig zu werden.

Die Eltern hatten Dan schon sehr früh gesagt, daß er anders sei als andere Kinder, daß die Unterschiede sich aber überwinden ließen und nicht mit ernsthaften Einschränkungen verbunden waren. Er wurde zu Sportarten wie Schwimmen und Tennis ermutigt, wo die Verletzungsgefahr gering war. Nie ließen sie seine Krankheit als Entschuldigung für schlechtes Benehmen oder Faulheit gelten. Sie hämmerten es ihm geradezu ein, daß er und nicht seine Krankheit sein Leben bestimmte. Und sie sagten: Wenn du dein Leben selbst bestimmst, kannst du es mit Freude füllen, und die Mühsal wird kleiner.

Dan tat sich manchmal schwer, das zu verstehen oder zu glauben. Aber er lernte mit der Zeit darauf zu vertrauen, daß er dem Fluch, der auf ihm lag, doch würde entgehen können. Er war sich nicht *sicher* – es gab auch keine Garantie dafür, trotz aller ermutigenden Worte von seinen Ärzten auf der Hämophilie-Station am McGill, trotz der Zuversicht, die seine Eltern immer zeigten, wenn er sie fragte, ob er jemals ein normales Leben haben würde, so wie seine Freunde.

»Ein normales Leben?« sagte sein Vater dann und beantwortete die Frage mit einer Gegenfrage. »Was ist ein normales Leben? Gibt es das überhaupt? Du *machst* dir das Leben normal, auch wenn es das nicht ist.«

Dan verstand den Hintergrund dieser Worte erst später, als er schon fast erwachsen war. Sie waren der Schüssel dafür, daß seine Eltern Auschwitz überlebt hatten.

Warum hatten sie überlebt, wo doch alle anderen Mitglieder der Familie umgekommen waren, fragte sich Dan oft. Mit der Zeit glaubte er entdeckt zu haben, welche Charakterzüge ihnen das Überleben ermöglicht hatten. Viele ungarische Juden hatten sich, was die Absichten der Nazis seit der Zeit der Rassengesetze bis zur Errichtung der Ghettos und die Deportationen in die Lager betraf, an Illusionen geklammert. Dans Eltern hatten offenbar erkannt, was man mit ihnen vorhatte. Es war ihnen sehr bald klar, worauf die Ereignisse hinsteuerten – auf ihre Vernichtung. Dieser Weitblick gab ihnen Zeit, sich psychisch und praktisch auf das Überleben vorzubereiten.

Da sie innerlich auf das Allerschlimmste vorbereitet waren, konnten sie die vielen schrecklichen Ereignisse auf dem Weg nach

Auschwitz besser verkraften. Sie konnten Entscheidungen treffen und Schritte unternehmen, die ihnen halfen, diese furchtbare Zeit zu überstehen. Sie glaubten kein Wort von dem, was die Deutschen sagten, und trauten keinem Gerücht und keiner Information – es sei denn, sie waren sich sicher, daß es der Wahrheit entsprach. Es fiel ihnen schwer, bei dieser Haltung zu bleiben, denn die meisten Leute in der Gemeinde ließen sich von den manipulativen Lügen der Nazis einlullen. Mehrere Freunde überwarfen sich mit Dans Eltern, als sie ihnen die Augen öffnen wollten, aber sie ließen sich nicht beirren.

Seine Eltern dachten immer pragmatisch. Sie bereiteten sich auf die ungewisse Zukunft vor, indem sie kleine Schmuckstücke versteckten, die einmal von Nutzen sein konnten, um sie gegen Lebensmittel einzutauschen oder jemanden zu bestechen, wenn die Situation gefährlich wurde. Sie teilten sich die zugeteilten Lebensmittel genau ein, zuerst im Ghetto und später im Lager, weil man nie wußte, ob überhaupt noch welche verteilt werden würden. Sie versuchten herauszufinden, welche beruflichen Fertigkeiten nützlich wären und daher von den Deutschen bevorzugt würden. Sein Vater war in Ungarn Lehrer gewesen, aber als die Nazis jeden Unterricht im Ghetto verboten, war ihm klar, daß er sich keinesfalls als solcher zu erkennen geben sollte. Deshalb sagte er, er sei Schreiner, wenn die Nazis Schreiner suchten, und wenn Steinmetze gebraucht wurden, gab er sich als Steinmetz aus. Als sie Übersetzer für Russisch und Deutsch suchten, meldete er sich jedoch nicht, weil ihm das Risiko zu groß war. Er hätte dann zwar in einem warmen Büro arbeiten und sich von der mörderischen körperlichen Arbeit erholen können, aber er würde vielleicht in Geheimnisse eingeweiht und, sobald die Übersetzung gemacht war, als unliebsamer Zeuge erschossen werden.

Immer auf das Schlimmste vorbereitet zu sein und kalkulierte Risiken einzugehen – diese Elemente der brutalen Konfrontation mit der Wirklichkeit hatten seinen Eltern offenbar geholfen zu überleben. Vor allem eine Lehre zog Dan jedoch daraus, und sie war ihm immer präsent, wenn er über seine eigene Situation nachdachte: daß es keine allgemeingültige Formel gibt, wie man am besten überlebt.

Viele andere in den Ghettos und Lagern hatten sich genauso verhalten wie seine Eltern und waren umgekommen. Also mußte man auch das Element der Ungewißheit, des Zufalls hinnehmen ... mußte einsehen, daß es trotz aller Vorkehrungen kritische Situationen im Leben gab, die sich nicht vorhersehen ließen, die man selbst nicht ganz unter Kontrolle haben konnte. Zuerst hatte diese Erkenntnis in Dan enorme Ängste ausgelöst. Aber dann war ihm etwas klargeworden, was nur scheinbar ein Widerspruch war. So schwer es ist, diese Ungewißheit zu akzeptieren: Ihre Auswirkungen sind geringer, wenn man sie akzeptiert. Lernen, sich nicht von den Ängsten überwältigen zu lassen, die die Ungewißheit auslöst; lernen, nicht in Panik zu verfallen, ist vielleicht das wichtigste Element, um seine Überlebenschance zu erhöhen. Läßt man sich von diesen Gefühlen überwältigen, verliert man die Fähigkeit zu handeln und kalkulierte Risiken einzugehen, die einem helfen zu überleben.

Dan erkannte, daß seine Eltern ihm diese Art, mit den quälenden Unwägbarkeiten des Lebens umzugehen, nicht nur durch ihre Geschichten vom Überleben unter den Nazis vermittelt hatten, sondern auch dadurch, wie sie mit seiner Krankheit umgingen. Zuerst hatten sie sich alle verfügbaren Informationen über Hämophilie beschafft, um den Feind zu kennen, der das Leben ihres Kindes bedrohte. Dann, als der Leiter der Hämophilie-Station am McGill in Montreal mit seiner Behandlung begonnen hatte, hatten seine Eltern darauf bestanden, daß Dan auch von Spezialisten am Hämophilie-Zentrum an der McMaster University in Hamilton, Ontario, betreut wurde. Jede therapeutische Entscheidung wurde von seinen Eltern sorgfältig abgewogen, nachdem sie die Meinung von mindestens zwei Experten eingeholt hatten. Sie waren auch bereit, gewisse therapeutische Risiken einzugehen. Als die ersten Faktor-VIII-Konzentrate hergestellt wurden, suchten die Hämophilie-Stationen nach freiwilligen Probanden für experimentelle Versuche mit dieser neuen Therapie. Seine Eltern ließen sich für diese Entscheidung eine Woche Zeit und behandelten sie in der gewohnten Weise – als Entscheidung, bei der es ums Überleben ging. Sie wußten, daß vor der Entwicklung dieser Konzentrate nur wenige Kinder mit schwerer Hämophilie das Erwachsenenalter erreichten. Man konnte noch so sehr aufpassen, und trotzdem führte eine geringfügige Verletzung fast immer irgendwann zu einer tödlichen Blutung. Für seine Eltern war das Faktor-VIII-Konzentrat so etwas wie falsche Arierpapiere im Ghetto: Sie konnten sich als nutzlos erweisen oder das Risiko sogar noch vergrößern, sollten sie als gefälscht erkannt werden; aber die Chance, damit dem sicheren Tod vielleicht zu entgehen, war zu groß, als daß man sie hätte ungenutzt lassen können.

Dan hatte Aids durch die verseuchten Faktor-VIII-Konzentrate bekommen, die ihm ursprünglich das Leben gerettet hatten, ein schreckliches Schicksal. Ich fragte ihn, ob er seinen Eltern oder den Ärzten denn Vorwürfe mache wegen ihrer Entscheidung, ihm diese Therapie zu geben, statt ihn mit dem nicht verunreinigten, aber weniger effektiven Plasmaprodukt, dem sogenannten »Kryopräzipitat«, zu behandeln. Dan sagte, anfangs sei er ungeheuer zornig gewesen, obwohl damals natürlich niemand wußte, daß ein seltsames, tödliches Virus existierte, das mit dem Faktor-VIII-Protein im Blut eines infizierten Blutspenders übertragen werden konnte. Es war eine Folge des Risikos, das alles Unbekannte in sich birgt – ein Umstand, der wieder einmal die Unsicherheit deutlich macht, mit der wir alle konfrontiert sind, die aber die wenigsten wahrhaben wollen. Als Dan innerlich so weit war, daß er die Unsicherheit des Lebens akzeptieren konnte, verging auch sein Zorn.

Dan wurde langsam müde. Wir hatten über zwei Stunden geredet. Er hatte ruhig und überlegt erzählt, als hätte er seine ganze Geschichte wohlgeordnet im Kopf, jederzeit abrufbar wie eine Computerdatei. Er hatte sich darauf vorbereitet, mir die Details und Erkenntnisse wie bei einem wissenschaftlichen Seminar vorzutragen. Mich irritierte seine emotionale Distanz, denn es zerriß mir das Herz beim Zuhören. Vielleicht hatte Dan das Verhalten seiner Eltern übernommen, nämlich die Gefühle immer sehr zu kontrollieren und seine Angst dadurch in Schach zu halten. Vielleicht lebte er nun schon so lange damit, daß er diese zerstörerische Kraft wirklich bezwungen hatte und seine Gelassenheit Ausdruck dieses psychischen Sieges war.

Dan schaute auf die Uhr und stellte fest, daß es Zeit war, nach Hause zu gehen, zum Abendessen mit Rina und den Kindern; vorher wollte er aber noch eine der lehrreichen Erkenntnisse seines Vaters erzählen – eine jener Erkenntnisse aus dem Überlebenskampf im strengen Winter 1944/45 in Auschwitz. Sein Vater hatte Dan erklärt, er habe in jenem Winter im Lager zwei Todesarten gesehen: »Wenn ein Mensch sich der Verzweiflung überließ, starb er. Und wenn er sich nicht der Verzweiflung überließ, sondern als bösartiges Tier überlebte, das den anderen die Brotkrusten stahl, dann starb er innerlich als Mensch.« Dans Vater sagte, so wie es zwei Todesarten gebe, gebe es auch zwei Arten von Leben. Genau das hatte Dan gemeint, als er gesagt hatte, er versuche als guter Arzt ein moralisches Leben zu führen, und deshalb war es ihm auch so wichtig. Dans Entscheidung, Arzt zu werden, sich zuerst der Hämophilie und nun Aids zu widmen, war nicht nur ein moralischer Akt, es war auch ein Akt des Widerstands gegen die Verzweiflung. Es war eine Entscheidung, die auch ihm selbst zugute kam, aber es war die Basis des Widerstands. Dan wollte alles nur Mögliche tun, um weiterleben zu können. Er konzentrierte seine ganze Begabung darauf, etwas gegen die zu erwartenden Folgen der Krankheit zu tun, für sich selbst und für andere.

Ich begleitete Dan zur Tür, und wir umarmten uns noch einmal. Diesmal hatten wir beide Tränen in den Augen, und ich war erleichtert, Dan weinen zu sehen.

Als er gegangen war, saß ich noch lange in meinem Büro und dachte über Dans erschütternde Lebensgeschichte nach. Wie schwer mußte es für Dan sein, Aids-Patienten zu betreuen und mit anzusehen, daß junge Leute wie er jeden Tag ein Stück starben. Und dann im BL3-Labor zu beobachten, wie das Virus in der Petri-Schale die T-Zellen gnadenlos zerstörte, genau wie in seinem Körper. Dennoch hatte Dan sich dafür entschieden, seinem Todfeind offen gegenüberzutreten, ihm direkt ins Auge zu sehen. Ob er sich selbst laufend testete, und, wenn der Test zufriedenstellend ausfiel, sich aus diesem erneuten Sieg über die Angst wieder Kraft holte? Ob das seine Methode war?

Es fiel mir immer noch schwer zu glauben, was Dan mir erzählt hatte. Es kam mir so unwirklich vor. Ich war sein Mentor. Ich betreute ihn jetzt seit drei Jahren bei seiner Ausbildung, zuerst auf der Station und jetzt im Labor, und er machte seine Arbeit wie jeder andere auch. War das normal, sich ständig diesem Alptraum auszusetzen? Sein Vater hätte auf eine solche Frage mit einer Gegenfrage geantwortet – die typisch jüdische Antwort, die zum Ausdruck bringt, daß kein Mensch die absolut gültige Antwort weiß: Was ist normal? Dan hatte entschieden, sein Leben normal zu *machen*. Mit dieser Entscheidung bekundete er seinen Mut, bewahrte sich seine Würde. Dem unheilbar Kranken, wie dem Häftling in Auschwitz, erwächst Würde aus der Eigenschaft, ein Mensch mit eigenem Willen zu bleiben, selbst zu entscheiden, auch wenn das Leben nur entsetzlich begrenzte Wahlmöglichkeiten bietet.

Seine Eltern – Überlebende des Holocaust. Wie schrecklich mußte es für sie sein, daß ihr einziges Kind schon vom Tod gezeichnet war. Rina und die Kinder. Diese hübschen, flachsblonden Mädchen, die ohne die grenzenlose Liebe ihres Vaters aufwachsen mußten.

Ich erkannte mich selbst in Dan wieder. Sein Hintergrund ähnelte so sehr dem meinen, seine Vorlieben, sein Humor, seine Leidenschaften. Manchmal verständigten wir uns ohne Worte, nur mit einem wissenden Blick oder einem kurzen Schulterzucken. Wir hatten die gleichen Wurzeln, waren aus »demselben Tuch geschnitten«, wie wir sagen – ich eine Generation früher, und daraus ergab sich zwischen uns eine fast mystische Verbindung von Herz und Geist. Ich war zutiefst erschüttert.

Aber Dan, Rina und die Kinder schienen froh und munter zu

sein, eine typische junge Familie. Sie unternahmen mit den Kindern die gleichen Dinge wie Pam und ich mit unseren – gingen ins Boston Children's Museum, sonntags zum Brunch mit Freunden, Spielsachen kaufen. Sie lebten ein normales Leben unter besonderen Umständen.

Ich suchte in meinem Gedächtnis nach der Verbindung zwischen dem Normalen und dem Besonderen, einer Art Alchimie, die das Profane in Heiliges verwandelt. Ich fand sie. Es war wieder eine Geschichte aus dem Holocaust, die Geschichte von Primo Levi, dem italienischen Juden und Chemiker, der die Umwandelbarkeit der Elemente als Metapher für die radikale Veränderung seines Lebens, der Substanz seines Lebens, als Häftling der Nazis benützte. Er schreibt, es sei die Verrichtung alltäglicher Dinge gewesen, die ihm in dieser Hölle seine geistige Gesundheit, seine Würde und seine Menschlichkeit bewahrt habe. Die Nazis haben ihre Opfer systematisch entmenschlicht, sie zu lebensunwerten, rechtlosen Untermenschen erklärt. Levi erzählt, wie ihm ein Kamerad im Lager, als er sich in seiner Verzweiflung schon fast aufgegeben hatte, geradezu befahl, sich jeden Tag das Gesicht zu waschen. Diese alltägliche, einfache Verrichtung gab ihm Würde und Struktur zurück, denn er mußte dazu Willenskraft aufbringen, und es war eine bewußte Entscheidung. Levi stellte auch fest, daß es ihm Kraft gab, sich in der sinnlosen Welt des Konzentrationslagers geistig am Leben zu halten. Er rezitierte mit einem Freund zusammen regelmäßig Verse von Dante, wie er es vor seiner Deportation getan hatte. Er hatte beschlossen, Schönheit in Form von Poesie an einen Ort zu bringen, wo nichts Schönes existieren sollte.

Die höchste Form von Widerstand war nach Levis Ansicht, weiterhin die alltäglichen, normalen Dinge zu tun, die das Leben vor der Deportation geprägt hatten. Es war eine Demonstration des eigenen Willens, der Selbstbestimmung, und signalisierte die potentielle Fähigkeit, über die Kräfte, die einen zerstören wollen, zu triumphieren. Die Wiederherstellung der Würde ließ auch die Fähigkeit zu hoffen wiederkehren.

Primo Levi sagte einmal, wie auch Elie Wiesel, das Leben in den Konzentrationslagern sei mit keiner anderen Situation zu vergleichen, und deshalb müsse man mit Vergleichen sehr vorsichtig sein. Beide waren jedoch auch der Meinung, daß es aus dieser schrecklichen Zeit wichtige Erkenntnisse über den Menschen und sein Verhalten im Angesicht des Bösen zu gewinnen gab.

Dan nutzte die freien Tage zwischen Weihnachten und Neujahr für einen Besuch in Montreal bei den Eltern und für Gespräche mit seinen behandelnden Ärzten am McGill. Er wirkte frischer, als er zurückkam; er hatte wieder etwas von seiner früheren Energie. Ich drängte ihn ganz bewußt nicht, mit mir über seine Krankheit zu sprechen, denn ich hielt es für besser, wenn er die Initiative zum Dialog ergriff. An einem Nachmittag Anfang Januar kam er auf mich zu und sagte, er wolle mir etwas ausführlicher erzählen, was im vergangenen Jahr auf medizinischer Ebene passiert sei.

Er hatte zwischen Rosch ha-Schana und Jom Kippur eine leichte Pneumocystis-Pneumonie bekommen, seine erste opportunistische Infektion. Die Zahl seiner T-Zellen war in den vergangenen zehn Jahren von einem Normalwert von 600 auf 40 gefallen, was extrem wenig ist. Er hatte bereits alle Möglichkeiten der Aids-Therapie mit ddI, ddC, d4T und Nevirapin ausgeschöpft. Seit Anfang Dezember bekam er AZT und 3TC, ein experimentelles Medikament. Er wollte unbedingt jede Therapie ausprobieren, die sinnvoll erschien, und von 3TC versprach er sich am meisten. Diese neue Kombinationstherapie schlug offenbar gut an. Er hatte seitdem wesentlich mehr Appetit und Energie, und er hatte auch wieder an Gewicht zugenommen.

Er hatte zur Vorbeugung gegen eine Pneumocystis-Pneumonie ursprünglich das Antibiotikum Bactrim bekommen, jedoch eine Allergie gegen dieses Medikament entwickelt. Sein Arzt in Montreal hatte deshalb auf Dapson umgestellt, ein anderes Sulfonamid, das aber die Lungenentzündung nicht hatte abwehren können, wahrscheinlich weil sein Immunsystem schon zu sehr geschwächt war. Die Pneumocystis-Pneumonie wurde mit hochdosiertem Pentamidin behandelt, einem wirksamen, aber auch nebenwirkungsreichen Antibiotikum, das einen ekelhaften, metallischen Geschmack im Mund verursacht. Deshalb hatte ihm auch der Kaffee nicht mehr geschmeckt. Anschließend wurde er mit langsam steigenden Dosen gegen Bactrim desensibilisiert, und inzwischen konnte er dieses wirksamere Medikament gegen Pneumocystis-Pneumonie ohne irgendwelche Allergieprobleme einnehmen. Dan hatte das Gefühl, nach dem schlimmen Herbst jetzt über den Berg zu sein.

Ich bot ihm an, sich beurlauben zu lassen, wenn ihm das helfe, aber Dan meinte, das sei das letzte, was er wolle. Er lebe für seine Familie und seine Arbeit. Nicht arbeiten zu können, im Labor oder auf Station, würde alles nur noch schlimmer machen. Er habe viele Forschungsstipendien angeboten bekommen und sich wegen unseres HIV-Projekts ganz bewußt für uns entschieden. Die drei Jahre bei uns, die Betreuung der Patienten und die Forschungsarbeit im Labor, hätten ihm wieder große Hoffnung gegeben.

Dan wußte, daß ich mir sicher Gedanken machte, wie er damit fertig wurde, als behandelnder Arzt jeden Tag Aids-Kranke in all ihrem Elend zu sehen. Natürlich gab es Augenblicke, in denen ihn die Angst überfiel. Manchmal, wenn er einen Patienten untersuchte, der an einer Infektion oder einem Krebsleiden litt, tauchte vor seinem geistigen Auge ein Spiegel auf, in dem er sein eigenes Gesicht mit dem des Patienten verschmelzen sah. Er grübelte, wie sein Tod wohl sein würde, ob er an einer Infektion oder durch Krebs sterben würde, wie in der Liturgie zu Jom Kippur.

Aber er war trotzdem noch nicht überzeugt, daß er bald oder überhaupt an Aids sterben würde. Während der letzten zehn Jahre waren wichtige Fortschritte in der Therapie erzielt worden. Er war optimistisch, daß die Gentherapie, an der wir und andere arbeiteten, sein Leben um Jahrzehnte würde verlängern können. Er hoffte, seine Kinder groß werden zu sehen. Er hoffte, in seiner Arbeit weiterhin produktiv zu sein. Solange nicht feststand, daß er wirklich nicht mehr in dem momentan sehr guten Zustand gehalten werden konnte, würde er weiterarbeiten und kämpfen, um zu leben.

Er müsse oft an die Situation seiner Eltern während des Holocaust denken, sagte Dan. Er habe unendlich viele Male überlegt, ob sie überhaupt eine Überlebenschance gehabt hatten, als sie 1944 mit all den anderen ungarischen Juden nach Auschwitz deportiert wurden. 50 000 Menschen wurden dort pro Woche umgebracht. Mit seiner Prognose sei es ähnlich. Seine Chancen stünden sehr schlecht; es sei unwahrscheinlich, daß er überleben würde. Aber er wisse, daß seine Chance nicht gleich Null sei. Er würde trotz allem weiterkämpfen, wie seine Eltern damals.

Dann dankte mir Dan auf seltsam förmliche, aber aufrichtige Weise für die engagierte Arbeit meines Labors in der HIV-Forschung. Er wisse, es gebe viele andere medizinische Fragen, die politisch weniger brisant und gesellschaftlich weniger stigmatisiert seien, an denen man arbeiten könne. Mein Herz krampfte sich zusammen vor Schmerz um diesen bewundernswerten jungen Mann, und ich sagte Dan, ich würde alles nur Mögliche tun, um ihm zu helfen. Ich würde mich so weit an seiner Behandlung beteiligen, wie er wünsche, unsere Arbeits- und Arzt-Patienten-Beziehung aber klar getrennt halten.

Dan nickte dankbar. Er sei fest entschlossen, alles zu versuchen, und er würde mich jederzeit um Rat fragen, was seine Behandlung oder die Risiken und Vorteile einer experimentellen Therapie anginge.

Ich fragte ihn, warum er mir nicht schon früher von seiner Krankheit erzählt habe.

Darauf entgegnete Dan, er habe eine konsequente und, wie er meine, faire Lösung gefunden, wem er von seinen Krankheiten, erst Hämophilie und jetzt Aids, erzähle. »Denjenigen, die es wissen müssen«, sei sein Prinzip. Den Menschen, die für seine medizinische Behandlung und seine psychische Stabilität wichtig seien, erzähle er es. Deshalb seien seine Eltern und die Ärzte in Kanada darüber informiert – und natürlich seine Frau Rina. Den Kindern hätten sie nur gesagt, daß Papa manchmal krank sei. Wenn es ihm einmal schlechter ginge, würden sie es ihnen genauer erklären.

Dan hatte Sorge, daß er in seiner Handlungsfreiheit eingeschränkt werden würde, wenn alle über seinen Zustand Bescheid wüßten, daß er aus Ignoranz diskriminiert oder aus falschem Mitleid besonders geschont würde. Hätte er die gleichen Möglichkeiten gehabt, wie er sie jetzt hatte? Hätten seine Vorschläge bei Laborbesprechungen, seine Kritik an Versuchsanordnungen und Ergebnissen das gleiche Gewicht gehabt, wenn jeder im stillen gedacht hätte, sie seien durch seine Krankheit beeinflußt? Hätten seine Patienten denn seinem Rat vertraut, wenn sie dachten, er sei ja selbst betroffen und könne gar nicht objektiv sein? Er hätte nicht mehr normal weiterleben können, und das hätte bedeutet, vor der Krankheit zu kapitulieren.

Trotz alledem war Dan sehr erleichtert, daß er es mir jetzt endlich gesagt hatte. Er hatte sich dazu durchgerungen, weil ich offensichtlich gemerkt hatte, daß mit ihm etwas nicht stimmte. Er kam sich zwar wie ein Lügner vor, weil er mir nichts gesagt hatte, aber es war einfach vernünftiger gewesen, seine Krankheit geheimzuhalten. Er war zuerst sich selbst verantwortlich und mußte zusehen, daß sein Leben so normal wie möglich weitergehen konnte. Und deshalb bat mich Dan, diese Information streng vertraulich zu behandeln.

Ich versprach, mich daran zu halten. Wir beschlossen, daß er erst einmal im Labor weiterarbeiten würde, solange er konnte. Sollte es aus gesundheitlichen Gründen nicht mehr gehen, würde er sein Forschungsprojekt an Kollegen übergeben, bis wir einen Ersatz für ihn gefunden hatten. Niemand brauchte etwas von seiner Krankheit zu wissen, wenn Dan es nicht wollte.

Und dann sagte Dan noch, fast nebenbei: »Jerry, Sie sind nicht der erste im Labor, der es weiß.«

Ich war erst etwas irritiert. Wer hatte es vor mir erfahren, der ich sein Mentor, Freund, *landsman* und Chef des Labors war?

»Phong weiß es schon eine ganze Weile. Wir sind uns sehr nah. Sie wissen ja, was sie durchgemacht hat. Sie hat diese einfühlsame und ruhige Stärke, die mich immer an meine Eltern erinnert. Ich habe ihr das Versprechen abgenommen, daß sie nichts sagt, also seien Sie ihr nicht böse deswegen.« Jetzt verstand ich ihr Schweigen, damals vor ein paar Monaten. »Keine Sorge. Phong hat Ihr Vertrauen respektiert, und das war ganz richtig.«

Der Frühling 1994 kam bald, als wollte er uns für den vorangegangenen frühen Winter entschädigen. Die milde Luft und die ersten Knospen an den Blumen hoben allerseits die Stimmung. Die lebensfrohe Jahreszeit brachte buchstäblich frischen Wind ins Labor. Bis Juni war es nicht mehr lang; da würden wir die alten Stipendiaten verabschieden und die Neuankömmlinge begrüßen. Dan ging ans McGill zurück, um dort ein Labor für HIV-Forschung aufzubauen. Wir würden auf diesem Gebiet weiterhin zusammenarbeiten. Er hatte bei seinen Versuchen, das Aids-Virus an der Zerstörung der genetisch veränderten T-Zellen zu hindern, etliche positive Ergebnisse erzielt, aber es blieb noch einiges zu tun. Wurde eine kleine Virusmenge mit den veränderten Zellen inkubiert, zeigten sie sich resistent. Gab man jedoch größere Mengen an Viren dazu, wurde das künstliche Gen überwältigt, und die Zellen starben ab. Wir würden andere Blockergene herstellen müssen und die Experimente dann mit der großen Virusmenge wiederholen. Wir würden weiter daran arbeiten, bis wir eine absolut wirksame Therapie entwickelt hätten.

Dan ging es medizinisch gesehen weiterhin gut. Er versprach sich viel von einer Therapie mit Proteasehemmern, einer neuen Gruppe von Medikamenten, die HI-Viren daran hindern, sich in der Zelle zu vermehren. Sie wurden am Computer entwickelt und wirkten anders als AZT und all die anderen Medikamente, die Dan bisher bekommen hatte. Er wollte das neue Medikament unbedingt nehmen und diskutierte gerade mit seinen Ärzten in Montreal, ob das zusätzlich zu der Kombination von AZT und 3TC möglich war, um so gleich dreifach gegen das Virus vorzugehen.

Es kam der Tag des Abschieds. Dan brachte Rina und die Kinder ins Labor mit. Sie tollten herum, während er seine Bücher, die Kaffeemaschine und alle anderen Utensilien einpackte. Er hatte seine Kamera mitgebracht, und nachdem er das Labor, Roberta und Phong fotografiert hatte, wollte er ein »Familienfoto« von uns allen machen. Wir waren ein ulkiger Haufen, ich mit meinen einsfünfundneunzig wie ein Turm hinter dem kleinen, drahtigen Dan und Phong, die Rina ihre quirligen Töchter bändigen half. Ich legte den Arm um Dan und drückte ihn ganz fest, während Roberta die Kamera einstellte. Was für ein bemerkenswerter Mensch er doch ist, dachte ich und mußte mit den Tränen kämpfen. Ich dachte daran, daß ich sein Mentor, sein Lehrer hatte sein sollen, der ihn in Diagnose und Behandlung von Blutkrankheiten und Krebs unterweist, ihn im Labor in Molekularbiologie und Zellvirologie ausbildet. Aber Dan war *mein* Lehrer gewesen. Er hatte mich gelehrt, daß uns im Schatten des Todes Kraft und Mut zuwachsen können, wenn wir die kleinen Freuden des Lebens zu würdigen wissen. Er hatte mich gelehrt, daß man Angst paradoxerweise überwinden und seine Überlebenschancen vergrößern kann, wenn man die Unsicherheit des Lebens akzeptiert. Dieses Wissen hat mir geholfen, meinen Krebs- und Aids-Patienten zu zeigen, daß sie sich mit den kleinen, alltäglichen Dingen im Leben Kraft für ihren Kampf gegen die Krankheit verschaffen können.

Das Foto von Dan und seiner Familie zusammen mit mir und Phong steht heute auf meinem Schreibtisch. Ich schaue es oft an und hänge dabei meinen Gedanken nach. Sein Geist lebt hier weiter und erhellt mein Leben wie das Licht eines fernen Sterns, der schon lange erloschen ist.

Cindy

Warum soll gerade meine Einsamkeit
nie enden,
warum soll gerade mein Lied
nie erklingen,
warum soll gerade mein Traum
nie in Erfüllung gehen?

LANGSTON HUGHES,
»TELL ME«, AUS *Montage of a Dream Deferred*

DAS WARTEZIMMER DER HIV-Station war vollbesetzt an diesem
Dienstagmorgen im Oktober 1995, als ich mich suchend nach
Cindy Cohen umsah. Ich war schon sehr im Verzug mit meinen
Terminen, denn frühmorgens war ein neuer Patient mit einem
sehr komplexen Krankheitsbild gekommen, für den ich fast zwei
Stunden gebraucht hatte.
Schließlich entdeckte ich sie am anderen Ende des Raumes. Auf
dem Weg zu ihr kam ich bei den Miltons vorbei. Jack, seine Mutter Betsy und seine Schwester Sarah saßen wie üblich direkt neben dem Trinkwasserbrunnen. Jack Milton war blind, eine Infektion mit dem Zytomegalievirus hatte die Netzhaut beider Augen
zerstört. Er mußte täglich zwei Liter Flüssigkeit trinken, damit
das Foscarnet, ein hochwirksames, aber toxisches Medikament
gegen dieses zerstörerische Virus, aus dem Körper ausgeschieden

wurde. Seine Mutter Betsy, die streng darauf achtete, füllte gerade wieder den Pappbecher und reichte ihn an ihren Sohn weiter. Ich nickte Betsy Milton zu und drückte Jack zur Begrüßung den dünnen Arm, als ich vorbeiging.

Neben Mrs. Milton saß Mark Hynes mit einem rotgeblümten Tuch um den breiten, kahlen Schädel. Mark versuchte ein Lächeln zur Begrüßung, brachte aber nur eine gequälte Grimasse zustande. Mark litt an dem bei Aids-Patienten sehr häufigen Kaposi-Sarkom, das sein fein geschnittenes Gesicht in eine rotfleckige Kraterlandschaft verwandelt hatte. Die geschwollene Wangenpartie wollte dem Befehl, ein Lächeln hervorzubringen, nicht gehorchen. Mark bekam seit kurzem Taxol, ein hochwirksames, aus der Rinde der seltenen Pazifischen Eibe gewonnenes Medikament. Taxol war zur Behandlung von fortgeschrittenem Eierstock- und Brustkrebs entwickelt worden und nach unseren Studien auch beim Kaposi-Sarkom sehr wirksam. Ich hoffte, es würde Marks Tumoren erheblich schrumpfen lassen, ihm seine früheren Gesichtszüge und die normalen Muskelfunktionen zurückgeben.

Inzwischen war ich bei Cindy, die in der hintersten Ecke des Wartezimmers saß, den Kopf tief über die *New York Times* gebeugt. Nur ihr dichtes schwarzes Haar war zu sehen. Sie spürte meine Gegenwart und hob sofort den Kopf. Aus dem runden Gesicht mit den breiten Wangenknochen sahen mich dunkle mandelbraune Augen an – sie hätte gut eine Mongolin sein können. Ich lächelte und gab ihr mit einem Nicken zu verstehen, daß sie die nächste sei. Cindy faltete die *Times* routiniert zusammen, sammelte vom Stuhl daneben ihre *Cosmopolitan*, den *New Yorker* und *Allure* ein und stand schwungvoll auf.

Wir gingen rasch vom Wartezimmer zu dem kombinierten Büro- und Untersuchungsraum am anderen Ende des Korridors. Ich entschuldigte mich, daß ich so spät dran war, und wir tauschten die üblichen Bemerkungen über die Anreise von New York und die Verkehrsprobleme vom Logan Airport bis zum Harvard Medical aus.

Cindy legte ihren Lesestoff ordentlich gestapelt auf meinem Schreibtisch ab, wandte mir mit einer anmutigen Drehung ihr volles Gesicht zu und wartete. Es dauerte einen Moment, bis mir bewußt wurde, daß ich die übliche Umarmung vergessen hatte, mit der ich sie sonst immer begrüßte. Ich legte Cindy den Arm um die Schulter und drückte sie fest.

»Das tut gut, Jerry. Diese Umarmung habe ich nach der Warterei in dem schrecklichen Wartezimmer wirklich gebraucht.«

Ich lernte Cindy Cohen vor drei Jahren kennen, kurz nach ihrem 33. Geburtstag. Sie hatte telefonisch um einen Termin gebeten, nachdem sie in der *Times* einen Artikel über die Aids-Forschung in Harvard gelesen hatte. Sehr darum bemüht, das Zittern in ihrer Stimme zu unterdrücken, hatte sie erklärt, daß sie ein dringendes Problem habe und so bald wie möglich mit mir sprechen wolle.

Eine Woche später trafen wir uns dann auf der HIV-Station. Bei diesem ersten Besuch erzählte mir Cindy in allen Einzelheiten eine Geschichte, die ansonsten nur ihr Hausarzt kannte, Dr. Jules Weksler in Huntington, Long Island.

Sie hatte sich wenige Wochen vor ihrem 33. Geburtstag von ihrem langjährigen Freund Doug Geller getrennt. Vorher hatte sie sich mal mit diesem und jenem verabredet, meinte aber, sie sei kein besonders »kontaktfreudiger Typ«. Sie fand es schwierig, die richtige Art von Männern kennenzulernen. Sie ging nie in Kneipen oder Clubs, und die meisten Männer, die ihr durch Freunde ihrer Mutter vorgestellt wurden, fand sie »uninteressant« oder »unreif«.

Cindy arbeitete bei einer großen Handelsbank in Manhattan. Sie nahm jeden Tag den Zug um 6.24 Uhr ab Huntington und saß schon vor 8 Uhr an ihrem Schreibtisch. Doug Geller war bei derselben Bank angestellt, arbeitete jedoch in einer Zweigstelle in Brooklyn. Sie hatten sich bei einem Fortbildungsseminar kennengelernt.

Doug war der erste Mann, mit dem Cindy geschlafen hatte; und auch der erste, den sie wirklich liebte. Er war aufmerksam, witzig, nahm seine Arbeit ernst, ging gern ins Kino, wie Cindy auch, und war nicht unattraktiv.

Cindy hatte immer gedacht, daß sie einmal heiraten würden. An einem Sonntag abend, als sie in einem Restaurant mit Blick über den Long Island Sound beim Essen saßen, sprach sie das Thema konkret an. Immerhin waren sie schon drei Jahre zusammen. Doug hörte aufmerksam zu und schob dabei ein Stück gegrillten Heilbutt von einer Seite des Tellers auf die andere. Er wartete höflich, bis sie ihre Sicht der Dinge dargestellt hatte, und sagte dann, daß er sie auch liebe, sich aber noch nicht in der Lage fühle, sich für das ganze Leben zu binden.

»Er fand, wir sollten noch ein bißchen warten, mindestens ein oder zwei Jahre, und dann noch mal darüber reden«, erzählte Cindy.

»Ich sagte Doug damals gleich, daß ich keine zwei Jahre Zeit habe, um zu schauen, wie die Dinge sich entwickeln. Ich war dreiunddreißig, hatte einen guten Job in der City – ich meine, es war Zeit, die Weichen für die Zukunft zu stellen, eine Familie zu gründen, anzufangen zu *leben*. Wir sprachen das ganze Essen über kein Wort mehr. Schließlich sagte ich, um die Situation zu entschärfen: ›Doug, am besten trennen wir uns für eine Zeitlang.‹ Ich dachte, ich komme damit klar, ich könnte einfach weiterleben wie vorher, aber es hat mich fürchterlich mitgenommen«, gestand Cindy.

Einige Wochen ging es Cindy sehr schlecht, und ihre Mutter Lena schlug ihr schließlich vor, sich ein paar Tage freizunehmen und für ein langes Wochenende irgendwohin zu verreisen. Das würde sie auf andere Gedanken bringen. Lena hatte in *Travel and Leisure* ein Wochenend-Pauschalangebot für den Club Med auf Martinique gesehen. Für Cindy klang Martinique aufregend, exotisch – und es war eine Million Meilen von Doug und New York entfernt.

Cindy erinnerte sich, daß sie sich dort in der Karibik zuerst völlig fehl am Platz vorkam. Ihre blasse Haut wirkte durch den Sunblocker mit Faktor 21 noch weißer (sie hatte in der *Times* gerade einen Artikel über die Zunahme von Hautkrebs gelesen), und sie fand sich im Vergleich zu all den sonnengebräunten, schmuckbehängten Frauen in knappsten Bikinis absolut langweilig in ihrem hellblauen Badeanzug und dem einfachen Goldkettchen um den Hals. Einige Europäerinnen im Club liefen sogar ganz unbefangen ohne Oberteil am Strand herum. Für Cindy war das alles sehr aufregend.

»Ich fühlte mich in eine Traumwelt versetzt – wie in einem Film mit Marlon Brando, nach einem Schiffbruch vor Tahiti. Ich hätte mich am liebsten in ein Südseemädchen verwandelt«, sagte sie verträumt.

Nachdem sie am ersten Tag allein auf dem Clubgelände herumgelaufen war, wurde sie etwas mutiger und schloß sich drei Frauen aus Dallas an. Sie wirkten wie Drillinge: alle drei blond gefärbt, mit schmalen Gesichtern, langen schlanken Händen mit knallroten künstlichen Fingernägeln. Für Frauen von Mitte Vierzig – mit Kindern – hatten sie eine bewundernswert schlanke Figur. Sie waren Nachbarinnen und erzählten Cindy, sie würden sich einmal im Jahr ein Wochenende »Freiheit« gönnen – ohne Ehemänner und Kinder, ohne Kochen, Putzen und Kirchgang. Sie verbrachten die meiste Zeit an der Poolbar, aber manchmal »fanden sich auch ein paar nette Jungs – mit etwas Glück«, wie sie sagten. Sie hatten vor, mit Frederic, einem Taucher aus Nizza, der jeden Winter im Club Med Martinique arbeitete, schnorcheln zu gehen. Peggy, die Anführerin des Trios, lud Cindy ein, doch mitzukommen.

Cindy nahm die Einladung gerne an. Sie schwamm sehr gern, und das Wasser hier war traumhaft. Die Strände auf Long Island waren überfüllt, oft gab es hohe Wellen. Man konnte es gar nicht riskieren, weiter vom Ufer weg zu schwimmen, weil man Angst haben mußte, von der Strömung hinausgezogen zu werden; zumindest hatte ihre Mutter das immer gesagt. Cindy war überzeugt, daß Frederic die Strömungen hier kannte und die sichersten Buchten zum Schnorcheln aussuchen würde.

Cindy beschrieb Frederic als mittelgroß, ungefähr einsfünfundsiebzig und sehr muskulös, mit einem gepflegten Schnurrbart und kurzgeschnittenem braunem Haar mit helleren Spitzen – vielleicht von der Sonne oder künstlich gebleicht. Cindy war sich nicht sicher. Er schien ein sehr zuvorkommender und geduldiger Mensch zu sein und half jeder von ihnen, die Taucherbrille mit dem Schnorchel richtig anzulegen.

Cindy hatte nie zuvor geschnorchelt. Frederic zeigte ihr, wie man das Mundstück mit nicht zuviel Druck festhielt, und dabei glitten seine schwieligen Fingerspitzen sanft über ihre Lippen. Im rechten Ohr trug er einen kleinen Diamanten, der im Sonnenlicht immer wieder aufblitzte, als würde er Funken sprühen. Statt einer normalen Badehose trug er, gemäß Cindys Beschreibung, ein »knappes Suspensorium aus Nylon«. Er war keiner von diesen gutaussehenden Männern, die einen »schlicht umhauen«, wie die schönen Models von Calvin Klein, die am Strand hingegossen für After-shave oder Unterhosen werben. Aber Cindy fand, daß seine kleinen Mängel – die Lippenspalte, die er unter dem Schnurrbart versteckte, ein paar Aknenarben im Gesicht – ihn attraktiver machten.

Frederic wohnte im Club in einer Strohhütte; er teilte sie sich mit Peter, einem jungen schlanken Österreicher, der ebenfalls einen Diamanten im rechten Ohr trug. Peter war Anfang Zwanzig, lief im blumenbedruckten Sarong und Sandalen herum und arbeitete hier im Winter als Koch. Cindy konnte sich nicht erinnern, ob die Eingeborenen in dem Brando-Film auch so gekleidet waren.

Am nächsten Morgen wehte von Westen her ein feuchtwarmer tropischer Wind, und Frederic meinte, er sei genau richtig zum Windsurfen. Da Cindys Freundinnen aus Dallas sich noch nicht blicken ließen, bot er an, ihr allein zu zeigen, wie man auf dem schmalen Brett mit dem Wind umgeht. Sie erzählte mir, sie sei überrascht gewesen, was für ein Gefühl von Schnelligkeit und Kraft sie beim Surfen in der aufgewühlten Bucht bekommen habe. Frederic schlug vor, zu einer etwa zwei Kilometer vom Clubstrand entfernten Bucht zu surfen. Cindy nahm die Herausforderung an und schaffte es bis dorthin, ohne umzukippen. Sie war stolz auf sich und bemerkte, daß ihre Haut in den drei kurzen Tagen trotz Sunblocker schon eine hübsche Bräune zeigte.

Als sie sich an dem abgeschiedenen Strand ausruhten, rückte Frederic ganz nah an sie heran, strich ihr sanft die feuchten sandigen Haare aus dem Gesicht und küßte sie. Cindy schloß die Augen, wie immer beim Küssen, und stellte sich vor, sie sei eine Tahitianerin und Frederic Marlon Brando. Dann liebten sie sich. Für Cindy war das genau die Art von »Freiheit«, die sie nach Dougs Zurückweisung brauchte. An den vier Tagen, die sie im Club war, stahlen sie und Frederic sich noch dreimal davon, um sich zu lieben. Cindy fühlte sich wieder begehrenswert und dachte, sie wäre jetzt so weit, daß sie sich einen neuen Partner suchen konnte, wenn sie wieder zu Hause war.

Das Dallas-Trio feierte den letzten Abend des Kurzurlaubs mit reichlich Alkohol. Cindy, die noch nie in ihrem Leben richtig betrunken gewesen war, versuchte mitzuhalten. Erst wurde ihr ein bißchen schwindelig, und dann begann sie über ihre momentane Lebenssituation nachzugrübeln: die Trennung von Doug, die schlechten beruflichen Aufstiegschancen, der ewige Alltagstrott in der Bank. Bald schlief sie ziemlich trübsinnig ein.

Ein starker Druck auf der Blase weckte Cindy auf. Es war mitten in der Nacht, und sie stellte fest, daß sie in der Hütte des Trios auf dem Boden lag. Sie ging in die milde Karibiknacht hinaus, und das Licht des Vollmonds machte es ihr leicht, den kleinen Weg zu ihrer eigenen Hütte zu finden. Als sie an der Hütte von Frederic und Peter vorbeikam, hörte sie ein gedämpftes Stöhnen. Cindy blieb stehen und spähte durch das mit Fliegengitter verhängte Fenster. Sie konnte nur die Umrisse einer schlanken Frau erkennen – oder vielleicht war es gar keine Frau, die sich unter Frederics Beckenstößen wand. Manchmal fiel das Mondlicht auf den Diamanten an Frederics Ohr, und dann blitzte er kurz auf. Cindy ging schnell weiter. Das ging sie nichts an. Sie kannte ihn ja eigentlich gar nicht. Er hatte ihr geholfen, ihre Probleme für eine Weile zu vergessen, und ihr gezeigt, wie schön es war, sich einmal gehenzulassen. Dafür würde sie ihm ewig dankbar sein, dachte sie. Es war unwichtig, was Frederic machte. In ein paar Stunden würde sie nach Hause fliegen, und Frederic wäre für immer aus ihrem Leben verschwunden. Es lag ganz bei ihr, wie sie ihre Zukunft gestaltete.

Cindy fühlte sich erholt, als sie an einem trüben Dienstagabend im Februar in New York landete. Ihre Mutter meinte, der Kurzurlaub sei offenbar eine gute »Kur« gewesen. Die Kolleginnen in der Bank fanden, Cindy klinge wieder viel besser. Sie traute sich nicht einmal, den besten Freundinnen von ihren Eskapaden zu erzählen; wahrscheinlich hätten sie ihr sowieso nicht geglaubt. Aber das war gar nicht wichtig. Wichtig war, daß der Karibikurlaub einen Wendepunkt in ihrem Leben darstellte. Sie hatte sich bewiesen, daß sie allein etwas unternehmen, ihre Scheu und ihre Hemmungen überwinden und Träume verwirklichen konnte.

Etwa eine Woche nach der Rückkehr aus Martinique bekam Cindy eine »schlimme Grippe«, wie sie dachte. Sie hatte 39,4 °C Fieber und grauenhafte Kopfschmerzen; ihre Augen vertrugen kein Licht, der Nacken war steif, und die Muskeln taten weh bis auf die Knochen. Sie bemerkte, daß die Lymphdrüsen am Hals stark geschwollen waren. Sie rief ihre Chefin in der Bank an und meldete sich krank. Dann telefonierte sie mit ihrer Mutter. Lena verlangte, sie solle unbedingt zu ihrem Hausarzt Dr. Weksler gehen, wenn das Fieber nicht innerhalb von 24 Stunden weg sei.

Drei Tage später hatte sie immer noch 38,8 °C Fieber, und die Drüsen waren noch dicker geschwollen. Dr. Weksler untersuchte sie kurz und meinte, ihr Vater wäre stolz gewesen, wenn er erlebt hätte, was aus seiner Tochter geworden sei. Dr. Weksler war ein enger Freund von ihm gewesen und nach seinem plötzlichen Tod – Cindy war damals noch klein – fast eine Art Ersatzvater geworden. Er war groß, rundlich und fast kahl.

Dr. Weksler hatte die Praxis im Erdgeschoß seines Hauses; Cindy hatte als Kind viele Nachmittage im oberen Stock verbracht und dort ihre Hausaufgaben gemacht, bis Lena sie nach der Arbeit abholte. Wenn sie mit den Hausaufgaben fertig war, machte Cindy meistens den Fernseher an und hoffte, daß Dr. Weksler, wenn er

100

zwischen zwei Patienten mal Zeit hatte, nach oben kam, um mit ihr zu plaudern oder eine Kleinigkeit zu essen. Wenn Lena Überstunden machte, blieb Cindy auch zum Abendessen.

Dr. Weksler hatte keine Kinder, und seine Frau war lange vor Cindys Geburt bei einem Unfall ums Leben gekommen, und so nahm er Lena und Cindy im Sommer übers Wochenende häufig zu seinem Bungalow in den Catskills mit. Sie blieben dann lange auf, hielten nach Sternschnuppen Ausschau und unterhielten sich darüber, was sie in den Abendnachrichten gesehen hatten. Auch später, als Teenager, holte sich Cindy bei Dr. Weksler oft Rat, wenn Lena ihr etwas nicht erklären konnte.

Dr. Weksler bestätigte Cindy, daß sie alle Symptome dessen hatte, was man landläufig »eine Grippe« nennt, obwohl sie gewöhnlich nicht so spät im Winter auftritt und die Lymphdrüsen normalerweise nicht so stark anschwellen. Er hielt es nicht für eine echte Grippe, wahrscheinlich war es irgendein »böses Virus«. Dr. Weksler schlug vor, einen Test auf Streptokokkenangina und Mononukleose zu machen – die »Kußkrankheit«, wie er mit einem Augenzwinkern bemerkte.

Zehn Tage später ging Cindy wieder zu Dr. Weksler. Das Fieber und die Kopfschmerzen waren weg. Die Muskelschmerzen ließen nach, aber die Lymphdrüsen waren immer noch geschwollen, und das machte ihr Sorge. Wenn sie sich nachts im Bett auf die andere Seite drehte, fühlte es sich an, als wären ihr hartgekochte Eier im Hals steckengeblieben.

Seit Martinique »arbeitete« Cindy an ihrem Aussehen. Sie ließ sich die Haare schneiden, benützte einen auffälligeren Lippenstift und kaufte sich ein paar sehr modische Blusen. Sie beklagte sich bei Dr. Weksler, daß sie gerade jetzt, wo sie jemanden kennenlernen wolle, wie ein Backhörnchen aussehe. Auch ihre Haut hatte sich verändert. Es war keine Akne, eher rauhe, gerötete Flecken; eine gute Freundin hatte ihr schon nahegelegt, einen Hautarzt aufzusuchen. Dr. Weksler meinte, es sei ein Ekzem.

Im Laufe der nächsten zwei Monate ging Cindy noch weitere vier Mal zu Dr. Weksler. Sie hatte insgeheim Angst, sie könnte ein

Hodgkin-Sarkom haben – eine Krankheit, die sie aus dem Buch *Love Story* kannte. Sie hatte sich den Film sofort angesehen, als er ins Kino kam, und schrecklich mit Ali McGraw gelitten. Cindy nahm Dr. Weksler das Versprechen ab, Lena nichts von ihren Besuchen bei ihm zu erzählen. Sie sagte, sie sei schließlich dreiunddreißig und habe nach dem Urlaub auf Martinique beschlossen, ihr Leben jetzt selbst in die Hand zu nehmen. Ihre Mutter würde sich nur Sorgen machen und x-mal am Tag anrufen, um zu hören, wie es ihr ging, und das mache sie verrückt. Dr. Weksler versprach, Cindys Wunsch zu respektieren und Lena nichts zu sagen. Er machte weitere Bluttests, einen neuen Abstrich von der Rachenschleimhaut, eine Röntgenaufnahme vom Brustkorb und wiederholte die körperliche Untersuchung. Alles, was er fand, waren vergrößerte Lymphknoten am Hals, in der Leistenbeuge und den Achselhöhlen.

Nach den zwei Monaten war die Diagnose genauso unklar wie am Anfang. Dr. Weksler meinte, er wolle Cindy für eine Biopsie der vergrößerten Lymphknoten zu einem Chirurgen schicken; vorher bräuchte er aber noch ihr schriftliches Einverständnis für einen besonderen Test. Sie sei zwar wie eine Tochter für ihn, aber er benötigte trotzdem ihre Unterschrift auf dem Formular, um sie auf HIV testen zu können, das Virus, das Aids verursacht.

»Ein Aids-Test? Glaubst du wirklich, ich habe Aids?« fragte sie ihn.

Cindy schilderte mir, wie sie sich zusammennehmen mußte, um nicht in Tränen auszubrechen. In ihrem Innersten spürte sie schon eine ganze Weile, daß wirklich etwas nicht stimmte mit ihr. Sie fühlte sich körperlich sehr schlecht. Es war nicht nur die Lymphknotenschwellung, die nicht weggehen wollte; das Ekzem machte ihr zu schaffen – sie fühlte sich schlapp und kraftlos. Sogar am Wochenende war sie abends so erschöpft, daß sie sich nicht einmal einen Videofilm ganz anschauen konnte.

Cindy war sehr gut über Aids informiert. Ihr Wissen beruhte auf einen in der *Times* erschienenen Bericht über Ali Gertz – »ein nettes jüdisches Mädchen, genau wie ich« –, die an Aids gestorben war. Ali Gertz hatte keine Drogen genommen, wie sie sagte. Sie hatte sich durch regelmäßigen Sex mit einem Mann infiziert. Wahrscheinlich ein Mann, den sie kaum kannte, vermutete Cindy. Ein Mann wie Frederic.

Cindy stimmte dem HIV-Test zu, nahm aber Dr. Weksler das feierliche Versprechen ab, es ihrer Mutter nicht ohne ihre Einwilligung zu sagen, falls sie tatsächlich das Aids-Virus in sich habe. Cindy fand, daß über die Weitergabe einer solchen Information, die ihr ganzes Leben verändern würde, sie ganz allein entscheiden sollte. Jules Weksler nickte zustimmend, und jetzt konnte Cindy sich nicht mehr zusammennehmen und schluchzte in seinen vertrauten Armen wie ein Kind.

Als Cindy mit ihrer Geschichte am Ende war, fragte sie mich als erstes, ob Dr. Weksler sich geirrt haben könnte, ob die Bluttests wirklich bewiesen – »hundertprozentig« –, daß sie HIV-infiziert sei. Ihre Frage überraschte mich nicht. Fast jeder Patient mit einer schweren Krankheit klammert sich an die Hoffnung, die Diagnose könnte falsch sein. Auch Cindy hoffte verzweifelt, daß mein Urteil anders lauten würde als das ihres Hausarztes; ich war ihre letzte Rettung.

Ich schaute Cindy fest in die braunen Augen und bemühte mich, meine Betroffenheit zu verbergen, als ich mit ruhiger Stimme die Sätze sagte, die ihr Leben unwiderruflich verändern würden: Es gab keinen Zweifel an der Diagnose; sie war HIV-positiv.

Cindy zuckte zusammen, blieb aber gefaßt. Ich achtete auf ihre Reaktionen, als ich ihr die Bluttests erklärte, die Dr. Weksler gemacht hatte. Nach einer HIV-Infektion entwickeln wir spezielle Antikörper gegen das Virus. Diese Antikörper sind nur bei infizierten Personen zu finden und werden mit dem ELISA- und Western-Blot-Test festgestellt, die bei ihr gemacht wurden. Ich versicherte ihr noch einmal, daß es keinen Zweifel an ihrer Genauigkeit gebe.

Ich erklärte ihr weiter, daß ihre »Grippe« die klassische Form einer sogenannten *akuten* HIV-Infektion gewesen sei. Das Virus gelangt beim Geschlechtsverkehr durch eine Körperöffnung in den Körper, beim Drogenkonsum via Spritze oder durch verseuchte Blutkonserven direkt in den Blutkreislauf. Es rast dann über die Blutbahn durch den ganzen Körper, höchst erfreut, daß es ein neues Heim mit so vielen empfänglichen T-Zellen und Makrophagen gefunden hat, die es angreifen kann. Die Kopfschmerzen, der steife Nacken und die Lichtscheu, oder Photophobie, kommen daher, daß das HIV über den Blutkreislauf in das Zentralnervensystem eindringt und eine Virusmeningitis verursacht.

Das rapide Anschwellen ihrer Lymphknoten war ebenfalls auf das Eindringen des Virus zurückzuführen. Normalerweise dienen unsere Lymphknoten als Basislager für verschiedene Zellen des Immunsystems, darunter die T-Zellen, Makrophagen und antikörperbildende B-Zellen. Das Eindringen des Virus in die Lymphknoten löst einen Gegenangriff ganzer Bataillone solcher Immunabwehrzellen aus. Sie stürmen wild entschlossen zum Ort des Geschehens; die Lymphknoten schwellen an. Unsere Immunabwehr kann zwar die Vermehrung des Virus und seine Verbreitung im Körper verlangsamen, den Erreger aber nicht ganz vom Schlachtfeld vertreiben. Das Virus verändert sich mit der Zeit und ist vom Immunsystem nicht mehr in Schach zu halten. Es gewinnt immer mehr die Oberhand und zerstört damit zunehmend unsere körpereigene Abwehr.

Ich machte Cindy darauf aufmerksam, daß ein Mensch, der infiziert ist, das Virus für immer in sich trägt, denn es nistet sich in den Zellen des Immunsystems ein. Und weil der Mensch lebenslang infiziert bleibt, kann er oder sie auch jederzeit andere anstecken. Lebenslang.

Ich hatte diese quälenden Sätze in den letzten zehn Jahren schon so oft zu so vielen Patienten gesagt, daß sie fast wie ein Text aus einer Informationsbroschüre klangen. Dennoch war ich nicht immun geworden gegen ihre Wirkung. Ich sah, wie Cindys Gesicht bei meinen Worten erstarrte und sie die Augen schloß. Ich wußte, welche entsetzlichen Bilder jetzt auf sie einstürmten – Bilder von Leid, körperlichem Verfall, Einsamkeit und Tod.

Ich hatte die schreckliche, aber notwendige Aufgabe erfüllt, ihr letztes Bollwerk, ihre falschen Hoffnungen, zu zerstören und damit diese Flut von Angst und Schmerz ausgelöst. Ich wußte in einem solchen Augenblick nie, ob mein Patient die Kraft finden würde, diesen Gefühlen standzuhalten, oder ob er sich von ihnen überwältigen lassen und verzweifeln würde.

Unsere Beziehung vertiefte sich schneller, als ich erwartet hatte. Cindy erzählte mir nicht nur von dem Kurzurlaub im Club Med, sondern vertraute mir bei jedem Besuch persönliche Dinge an. Ich erfuhr viel über ihre Familie, ihre Arbeit, ihre Interessen und Talente. Cindy war erleichtert, daß sie ihr quälendes Geheimnis nun auch mit jemand anderem als Dr. Weksler teilen konnte, und das erklärte zum Teil ihre Offenheit mir gegenüber. Aber wir hatten auch einen sehr ähnlichen Hintergrund. Ich war in New York aufgewachsen, in Queens, in einem ähnlichen Umfeld wie sie. Bei unseren Gesprächen bedurfte es keiner großen Erklärungen oder Interpretationen. Cindy wußte, daß ich »kapierte«, wenn sie zärtlich-zornig von Lenas gluckenhafter Art erzählte, vom Verhalten der Leute, die mit ihr zur Arbeit fuhren, von der Unreife von Männern wie Doug. Wir unterhielten uns auch über die Filme, die sie gesehen hatte, über das Scheitern der Clintons mit dem geplanten neuen Gesundheitssystem, über die Artikel im wissenschaftlichen Teil der *Times*, die sie im Flugzeug bei der Anreise zu ihren Terminen gelesen hatte. Mir gefielen ihr Scharfsinn und ihr trockener Humor. Wir waren bald Freunde, nicht nur Arzt und Patientin.

Aber ich spürte auch bei jedem Gespräch, daß es Dinge gab, die sie mir verschwieg, daß tief in ihrem Herzen ihre wahren Geheimnisse, ihre wahren Träume verschlossen waren und daß es jetzt für sie, da die Krankheit sie an ihrer Selbstverwirklichung hinderte, zu schmerzlich war, darüber zu reden.

An jenem Dienstag im Oktober, als ich mit meinen Terminen schon im Verzug war und Zeit gutzumachen versuchte, öffnete mir Cindy schließlich ihr Herz. Nicht sofort und nicht im gewohnten Gespräch über Familie und Arbeit, sondern weil auf einmal Angst und Verzweiflung aus ihr herausbrachen.

»Ich *hasse* es, in diesem Wartezimmer zu sitzen«, begann sie.

Ich nickte schweigend, überrascht von dem plötzlichen Zorn in ihrer Stimme. Ich sah im Geiste das verzerrte Lächeln von Mark Hynes vor mir, die Becher mit Wasser, die Jack Milton gereicht wurden.

»Ich sitze da, schaue mir die todkranken Patienten an und stelle mir vor, wie es mir in fünf Jahren gehen wird. Ich weiß Bescheid, Jerry. Ich weiß, was diese Krankheit bedeutet. Es ist ein Todesurteil auf Raten.«

Sie wartete auf meine Antwort, mühsam atmend und angespannt, als versuche sie den Aufruhr in ihrem Innern zu bändigen. Es war das erste Mal in diesen drei Jahren, daß sie das Thema Tod ansprach.

»Cindy, ich beschäftige mich jetzt seit 15 Jahren mit dieser Krankheit. Ich habe buchstäblich Tausende von HIV-Erkrankten sterben sehen. Und ich werde noch viele, viele mehr sterben sehen. Das ist sicher. Aber eine HIV-Infektion ist nicht unbedingt ein Todesurteil – heute nicht mehr, Cynthia Marlene Cohen muß nicht an Aids sterben.«

Ich machte eine Pause, um meine Worte wirken zu lassen. Ihr Gesicht entspannte sich kurz und erstarrte dann wieder.

»Ich glaube nicht, daß jeder HIV-Infizierte an Aids erkrankt und stirbt«, fuhr ich fort. »Sie haben sich erst vor kurzem infiziert. Sie haben bis jetzt keine größeren Erkrankungen gehabt, Ihr Immunsystem funktioniert dank der Medikamente noch normal. Diese Medikamente verlängern bei Patienten in Ihrem Krankheitsstadium die Lebensdauer und -qualität. Die HIV-Infektion wird einmal eine chronische, aber beherrschbare Krankheit sein, wie Diabetes, und keine ständig fortschreitende mehr. Medikamente gegen HIV einzunehmen wird einmal so sein, wie wenn ein Diabetiker sich Insulin spritzt. Wann es soweit sein wird? Ich kann nicht genau sagen, *wann*, aber ich glaube fest daran – es *wird* so sein. Ich kann Ihnen nicht zustimmen. HIV *muß* kein Todesurteil sein, nicht für Menschen wie Sie.«

Cindys Gesicht wurde ausdruckslos, die braunen Augen bekamen einen abwesenden Blick, bis sie schließlich zu ihrer Krankenakte wanderten, die geöffnet auf meinem Schreibtisch lag. Nach einer langen Pause knüpfte sie wieder an unser Gespräch an.

»Sie sind immer so optimistisch. Sie sagen mir, wie gesund ich bin, erzählen mir von Fortschritten aus der Forschung und weisen mich auf positive Artikel in der *Times* hin. Sie machen mir Hoffnung. Ich weiß, daß Sie ernsthaft glauben, daß Sie vielleicht mein Leben retten können. Sie sagen diese ganzen Sachen nicht nur, damit ich mich besser fühle. Und ich *fühle* mich besser nach unseren Gesprächen, zumindest eine Zeitlang. Aber wenn ich im Wartezimmer sitze, sehe ich, was Aids ist. Ich sehe die Gegenwart, nicht irgendeinen Zukunftstraum. Ich sehe mich selbst so werden wie diese Patienten, und es ist hart, ständig mit diesem Bild vor Augen zu leben.«

Man konnte den Schrecken dieser Krankheit nicht aus dem Weg gehen. In gewisser Hinsicht wollte ich, daß meine Patienten sich diese Schrecken eingestanden, sich mit ihnen auseinandersetzten, denn wenn sie sich einmal ihrem schlimmsten Alptraum gestellt hatten, gab es nichts mehr zu fürchten, sich auszumalen. Dann konnten sie wegsehen und andere Bilder in ihrem Leben finden, um die Bilder von Leid und Tod durch diese zu ersetzen – durch Bilder der Liebe und Schaffenskraft und Erfüllung, die trotz ihrer Krankheit vorstellbar waren.

Es ist fast unmöglich, solche Bilder allein zu finden, blind in der Dunkelheit aus Einsamkeit und Schmerz. Man braucht einen anderen Menschen – einen Freund, einen Partner, einen Angehörigen oder professionelle Hilfe, bei einem Therapeuten oder in einer Selbsthilfegruppe –, einen Menschen, der den schwarzen Vorhang der Verzweiflung beiseite zieht und einem zeigt, was es im Leben außer der Krankheit noch gibt.

Das erklärte ich auch Cindy und schlug vor, ihre Mutter und Dr. Weksler könnten ihr helfen, besser damit fertig zu werden.

Sie lehnte meinen Vorschlag rundweg ab. Sie habe beschlossen, Lena erst etwas zu sagen, wenn sie wirklich krank würde. Lena käme damit einfach nicht klar. Sie würde Cindy ständig nach ihren Symptomen befragen und bei der geringsten Veränderung hysterisch werden, selbst wenn sie sich als belanglos herausstellte. Dr. Weksler sei für sie da, immer, scheine aber seit der Diagnose jede Diskussion über ihren Zustand absichtlich zu vermeiden. Cindy meinte, das alles mache ihm zuviel Angst. Sie sei nicht einfach eine Patientin, sondern praktisch seine Tochter. Er sei wie ein Vater, der selbst Hilfe und Unterstützung bräuchte.

Ich hatte ihr einmal den Namen eines Therapeuten gegeben, den sie aufsuchen könnte, außerdem die Adresse einer Selbsthilfegruppe in der Innenstadt. Ich erinnerte sie noch einmal an diese Möglichkeiten.

»Ich weiß nicht, ich weiß wirklich nicht«, seufzte Cindy. »Es gibt Tage, da denke ich; Ja, ich rufe den Therapeuten in der 68. Straße an, den Sie mir empfohlen haben. Und dann denke ich: Nein, solange ich nicht ernsthaft krank bin, soll diese Krankheit mein Leben nicht mehr verändern, als sie es schon getan hat. Was kann er denn tun? Kann er etwas ändern? Nein. Diese ganze Situation hat mir bewußtgemacht, daß ich *stark* bin. Ich komme mit meinen Ängsten allein klar. Ich brauche mit niemand anderem darüber zu reden außer mit Ihnen und Dr. Weksler.«

Cindy nahm ein Kleenex aus der Schachtel auf meinem Schreibtisch und tupfte sich damit die Tränen in den Augenwinkeln weg. Ihre Wimperntusche hinterließ ein schwarzes Muster auf dem dünnen Tuch. Sie faltete es sorgfältig zusammen und sprach dann weiter.

»So denke ich an den meisten Tagen. Aber es gibt natürlich auch Momente, da fühle ich mich schrecklich allein, bin voller Angst. Ich gehe zur Arbeit, unterhalte mich mit meiner Mutter, schaue mir mit einer Freundin einen Film an. Aber hinter mir lauert dieses riesige Monster, ein gräßliches Wesen mit Reißzähnen und scharfen Klauen. Es schleicht immer hinter mir her. Und nur ich weiß, daß es da ist. Niemand kann es sehen – nur ich.«

Cindy begann herzzerreißend zu schluchzen, wie ein Kind, das ein Alptraum zutiefst erschreckt hat. Ihr Schluchzen steigerte sich schnell zu einer echten Hyperventilation.

»Cindy, beruhigen Sie sich.« Ich umfaßte ihre zur Faust verkrampften Finger mit meinen Händen.

Allmählich bekam sie ihre Atmung wieder unter Kontrolle.

»Tut mir leid. Tut mir wirklich leid. Normalerweise verliere ich nicht mehr derart die Fassung. Am Anfang war es viel schlimmer, gleich nach der Diagnose. Wahrscheinlich weil ich heute so lange auf Sie warten mußte – der arme blinde Junge, der einen Becher Wasser nach dem anderen trinkt, und dann der andere Mann, den Sie begrüßt haben, der kaum die Augen aufmachen kann, mit seinem Krebs. Es ist, als würde uns Aids zu dem Monster machen, das uns verfolgt.«

Ich saß schweigend da und dachte an die Qualen, die diese Seuche den Menschen aufzwingt. Es gab Zeiten, da konnte auch ich dieses viele Leid, diese grausamen Infektionen und Krebserkrankungen kaum mehr ertragen. Diese Krankheit ist doppelt grausam, weil sie so öffentlich ist – als wollte das Virus seine Opfer zur Schau stellen.

Ich dachte, Aids sei auch das Monster in Cindys Alpträumen. Jeden Tag protzte es mit seiner reichen Beute. Jeden Tag sah ich, wie es meinen Patienten alle Kraft raubte, ihre Lungen zerstörte und ihre Muskeln zerfraß. Jeden Tag sah ich, wie es ihre Gesichtszüge entstellte, ihnen die Haare nahm, ihre Sinne abstumpfen ließ. Die Gier des Monsters nach Menschenfleisch war unersättlich. Während wir in unseren Labors und auf den Stationen verzweifelt dagegen kämpften, machte es sich über uns lustig und verschlang weiterhin Männer, Frauen und Kinder.

Ich haßte Aids. Ich haßte es mit einer Heftigkeit, die mich manchmal erschreckte. Aber ich hatte gelernt, meinen Haß zu nutzen. Wenn ich das Gefühl hatte, das Leid von Menschen wie Jack Milton und Mark Hynes kaum mehr ertragen zu können, half mir mein Zorn standzuhalten, draußen weiterzukämpfen, wenn ich meinte, innerlich zusammenzubrechen.

War Aids wirklich nicht aufzuhalten? War denn das Virus eigentlich nicht nur ein mickriger Parasit, nichts als elf Gene in einer dünnen Eiweißhülle? Wir hatten schon seinen gesamten genetischen Kode entschlüsselt. Wir hatten Teile seiner Proteinstruktur analysiert und seine Topographie erfaßt. Wir hatten innerhalb eines Jahrzehnts nach seiner Entdeckung gelernt, wie wir viele seiner Enzyme unschädlich machen und dadurch die Zerstörung der Blutzellen verlangsamen können. Wir hatten unsere wissenschaftlichen Fanghaken tief in das Virus hineingeschlagen, stürmten gegen seine Schutzmauern an, suchten nach seinen Schwachstellen, und wir würden es am Ende besiegen. Ja, der Haß war wichtig, um Aids zu besiegen. Verzweiflung hatte keinen Platz im Kampf mit diesem erbarmungslosen Raubtier, im Kampf auf Leben und Tod.

»Also, wie gesagt ...«, Cindy knüllte die feuchten Papiertücher in ihrer Hand zu einem kleinen Ball zusammen und warf sie in den Papierkorb neben dem Schreibtisch. »Was soll ich denn tun? Selbsthilfegruppe, meinen Sie? Wo? Im Beratungszentrum für Schwule? Ich bin nicht *schwul*. Diese ganzen Selbsthilfegruppen und Hilfsorganisationen, diese ganzen Hollywoodstars mit ihren roten Schleifen, die sich bei der Oscar-Verleihung in die Arme fallen – sie denken nicht an Cynthia Marlene Cohen in Huntington, Long Island. Ich gehöre nicht zu der »Gemeinde«, von der sie reden.«

Ich hörte schweigend zu, und Cindy sprach weiter.

»Selbst wenn ich in eine Gruppe gehen würde, was könnte ich da machen? Mich in einen Kreis setzen mit einem Haufen Schwuler, mit denen ich nichts gemeinsam habe – nichts außer dieses Virus. Und reden, worüber? Ich meine, ich habe nichts gegen sie ... es ist nicht so, daß ich etwas *gegen* Schwule habe. Aber viel übrig habe ich auch nicht für sie. Ich kann da nicht offen über meine Gefühle reden.

Ich finde, sie sind alle so ›unecht‹. Wie Imitationen von Mädchen mit ihren weiblichen Gesten, ihrem ständigen Gerede über Klamotten und ›süße Jungs‹. Ich höre es ja im Wartezimmer: ›Da habe ich doch letztes Wochenende im Strandhaus von Soundso diesen *unglaublich* hübschen Jungen gesehen.‹ Oder: ›Kannst du dir Soundso in knallengen Jeans vorstellen, die ihn so richtig in den Hintern kneifen? Wenn ich so einen fetten Arsch hätte, würde ich *niemals* solche Jeans tragen.‹« Cindy lachte, trotz ihrer Tränen.

»Sie hören sich an wie alberne Teenager. Ich meine, ich kenne Frauen, die gerne mit Schwulen zusammen sind. Eine Kollegin von mir zum Beispiel, mit der ich befreundet bin. Sie hat mir viel erzählt. Die Schwulen nennen solche Frauen ›Schwulenmuttchen‹. Ich glaube, die meisten haben Angst vor normalen Männern. Sie fühlen sich bei Schwulen sicher, weil sie wissen, daß sie ›ungefährlich‹ sind – es kann keine richtige Liebesbeziehung geben, keinen Sex. Also, *ich* bin kein Schwulenmuttchen. Warum soll ich einen Abend in der Woche mit ihnen im Kreis sitzen und brav Händchen halten? Sie können mir nicht die Unterstützung geben, die ich brauche.«

Wenn die üblichen Aids-Gruppen nichts für sie seien, meinte ich, wie wäre es dann mit einer Gruppe speziell für Frauen?

Cindy reagierte ungeduldig.

»Jerry, also wirklich ... Sie kennen doch die Statistik. Das sind entweder Drogenabhängige oder schwangere Teenager aus dem Ghetto. Wie viele Cindy Cohens mit HIV gibt es?«

Ich kannte die Statistik, wandte aber ein, Cindy würde vielleicht feststellen, daß sie mit solchen Frauen doch einiges gemeinsam habe. Patienten haben ähnliche Ängste und ähnliche Bedürfnisse. Daß Cindy so einsam war und alles allein tragen mußte, machte ihr Leid noch größer. Ich war überzeugt, es wäre besser für sie, wenn sie nicht nur mit mir und Dr. Weksler über ihre Situation sprechen würde. Wenn nicht im Rahmen einer Therapie, vielleicht mit jemand aus ihrem Freundeskreis?

»Ich habe keine *Freundin*, der ich diesen Horror anvertrauen könnte. Und einen *Freund*? Mit dieser Krankheit?«

Offenbar konnte Cindy im Moment nichts annehmen, keine Lösung und keinen Versuch, eine Lösung zu finden. Sie schien entschlossen, ihre Welt streng getrennt zu halten, mit einer breiten Kluft zwischen dem, was außen sichtbar, und dem, was innen verborgen war. Und selbst wenn ihr Inneres ein Ort der Einsamkeit und Qual war, es war doch immer noch ihres – vertraut und unter Kontrolle. Diese Landschaft zu verändern, das verlangte Energie und Mut, die Cindy vielleicht fehlten. Vielleicht brauchte sie ihre ganze Energie, ihren ganzen Mut schon, um nur durch den Tag zu kommen, um aufzustehen, zur Arbeit zu gehen, mit Freunden zu reden, mit Lena klarzukommen und nicht ständig an den Tod zu denken.

Ich ließ das Thema vorerst sein und bat Cindy, zur Untersuchungsliege zu gehen und sich freizumachen.

Cindys körperlicher Zustand war unverändert. Abgesehen von den vergrößerten Lymphknoten am Hals, in der Leistenbeuge und den Achselhöhlen gab es kein sichtbares Zeichen einer HIV-Infektion. Die Zahl ihrer T-Zellen war vor sechs Monaten unter die normale Untergrenze von 500 auf 340 gefallen. Sie hatte damals über große Müdigkeit geklagt, und das HIV-bedingte Ekzem war wiedergekehrt. Ich hatte zuerst einen Bluttest gemacht, um noch einmal die genaue Zahl der T-Zellen zu ermitteln, und dann hatten wir eine neue, experimentelle Therapie mit einer Dreifachkombination der älteren Medikamente AZT und 3 TC in mittlerer Dosis und den kürzlich entwickelten Proteasehemmern begonnen.

Diese neuen Hemmstoffe wurden am Computer entwickelt und sollen die Proteaseenzyme blockieren, eine Art Schere, mit der das Virus seine Proteine in die richtige Form schneidet, um die Wirtszellen infizieren zu können. Wird dieser Prozeß unterbrochen, zerfällt das Virus.

Cindy hatte die neue Dreifachkombination ohne jede Nebenwirkung gut vertragen. Die Zahl ihrer T-Zellen war schnell wieder auf den normalen Wert von 580 gestiegen. Ihre Müdigkeit und das Ekzem verschwanden.

Cindy zog sich rasch an und nahm wieder auf dem Stuhl vor meinem Schreibtisch Platz. Als sie sich gesetzt hatte, legte sie ihre marineblaue Jacke ordentlich geglättet auf ihre weißbestrumpften Knie und verschränkte die Hände, wie eine brave Erstkläßlerin.

»Immer noch keine Probleme mit den drei Medikamenten? Keine Kopf- oder Muskelschmerzen? Durchfall, Übelkeit oder Magenschmerzen? Falls Nebenwirkungen auftreten, können wir auf andere, genauso wirksame Medikamente ausweichen.«

»Nein, ich habe keine Probleme damit. Und ich nehme die Medikamente wie vorgeschrieben, genau nach Plan.«

Ich nickte lächelnd und gab ihr so zu verstehen, daß alles in Ordnung sei. Wir würden die Zahl ihrer T-Zellen wieder überprüfen und gleichzeitig mit einem vor kurzem entwickelten Test die sogenannte »Viruslast« ermitteln, also die Menge an HIV-Viren im Blut, die genau anzeigt, wie gut die Medikamente anschlagen. Wenn die Ergebnisse vorlagen, würden wir besprechen, ob wir mit der derzeitigen Therapie weitermachen oder sie modifizieren würden. Insgesamt war ihr körperlicher Zustand ausgesprochen gut.

Um unser Gespräch nach dem schwierigen Anfang positiv ausklingen zu lassen, verlieh ich meiner Freude Ausdruck, daß es ihr mit der Kombinationstherapie jetzt besserging. Ich schloß ihre Krankenakte und schob meinen Stuhl ein Stück zurück als Zeichen, daß wir zu Ende waren.

»Jerry, ich möchte noch etwas mit Ihnen besprechen, etwas Wichtiges.«

Cindy war nicht aufgestanden, sondern saß immer noch mit fest verschränkten Händen da.

»Natürlich«, meinte ich und rückte mit meinem Stuhl wieder an den Schreibtisch.

»Glauben Sie, ich werde jemals ein Kind haben können?«

Cindy senkte den Kopf und begutachtete ihre Finger, meinem Blick ausweichend, als wollte sie die Antwort, die sie bereits kannte, eigentlich gar nicht hören.

Aus Cindys Frage sprach eine ungeheure Trauer, weil ihr ein Lebenstraum zerstört wurde. Ich spürte diesen Schmerz so intensiv, daß ich erst einmal nur stumm dasaß. Und dann reagierte ich auf ihre Frage leider als Mediziner und nicht als der Freund, den sie brauchte.

Ob sie die Möglichkeit abklären wolle, Geschlechtsverkehr zu haben und ein Kind auszutragen? Oder gehe es um künstliche Befruchtung? Oder ob sie an eine In-vitro-Fertilisation denke? Oder In-vitro-Fertilisation und Austragung des Kindes durch eine Leihmutter?

Cindy blinzelte, als wollte sie, von hellem Sonnenlicht geblendet, etwas ganz genau sehen.

»Ich weiß nicht genau, Jerry. Ich wollte eigentlich wissen, ob ich ein eigenes Kind haben kann, wie eine normale Mutter.« Sie schwieg nachdenklich. »Aber mich interessieren auch die Alternativen – wenn es wirklich welche gibt.«

Ich bedauerte im stillen meine klinisch-sachliche Haltung und versuchte, mich innerlich anders einzustellen, aber etwas hinderte mich daran: das antrainierte Arztverhalten, das Leid eines Patienten nicht an sich heranzulassen.

Ich antwortete auf Cindys Frage, daß es keine wirklich sicheren Alternativen gebe, keine, die das Risiko rechtfertigen würden, das Kind möglicherweise zu infizieren. Das Risiko einer Übertragung des Aids-Virus auf das Neugeborene beim Geburtsvorgang liege bei etwa 25 bis 35 Prozent. Neueste Studien hätten gezeigt, daß das Risiko sich auf etwa 10 oder 15 Prozent halbiert, wenn die Mutter AZT bekommt. Dennoch fände ich es nicht richtig, bewußt *überhaupt* ein Risiko einzugehen.

Der vorerst einzig mögliche Weg sei, kein Kind zu bekommen. Cindy blickte mich gequält an.

»Aber haben Sie denn noch keine Patientin gehabt, die schwanger werden wollte? Oder die unabsichtlich schwanger geworden ist und das Kind haben wollte? Was haben Sie in dem Fall gemacht?«

Die letzte Entscheidung in diesem Stadium lag natürlich bei der Mutter. Ich empfahl jedoch wegen des Risikos, daß das Kind infiziert werden könnte, einen frühen Abbruch der Schwangerschaft.

Und Cindy mußte sich darüber klarwerden, daß selbst wenn das Kind *nicht* infiziert auf die Welt kommt, noch das Problem da war, daß die Mutter irgendwann krank wurde, zu krank, um für das Kind zu sorgen – und daß sie schließlich starb. Im Falle einer unverheirateten Mutter, wie bei Cindy, blieb dann ein Waisenkind zurück, das aus vielerlei Gründen vielleicht nicht so einfach in einer liebevollen Umgebung unterzubringen war.

»Aber wenn die Frau nun *unbedingt* ein Kind haben will?« fragte Cindy noch einmal.

Sie stand offenbar unter großem seelischem Druck, und das beunruhigte mich. War es das, was sie so sehr beschäftigte? überlegte ich laut.

»Ich weiß nicht genau, was mich *beschäftigt*. Ich weiß, was ich *spüre*. Ich spüre diese Uhr in mir ticken. Ich bin fast vierzig. Seit ich durch die Medikamente meine einstige Energie wiedergewonnen habe, fühle ich mich wieder *lebendig*. Und ich möchte Leben *in mir* spüren.«

Mutter werden, ein neues Leben auf die Welt bringen. Dieses Leben zu lieben, es zu hegen und zu pflegen, ihm in der Gegenwart alles zu geben und für seine Zukunft vorzusorgen. In Cindys Leben würde immer etwas fehlen.

»Und die Risiken dieser Alternativen, die Sie vorher erwähnt haben?« fragte Cindy.

»Es tut mir leid, daß ich überhaupt davon gesprochen habe, denn es sind keine echten Alternativen. Das ist alles noch Zukunftsmusik. Die Forschung arbeitet gerade an der In-vitro-Insemination und Verpflanzung der befruchteten Eizelle in eine Leihmutter. Das wird aber nur im Tierversuch gemacht, bei Mäusen und Affen, die mit HIV-ähnlichen Viren infiziert sind. Ziel der Versuche ist es, herauszufinden, ob die Eizelle der infizierten Mutter entnommen, das Virus ausgewaschen, im Reagenzglas befruchtet und einer Leihmutter eingesetzt werden kann, ohne daß das Virus auf sie und später das Kind übertragen wird. Aber das wird alles erst noch erforscht. Wir haben noch keine echten Daten. Und die infizierte Mutter würde ihr Kind trotzdem nicht selbst austragen.«

Cindy drehte leicht den Kopf, und ihre Augen schienen irgend etwas neben mir zu fixieren.

Ob sie etwas noch genauer erklärt haben wolle, fragte ich.

Sie wandte ihre Aufmerksamkeit wieder mir zu.

»Nein, Sie haben sich klar ausgedrückt. Ich hatte übrigens einiges darüber gelesen, wie das Virus von der Mutter auf das Kind übertragen wird, bevor ich das Thema angesprochen habe, und war auf diese Antworten gefaßt. Ich habe nur gerade gedacht, wie verschieden Männer und Frauen sind. Sie haben so sachlich, so *kühl* geklungen.«

Ich schwieg, weil ich nicht recht wußte, was ich darauf antworten sollte. Cindy hatte meine professionelle Distanz gespürt und sie fälschlicherweise darauf zurückgeführt, daß ich ein Mann bin, was aber mit meiner Haltung gar nichts zu tun hatte. Ich wußte, daß eine Ärztin ihr das gleiche geantwortet hätte. Es war der Schutzmechanismus, den wir uns im Laufe der Ausbildung zum Mediziner aneignen, nämlich unsere Gefühle möglichst beiseite zu schieben, damit wir unsere Aufgaben effizient ausführen, vernünftige Entscheidungen treffen, angemessene Maßnahmen einleiten und sachlichen Rat geben können. Vielleicht ging mir das Thema auch besonders nah, weil ich an meine Kinder dachte und Cindy sehr mochte; möglicherweise hatte ich mich innerlich zurückgezogen, um mich zu schützen.

Es gibt Situationen, da ist diese angelernte Distanz eher hinderlich, da tut man mehr für den Patienten, wenn man ihm sein Herz öffnet und sein Leid an sich heranläßt, statt objektive Distanz zu wahren. Aber ich war so darauf fixiert gewesen, Cindy jedes Risiko auszureden, zum Beispiel schwanger zu werden, daß ich den inneren Kontakt zu ihr ganz verloren hatte. Ich fragte mich, ob meine Ratschläge durch diese Distanz nicht eher abgewertet wurden.

Wir saßen eine ganze Weile schweigend da; jeder hing seinen Gedanken nach. Ich dachte an andere HIV-infizierte Frauen, die ich betreut hatte, und war mir wieder sicher, daß es richtig gewesen war, Cindy ganz kategorisch abzuraten. Ich erinnerte mich an Kathy Tigree, deren Exmann Drogen gespritzt hatte und schon früh an Aids gestorben war. Sie blieb allein und infiziert zurück. Sein Tod löste in ihr eine unumstößliche Entschlossenheit aus, ihre Zukunft in die Hand zu nehmen. Sie beendete das College, machte eine Ausbildung als Programmiererin und verliebte sich in Kevin, einen Kollegen. Er sagte mir damals, er liebe Kathy so sehr, daß er bereit sei, mit ihr zu sterben. Ich versuchte alles, mit allen nur denkbaren Argumenten, um sie von ihrem Vorhaben abzubringen. Sie liebten sich regelmäßig, benutzten aber nie ein Kondom, und schließlich wurde Kathy schwanger. Zum Glück brachte sie einen gesunden, nichtinfizierten Sohn zur Welt, vielleicht auch dank AZT. Auch Kevin blieb von einer Infektion verschont und zog seinen Sohn nach Kathys Tod allein auf. Nach ihrem Begräbnis, es war ein trüber Januarmorgen, rief er mich von Maine aus an. Er erzählte mir, Kathy habe eine schwere Mycobacterium-avium-Infektion gehabt, eine der Tuberkulose verwandte opportunistische Infektion, und sie habe noch auf dem Sterbebett zu Hause gesagt, ihr Leben sei »gesegnet und glücklich« gewesen. Dieser Segen, dieses Glück war ihr Sohn gewesen, das Kind ihrer Liebe zu Kevin.

Kathy hatte nicht nur meine Ratschläge ignoriert, sondern auch die Warnungen eines Kinderarztes, der HIV-infizierte Kinder betreute, sowie eines Psychiaters und ihres Sozialarbeiters. Sie meinte, sie habe sich eben auf ihr Glück verlassen und gewonnen. Und was hätte Kathy gesagt, wenn ihr Sohn mit dem Aids-Virus auf die Welt gekommen wäre, wenn sie ihn die letzten Monate ihres Lebens hätte dahinsterben sehen? Hätte sie sich dann auch noch vom Glück begünstigt gefühlt?

Ich dachte an Barbara Malvern, die sich als Drogenabhängige durch eine verunreinigte Spritze infiziert hatte. Barbara war siebzehn, unverheiratet und Mutter eines vierjährigen, nichtinfizierten Jungen. Sie war erneut schwanger geworden und im zweiten Monat mit einer Pneumocystis-Pneumonie ins Krankenhaus gekommen. Sie erholte sich wieder, bekam AZT gegen die HIV-Infektion und Antibiotika, um einer neuen Lungenentzündung vorzu-

beugen. Sie litt zudem unter einem schweren Soor der Speiseröhre, einer opportunistischen, bei abwehrgeschwächten Menschen
häufig auftretenden Pilzinfektion, die mit Diflucan behandelt
wird. Diese ganzen Medikamente würden dem Fötus in diesem
frühen Schwangerschaftsstadium sicherlich schaden, abgesehen
von dem Risiko einer Übertragung des HI-Virus. Aber Barbara
wollte das Baby haben:»Es ist mein Kind« war alles, was sie den
mit ihrem Fall befaßten Ärzten und Sozialarbeitern entgegnete.
Ihre Mutter Gloria, Schreibkraft bei der Kfz-Zulassungsstelle,
versuchte vergeblich, sie »zur Vernunft zu bringen.« Sie sagte mir,
Barbara habe »ihr ganzes Leben noch auf niemand gehört.«
Barbara Malverns Kind, ein Mädchen, dem sie den Namen Chantell gab, kam als Frühgeburt und HIV-infiziert zur Welt. Chantell
verbrachte ihre ersten Lebenswochen auf der Intensivstation für
Neugeborene. Sie überlebte mehrere Erkrankungen, unter anderem eine Zytomegalie. Mit einem Jahr war sie ein teilnahmsloses,
inaktives Kind. Der Kinderarzt war sicher, daß sie durch die HIV-
Infektion, die Medikamente der Mutter und die vorgeburtli-
che Zytomegalie mehrfach entwicklunggestört war, auch geistig.
Chantell bekam AZT und die üblichen prophylaktischen Antibiotika gegen opportunistische Infektionen, starb jedoch mit sech-
zehn Monaten an einer bakteriellen Lungenentzündung. Barbara
litt an Appetitlosigkeit und starkem Gewichtsverlust, der typischen Auszehrung im Endstadium, und starb kurz nach Chantell.
Gloria konnte aus finanziellen Gründen nicht für ihren gesunden
Enkel sorgen und mußte ihn in ein Pflegeheim geben. Ich hatte
seither nichts von Gloria gehört, obwohl ich mehrmals bei ihr angerufen und eine Nachricht auf dem Anrufbeantworter hinterlassen hatte. Vielleicht waren selbst solche Zeichen der Anteilnahme
zu schmerzlich für sie.
Ich kehrte von meinem Ausflug in die Vergangenheit wieder in
die Gegenwart zurück und sah, daß Cindys Augen voller Tränen
standen.
»Jerry, ich habe mich schon immer nach einem Kind gesehnt.
Und nach unserem Gespräch heute weiß ich, daß ich keines be-

kommen darf. Egal, was noch auf mich zukommt an Leid, an furchtbaren Infektionen und Krebserkrankungen, der Schmerz wird nichts sein im Vergleich zu dieser Gewißheit. Ich *bin* zum Tod verurteilt, weil mein Lebenstraum nie wahr werden wird.«

Ich schob Cindys traurige Worte gedanklich möglichst schnell beiseite. Schon vor langer Zeit, während des Medizinstudiums, hatte ich in meinem Kopf Räume zu schaffen gelernt, in die ich solche beunruhigenden Gedanken wegsperren konnte, um nicht von den tausend Problemen abgelenkt zu werden, die Aufmerksamkeit und tätiges Handeln erfordern. Drei Monate später jedoch, beim nächsten vereinbarten Termin, wurde ich von Cindy erneut damit konfrontiert.

Es war ein Dienstagmorgen im Januar 1996, und immer noch tobte ein Schneesturm durch die Stadt – der vierte dieses Winters, den uns ein heftiger Nordostwind in der Nacht gebracht hatte. Die meisten meiner Patienten hatten ihre Termine abgesagt, deshalb hatte mein Zeitplan ungewohnte Lücken. Ich nutzte die Zeit, um mich telefonisch nach den Befunden jener Patienten zu erkundigen, die nicht kommen konnten, und um liegengebliebene Schreibarbeit zu erledigen. Ich überlegte gerade, ob ich mein Auto nicht lieber in der Garage der Klinik stehenlassen und – wenn ich die wenigen Patienten, die an diesem Tag kommen würden, gesprochen hatte – mit dem Bus nach Hause fahren sollte, als der Empfang mir Bescheid gab, daß Cindy im Wartezimmer saß. Ich hatte erwartet, daß sie ihren Termin ebenfalls absagen und auf einen anderen Dienstag verlegen würde.

Cindy reagierte auffallend kühl, als ich sie begrüßte. Ich bemerkte, daß sie diesmal in der Mitte des Zimmers saß, nicht in der Ecke hinter ihrer Zeitung versteckt. Sie unterhielt sich mit Edward, einem Physikprofessor. Die beiden hatten gerade über etwas gelacht, waren aber sofort verstummt, als ich näher kam. Sie setzten sich mit gespieltem Schuldbewußtsein aufrecht und steif hin, als wären sie Schüler, die den Unterricht gestört hatten, und als käme nun in meiner Gestalt der Lehrer mit dem Rohrstock.

119

Diesmal vergaß ich nicht, Cindy zur Begrüßung noch einmal kurz zu umarmen, bevor wir im Untersuchungszimmer Platz nahmen. Sie erklärte in sachlichem Ton, sie sei mit dem Zug gekommen, und die Fahrt durch die stille, schneebedeckte Postkartenidylle Neuenglands sei sehr schön gewesen.

Die üblichen Fragen beantwortete sie gelassen und präzise. Nein, sie habe seit unserem letzten Gespräch kein Fieber oder Nachtschweiß gehabt, nicht unter Appetitlosigkeit oder besonderer Müdigkeit gelitten. Nein, es gebe keine Anzeichen von Nebenwirkungen bei ihren Medikamenten. Alles sei wie gehabt.

Auch Cindys körperlicher Zustand war stabil. Die Lymphknoten hatten sich in der Größe nicht verändert, und es gab keinen Hinweis, daß das Virus wieder aktiv wurde, wie etwa ein erneutes Auftreten ihres Ekzems. Die Zahl ihrer T-Zellen war noch im normalen Bereich, wie beim letzten Test. Die Messung der Viruslast brachte ein aufregendes Ergebnis: Sie lag unter der Nachweisgrenze, und das bedeutete, daß die experimentelle Dreifachkombination praktisch alle HI-Viren im Blut zerstört hatte.

Cindy war nicht die einzige, wie ich ihr erklärte, bei der das Immunsystem sich wieder erholt hatte und das Virus aus dem Blut verschwunden war. Das bedeutete nicht, daß sie geheilt war; das Virus hatte sich wahrscheinlich in die Lymphknoten zurückgezogen, vermehrte sich dort nur sehr langsam, und die drei Medikamente verhinderten, daß es sich im Blut ausbreitete. Außerdem wußten wir noch nicht, wie lange die Dreifachkombination Wirkung zeigen würde und ob bei längerer Einnahme nicht doch Nebenwirkungen aufträten. Das Virus war heimtückisch. Es hatte sich unseren Therapien bereits mehrfach durch Mutation entzogen; deshalb müßten wir, wie ich erläuterte, bei Veränderungen im Blutbild oder Gesundheitszustand sofort reagieren.

Trotz dieses Vorbehalts war es ein Triumph, den es zu feiern galt – ein Fortschritt, wie wir ihn in den 15 Jahren, seit ich Aids-Patienten behandelte, bei keiner unserer Therapien gesehen hatten. Cindys Fall bestätigte, was ich in den vergangenen drei Jahren immer wieder gesagt hatte: daß die Forschung letztlich Wege finden würde, die Krankheit in den Griff zu bekommen, daß es wirklich Hoffnung gab.

Ich war erleichtert, daß das Gespräch, anders als beim vorigen Termin, dieses Mal sehr positiv ausklingen würde. Cindys erster Satz nach der Untersuchung zeigte, daß ich mich irrte.

»Ich werde ein Baby adoptieren.«

Ich versuchte meine Bestürzung zu verbergen und sagte erst einmal gar nichts.

»Sie finden das nicht gut, Jerry, nicht wahr?«

Sie wartete auf meine Antwort. Ich brachte immer noch kein Wort heraus und rutschte unbehaglich auf meinem Stuhl herum. Cindy zuckte mit den Schultern und sprach weiter.

»Ich verstehe Sie ja. Sie denken: ›Ist sie verrückt geworden? Was für eine Mutter kann sie sein, wenn sie krank wird? Wer kümmert sich um das Kind, wenn sie Aids bekommt und stirbt?‹«

Ich nickte und gab damit zu, daß mir genau diese Gedanken durch den Kopf gingen.

»Ich habe mir alles überlegt. Ich habe einen Plan. Und den ziehe ich durch. In ein paar Monaten werden Dr. Weksler und ich in die Slowakei fliegen und mit einem Baby zurückkommen. Es ist ein Waisenjunge. Ich habe ein Foto.«

Cindy faßte in ihre Jackentasche und zog ein kleines Foto heraus von einem Neugeborenen mit schwarzen Haaren, wie den ihren, und einer leicht olivfarbenen Haut. Ein schönes Kind.

»Ich habe Lena gesagt, daß ich HIV-infiziert bin und ein Kind adoptieren werde ... und daß sie mich nicht mit Fragen löchern soll. Sie soll einfach akzeptieren, was ich mache, und eine liebevolle Großmutter sein.«

Cindy unterbrach sich, und ihre Augen wurden feucht.

»Ich werde ihn Max nennen, nach meinem Vater.«

Mein einziger Gedanke war, daß ich meinen ersten Sohn auch nach meinem Vater genannt hatte, daß es mir sehr viel bedeutet hatte, meinem Kind seinen Namen zu geben. Ich nahm Cindys Hände in die meinen und bat sie, mir ihr Vorhaben genauer zu erklären.

Sie sah mich erst unsicher an, und dann entspannte sich ihr Gesicht langsam. Überzeugt von meiner Aufrichtigkeit, begann sie zu erzählen.

Cindy war nach unserem letzten Gespräch am Boden zerstört gewesen. Sie war so verzweifelt, daß sie den Rest der Woche nicht zur Arbeit gegangen war. Sie war zu Hause geblieben und hatte die meiste Zeit nur geweint. Sie wollte Mutter sein und konnte sich ein Leben ohne Kinder nicht vorstellen. Wenn sie keine eigenen Kinder haben konnte, jetzt oder in naher Zukunft, dann mußte sie einen anderen Weg finden. In jenen tränenreichen Tagen war sie auf eine Alternative gekommen, an die ich nicht gedacht hatte – eine Alternative, die ihr sinnvoll erschien. Sie würde ein Kind adoptieren.

Sie hatte alle möglichen Varianten durchgespielt und war zum heutigen Termin gekommen, ohne zu wissen, ob ich mit ihrer Entscheidung einverstanden sein würde. Sie war jedoch fest entschlossen, ihre Pläne auf jeden Fall in die Tat umzusetzen.

Sie ging davon aus, daß sie mindestens noch fünf bis zehn Jahre leben würde; dies entsprach einer konservativen Schätzung auf der Basis dessen, was ich ihr über diese neuen HIV-Medikamente berichtet hatte. Ergänzte man die Dreifachkombination mit anderen experimentellen Medikamenten, könnte sie noch mehr Zeit gewinnen, im günstigsten Fall weitere fünf Jahre. Sie könnte ihrem Kind also Mutter sein, bis es fünf oder zehn Jahre alt war, vielleicht sogar fünfzehn.

Sie hielt es für absolut gerechtfertigt, angesichts der ihr verbleibenden Lebenszeit, ein Baby zu adoptieren, das sonst ein entbehrungsreiches Leben erwartete. Das Waisenhaus in der Slowakei war ein staatliches Heim mit zuwenig Personal, und der Leiter war froh, wenn die unerwünschten Kinder von wohlhabenden Ausländern adoptiert wurden, die ihnen ein richtiges Zuhause geben konnten. Keines der Grundbedürfnisse – Nahrung, Schutz, Kleidung, Ausbildung oder Liebe – war für die verlassenen Kinder in diesem Waisenhaus sichergestellt.

Ein HIV-Test wurde nicht verlangt. Man mußte nicht verheiratet sein. Die einzige medizinische Frage war, ob die betreffende Person oder das Paar zur Zeit gesund seien, und ich hatte Cindy doch gesagt, daß ihr Immunsystem wieder normal funktioniere und das Virus keine nachweisbaren Schäden verursacht habe.

Ich wollte etwas sagen, aber sie schnitt mir mit einer Handbewegung das Wort ab.

Ihre Entscheidung *war* absolut moralisch. Sie war nicht zu irgendwelchen Lügen gezwungen. Und die Entscheidung war noch aus einem anderen wichtigen Grund moralisch: Sie würde eine gute Mutter sein. Wie viele Kinder hatten Mütter, die alkoholkrank waren oder drogenabhängig, die sie körperlich oder seelisch mißbrauchten! Waren solche Mütter denn nicht viel schlechter für ein Kind als jemand wie sie? Und hatte nicht ich selbst den Vergleich zu Diabetes gezogen? Würde jeder mißbilligend die Stirn runzeln und Einwände erheben, wenn eine Diabetikerin schwanger würde oder, wenn sie kein eigenes Kind haben konnte, eben eines adoptierte?

Cindy machte eine kurze Pause und sprach weiter, als ich nichts sagte.

Es gab natürlich Risiken, aber die gab es immer im Leben. Was war denn das Schlimmste, was passieren konnte? Daß sie krank wurde und starb? Gut, das war der schlimmste Fall. Es gab Eltern, die starben bei einem Autounfall oder einem Flugzeugabsturz. Die Mutter bekam Brustkrebs oder der Vater Leukämie. Jeden Tag wurden in New York und Boston Menschen erschossen, die Kinder hatten. In all diesen Fällen war für die Kinder selten Vorsorge getroffen.

Zumindest in dieser Hinsicht war sie im Vorteil, meinte Cindy. Sie wußte, daß sie vielleicht früh sterben und ihr Kind dann seine Mutter verlieren würde. Mit Dr. Weksler und Lena war vereinbart, daß sie die Vormundschaft für das Kind übernehmen würden, falls Cindy sterben sollte. Beide waren erst Anfang Sechzig, also noch nicht so alt, und bei guter Gesundheit. Jules Weksler hatte keine eigenen Kinder gehabt und würde, wenn es so weit käme, ihres mit aufziehen helfen. Es war keine ideale Lösung, aber eine, die durchaus funktionieren konnte.

Cindy räumte ein, daß sie damit Neuland betrat und die Dinge auf eine Weise zu regeln versuchte, wie es noch keiner gemacht hatte. Aber es war für sie der einzig mögliche Weg. Sie war nicht mehr das wehrlose, ängstliche Mädchen, dem die dunklen Schatten in ihrem Zimmer Panik einjagten. Sie hatte immer noch Angst vor Aids und den damit verbundenen Qualen, war aber überzeugt, daß sie weniger leiden würde, weil es dann Liebe gab in ihrem Leben – die bedingungslose Liebe einer Mutter, die das Kind ihr zurückgab.

Sie würde ihren Sohn mit besonderer Innigkeit lieben, weil sie wußte, daß jeder Tag ein Geschenk für sie beide bedeutete, daß ihre Lebenszeit sehr begrenzt war und daß sie, selbst wenn ich meine ganze Kunst aufbieten würde, schließlich doch schwer krank werden und sterben würde. Aber bis dahin würde ein Kind, das sonst in der ländlichen Slowakei ein Leben voller Entbehrungen gehabt hätte, in Huntington, Long Island, aufwachsen, mit einer hingebungsvollen, finanziell unabhängigen Mutter, die es wie ihr eigenes Fleisch und Blut liebte.

Ich saß lange Zeit schweigend da. Cindy hatte ihre Sache mit Begeisterung vertreten, und ich war noch ganz beeindruckt von ihrer Überzeugungskraft.

Aber ich machte mir doch noch Gedanken um das Kind. Wer konnte schon sagen, ob das Leben in einem Waisenhaus in der Slowakei besser oder schlechter war, als in jungen Jahren mitzuerleben, wie die Mutter krank wird und an Aids stirbt? Würde ihr Sohn sich nicht eines Tages betrogen fühlen und es seiner Mutter vorwerfen, daß sie ihn adoptiert hatte, um ihr Bedürfnis nach Liebe zu befriedigen, und daß sie ihn dann im Tod verließ? Und was wäre, wenn Jules Weksler erkranken oder unerwartet sterben würde und Cindy zu krank war, um zu arbeiten – was dann? Konnte Lena als immer älter werdende Großmutter dann für sie sorgen? Würde Cindy immer noch überzeugt sein, daß ihre Entscheidung richtig war, wenn sie krank wurde und erkannte, daß sie ihren Sohn noch einmal zum Waisen machte?

Ich hätte noch lange nach Gegenargumenten suchen, über die Risiken und Schwachpunkte ihres Vorhabens nachdenken können. Aber ich wußte, daß meine Meinung ohne Belang war. Cindy konnte ohne Liebe nicht leben – die Liebe einer Mutter zu ihrem Kind, die Liebe, die ich von meiner Mutter bekommen hatte, und die Liebe, die meine Frau unseren Kindern gab. Eine Liebe, die wir eines Tages verlieren; doch dieses Risiko gehen wir immer ein, wenn wir lieben.

Ich würde alles tun, um Cindy gesund und am Leben zu erhalten. Diese Verpflichtung habe ich allen meinen Patienten gegenüber, aber in diesem Fall spürte ich die besondere Verantwortung, ein Leben zu erhalten, von dem ein neues Leben abhängig sein würde. Ich würde Cindy helfen, ihren Traum zu leben, einen Traum, der sich nicht aufschieben ließ. Die Zukunft würde zeigen, ob ihre Entscheidung richtig war, nicht nur für sie, sondern auch für ihren Sohn. Ihren ersten Sohn – Max.

Matt

Die Welt besteht nur um
des Hauches der Schulkinder willen.

TALMUDTRAKTAT (SCHABBAT 119B)

WÄHREND MEINER FACHAUSBILDUNG in Hämatologie und Onkologie arbeitete ich auch ein Jahr am Boston Children's Hospital. Ich
schloß mit vielen Kollegen Freundschaft und blieb dieser Klinik
sehr verbunden, obwohl ich mich letztlich nicht für Kinderheil-
kunde entschied, sondern für Erwachsenenmedizin. Deshalb war
ich nicht besonders überrascht, als mich im Sommer 1989 mein
Freund und Kollege Dr. Marvin Samuels, ein Spezialist für Leukämie bei Kindern, von dort anrief und mich um Unterstützung im
Falle seines Patienten Matthew Jenkins bat.
»Es ist der erste Fall dieser Art, den wir hier haben, und du hast
Erfahrung auf beiden Gebieten«, meinte Marv.
Ich war gerne bereit, Matt in Zusammenarbeit mit Marv zu be-
treuen. Am gleichen Tag noch ging ich die zwei Straßen zum
Children's Hospital hinunter, las die umfangreiche Krankenakte
durch und saß bis in den Abend hinein mit Billy Jenkins, Matts
Vater, zusammen, der mir die Geschichte seines Sohnes erzählte.
An einem schwülen Nachmittag im August 1984 spielte Matt
mit Freunden auf dem betonierten Schulhof von St. Sebastian's
Fußball und stürzte schwer, als er einen ihm schlecht zugespielten

Ball verfehlte. Das aufgeschürfte rechte Knie wollte gar nicht mehr aufhören zu bluten. Ein Freund zog ihm das T-Shirt aus und machte damit einen festen Verband, aber der war bald so von Blut durchtränkt, daß es bis in den Schuh hineinlief. Der Achtjährige humpelte nach Hause, unterstützt von seinen Freunden, und hinterließ dabei eine unregelmäßige Spur roter Profilabdrücke.

Daheim öffnete Matt noch die Tür und brach dann auf dem Läufer im Flur zusammen. Sein Vater Billy kam aus der Küche gelaufen und erfaßte die Situation sofort. Der große, kräftige Arbeiter, der täglich schwere Kartons mit Backwaren schleppte, hob seinen blutenden Sohn mühelos auf und legte ihn hinten auf seinen Lieferwagen. Er hupte sich den Weg frei, ignorierte rote Ampeln und raste die Harvard Street hinunter Richtung Longwood Avenue, so daß er schon eine knappe Viertelstunde später vor der Notaufnahme des Boston Children's Hospital stand.

Matt war bewußtlos und sehr blaß, als sie ankamen. Er hatte einen fadenförmigen Puls, und der Blutdruck war so niedrig, daß der Arzt ihn kaum messen konnte. In eine der schlaffen Armvenen wurde sofort ein intravenöser Zugang gelegt und Kochsalzlösung infundiert; bald hing auch ein Beutel mit roten Blutkörperchen wie eine aufgeblähte Blutwurst an dem Metallständer neben Matts Bett.

Als das Blut in Matts Vene zu tropfen begann, bäumte sich sein Körper in krampfartigen Zuckungen auf, und er mußte erbrechen. Billy Jenkins wich seinem Sohn nicht von der Seite, als Ärzte und Schwestern Matts Gliedmaßen festzuhalten versuchten, über den intravenösen Zugang Medikamente gaben und ihm, nachdem sie seinen Kopf in die richtige Lage gebracht hatten, einen dünnen Plastikschlauch in die Luftröhre schoben.

Billy erzählte mir, daß er diese Szene einfach nicht aus dem Kopf bekam. Auch im Traum sah er sie oft vor sich. Manchmal lief sie schnell ab, manchmal langsam, wie bei einem Video – schneller Vorlauf, Wiedergabe, langsamer Rücklauf, wieder schneller Vorlauf. Die Szene wurde immer wieder abgespult, bis sie bei einem späteren Einzelbild hängenblieb: der dicklichen Hand des Arztes,

die einen kleinen weißen Zettel mit Hieroglyphen aus dem
Hämatologie-Labor der Klinik hält:

```
Leuko:    102 600
Hkt:      20
Thromb:   5000
Morph:    Blasten
```

»Leuko« steht für Leukozyten, also weiße Blutkörperchen. Normalerweise liegt der Wert zwischen 4500 und 11 000, die Zahl
der weißen Blutkörperchen bei Matt von 102 600 war dem-
nach dramatisch erhöht. »Hkt« weist den Hämatokritwert aus,
die Zahl der roten Blutkörperchen. Der Hämatokritwert von 20
bei Matt bedeutete eine schwere Anämie; normalerweise liegt
er bei 40 bis 48. »Thromb« ist die Abkürzung für Thrombozyten, die Blutplättchen, und ihre Zahl liegt normalerweise zwischen 150 000 und 400 000. Bei einer so niedrigen Zahl wie bei
Matt kommt es oft zu schweren Blutungen. Und »Morph« bezieht sich auf die Morphologie oder Form der Zellen des Patienten.

Die in Matts Blut festgestellten Blasten sind primitive Zellen, die
normalerweise nicht im Blut zu finden sind.

Die Eltern von Kindern wie Matt sind gezwungen, diese neue
Sprache der Bluttests und Symptome schnell zu lernen. Sobald sie
Vokabular und Grammatik dieser Sprache beherrschen, werden
sie zu Übersetzern. Billy, der Witwer war, mußte die Mediziner-
sprache nur seinem Bruder Andrew, seiner schon alten Mutter
Mary und seinem Jugendfreund Father Daley übersetzen.

Matt bekam zwanzig Einheiten Thrombozyten, dann erst hörte
die Blutung auf. Er brauchte acht Einheiten rote Blutkörperchen,
bis der Hämatokritwert wieder normal war.

Als Matt klinisch stabil war, wurde er auf die Intensivstation verlegt. Er kam ans Beatmungsgerät, damit eine ausreichende Sauer-
stoffzufuhr gewährleistet war, und bekam Dilantin zur Vorbeugung gegen weitere Krampfanfälle. Dank Kochsalzlösung und

Blutpräparaten normalisierte sich sein Blutdruck wieder. Die Betreuung übernahm Marv Samuels.

Der ziemlich kleine, freundliche Marv wirkte mit seinem dichten, graumelierten Vollbart wesentlich älter als fünfundvierzig. Und es war Marv, der Billy Jenkins an diesem Tag, als er mit seiner Familie und Father Daley im kränklich gelben Licht des Warteraums bei der Intensivstation um seinen Sohn bangte, die Diagnose mitteilte:

»Mr. Jenkins, Ihr Sohn hat Leukämie.«

Auch ich habe unzählige Male dagestanden wie Marv Samuels an diesem Tag, in die Gesichter von Angehörigen geschaut und ihnen eine solche Krebsdiagnose mitgeteilt. Man wappnet sich innerlich für solche Momente. Man verschließt den Schmerz, der mit dem Wissen über die schrecklichen Folgen der Krankheit für Körper und Seele aufkommt, fest in seinem Herzen. Man läßt die Bilder monatelanger, qualvoller Chemotherapie, die vor dem geistigen Auge erscheinen, nicht zu. Man bemüht sich, ganz ruhig zu wirken, damit man, wenn man der Familie die Wahrheit mitteilt, nämlich daß die Krankheit aggressiv ist und die Behandlung toxisch, gleichzeitig eine andere Wahrheit vermittelt: Daß es eine Chance gibt, eine echte Chance, den Krebs zu besiegen und das Leben ihres Angehörigen zu retten.

Mit dieser Haltung der Stärke – anteilnehmend, aber auch entschlossen – bewahrt man Familie und Patienten davor, unter dem unerwarteten Schicksalsschlag zusammenzubrechen. Ja, erklärt man noch einmal, eine Heilung kann niemand garantieren. Aber dann zeigt man entschlossene Zuversicht. Man macht deutlich, daß man den Kampf bereits aufgenommen hat, daß man der General einer ganzen Truppe ist, daß man schon eine Strategie hat, daß man über schlagkräftige Waffen verfügt und daß der Feind keine Gnade zu erwarten hat. Und während man seine ganzen Ressourcen an medizinischem Wissen und klinischer Erfahrung für den Kampf um das Leben des Patienten mobilisiert, schaut man den Angehörigen fest in die Augen und sucht nach dem Kern ihrer Stärke. Den muß man finden und stabilisieren, denn ihre Stärke wird in den nächsten Monaten auf eine harte Probe gestellt. Man muß diese innere Stärke ausloten, woher sie kommt, welche Belastungen sie aushält. Hat man sie entdeckt und in ihrem Wesen erfaßt, versucht man sie »in die Hand zu nehmen« und mit der eigenen Stärke zu vereinigen, denn dann wird daraus die besondere Kraft, die vonnöten ist, um den Patienten durch die ihn erwartende Hölle zu bringen, zurück ins normale Leben.

Als Marv Samuels Matts Krankheit und die bevorstehende Behandlung erläutert hatte, versuchte Billy in seinem Glauben Kraft zu finden. Aber er empfand nichts als ungläubiges Entsetzen, wie die meisten Eltern in dieser Situation. Er drehte sich zu Mary um, seiner Mutter. Sie nahm Billys schwielige Hände in die ihren und flüsterte: »Jesus Christus in seiner Gnade liebt Matty. Er ist ein braver Junge, der allerbeste Junge. Der Allmächtige wird ihm helfen.«

»Matt ist ein tapferer Kerl, wie sein Vater. Mit Gottes Hilfe wird er's schaffen«, fügte Andrew, Billys älterer Bruder, hinzu.

Father Daley schlug vor, gemeinsam für Matt zu beten.

Als Father Daley das Gebet sprach, sank Billy langsam auf die Knie. Wieder gingen ihm die schrecklichen Bilder aus der Notaufnahme durch den Kopf. Er preßte die Hände in einer verzweifelten Gebärde zusammen und bat Gott inständig, Matt wieder gesund zu machen.

Das Wort »Leukämie« kommt aus dem Griechischen und bedeutet »weißes Blut«. Als medizinischer Begriff eingeführt wurde es 1847 von dem berühmten deutschen Pathologen Rudolf Virchow. Virchow fand im Blut sterbender Patienten ungeheure Mengen weißer Blutkörperchen. In seinem Bericht heißt es, die Ursache der akuten »Leukämie« sei unklar. Und heute, 150 Jahre später, kennen wir die genaue Ursache dieser Krebsform immer noch nicht.

Die Leukämie entwickelt sich durch Mutation des genetischen Programms eines *einzigen* weißen Blutkörperchens. Wie kommt es zu einer solchen Mutation? Strahlung und chemische Giftstoffe können die DNS erheblich schädigen und in manchen Fällen zu einer Anfälligkeit für leukämische Mutationen führen. Auch bestimmte ererbte Gendefekte, wie das Down-Syndrom, erhöhen das Risiko einer Erkrankung an Leukämie. Aber wie bei den meisten Kindern mit akuter Leukämie konnten auch bei Matt keine umweltbedingten oder ererbten Faktoren als ursächlich identifiziert werden.

Ungeachtet der individuellen Ursache läßt sich das Verhalten der Leukämiezelle als das eines gefährlichen Soziopathen beschreiben. Der Charakter eines normalerweise freundlichen Leukozyten ändert sich durch die Mutation im genetischen Programm plötzlich von Grund auf. Der krankhaft veränderte primitive Leukozyt, ein sogenannter »leukämischer Blast«, wird überheblich und aggressiv. Er verbreitet sich ungehemmt im Knochenmark, ohne Rücksicht auf die Bedürfnisse der anderen Blutzellen. Bald ist das Knochenmark von den rücksichtslosen Blasten überschwemmt. Die normalen Blutzellen haben keinen Platz mehr und können sich nicht entwickeln.

Die Blasten geben sich jedoch nicht damit zufrieden, das Knochenmark zu überschwemmen und ihre Mitbrüder wegzuboxen. Sie verhalten sich wie randalierende Punks, stürmen die Blutgefäße, überfallen und zerstören lebenswichtige Organe wie die Leber und das Gehirn.

Obwohl wir nicht genau wissen, warum es zu den genetischen Mutationen kommt und wie sich daraus eine Leukämie entwickelt, können wir die Krankheit bei Kindern durch eine kombinierte Chemotherapie heute oft heilen. Dieser Sieg über die Leukämie bei Kindern ist eine der großen Leistungen der modernen Onkologie und ein Paradebeispiel dafür, wie jahrelange mühselige Forschungsarbeit schließlich in eine klinische Therapie umgesetzt werden kann, die eine vorher immer tödliche Krankheit zu einer heilbaren werden läßt. Es ist dieser Triumph, der mir in der täglichen Konfrontation mit immer noch unheilbaren Krankheiten Hoffnung und Mut gibt.

An dem Tag, als Matt beim Fußballspielen auf dem Schulhof hinfiel, hatte Randy Johnston nach einer Woche Urlaub in Cape Cod wieder angefangen zu arbeiten. Ich lernte Randy erst viele Jahre später kennen und erfuhr seine Geschichte, als er zum ersten Patientengespräch in meinem Büro saß. Randy war in jenem Sommer 1984 gerade einundzwanzig geworden und studierte Betriebswirtschaft am Bentley College in Waltham. Seinen Lebensunterhalt verdiente er sich als Taxifahrer in Boston. Er war ein athletischer Typ, groß, mit einer dichten schwarzen Mähne, die ihm jungenhaft ins Gesicht fiel. Er lebte mit seinem Freund Jay zusammen, einem Vertreter einer großen Versicherung in Connecticut, die nur ein paar Straßen entfernt von ihrer Wohnung in der Bostoner Back Bay eine Niederlassung hatte. Randy hatte, bevor er Jay kennenlernte, erst einmal einen Freund gehabt. Bei ihm hatte er das Gefühl, daß die Beziehung ein Leben lang halten könnte. Er bekam zwar oft eindeutige Angebote, aber schneller Sex in Schwulenbars und Saunas war nicht sein Ding. Er hatte keine Lust auf Sex mit jemand, den er überhaupt nicht kannte. Bei solchen anonymen Beziehungen fehlte ihm die Zuneigung, und die war ihm wichtig.

An jenem ersten Arbeitstag hatte Randy die Vertreterin einer Firma für medizinische Geräte beim Roten Kreuz am Kenmore Square abgesetzt und beschlossen, sich drinnen nach einem Trinkwasserbrunnen umzusehen. Das Radio hatte eben, um drei Uhr nachmittags, eine Temperatur von 34 °C gemeldet. Das kühle Wasser erfrischte ihn. Auf dem Weg zum Ausgang sah er ein Plakat, das zum Blutspenden aufrief. Ich bin jung und gesund, dachte er, mein Blut kann jemandem helfen, der es dringend braucht, und er machte sich gleich auf den Weg zur Blutspende.

Randy saß vor einer sehr gesprächigen blonden Rot-Kreuz-Helferin, die ihm einen Fragebogen und einen kleinen Bleistift hinlegte und ihn anwies, die Fragen aufmerksam durchzulesen und das jeweilige Kästchen, JA oder NEIN, bei der zutreffenden Antwort anzukreuzen. Nein, er hatte nie Hepatitis gehabt. Nein, er war in letzter Zeit nicht krank gewesen. Nein, er hatte nie Syphilis oder eine andere Geschlechtskrankheit gehabt. Nein, er hatte seines Wissens keine Anämie. Nein, er stammte nicht aus Haiti. Nein, er war kein *promisk* lebender Homosexueller mit häufig *wechselnden* Partnern. Jay war sein zweiter Partner, und seine Freunde zogen ihn schon immer auf, daß er in Sachen Sex so konservativ sei. Nach der Blutspende brachte ihm dieselbe blonde Helferin, die seinen Fragebogen entgegengenommen hatte, lächelnd ein Glas Apfelsaft und Vollkornkekse. Sie setzte sich dicht neben Randy und begann angeregt zu plaudern; ihr Knie berührte wie zufällig das seine. Sie fragte ihn, wo er wohne, welche Hobbys er habe. Randy gab höflich Antwort, stellte aber seinerseits keine persönlichen Fragen. Es kam öfter vor, daß Frauen Interesse an ihm bekundeten, obwohl er nichts von ihnen wollte. Nach einem zweiten Glas Apfelsaft drückte sie ihm noch zwei Kekse für unterwegs in die Hand und ging sichtlich enttäuscht an ihren Platz zurück.

Randys Blut wurde beim Roten Kreuz auf Hepatitis und Syphilis untersucht, ging jedoch anstandslos durch. Die roten Blutkörperchen wurden von den Blutplättchen getrennt. Beide Komponenten wurden in das Children's Hospital geschickt, denn das dortige Blutkonservendepot hatte schon am Morgen dringend um frische Blutpräparate gebeten. Ein Rot-Kreuz-Wagen lud Randys Blut, zusammen mit rund einem Dutzend weiterer Spenden von diesem Nachmittag, in einem braunen Karton mit Styropor verpackt, ein und machte sich auf den Weg zum Children's Hospital. Es war nicht weit vom Kenmore Square die Brookline Avenue hinauf bis zur Longwood Avenue. Randy hatte die relativ seltene Blutgruppe 0 negativ, die gleiche wie Matthew Jenkins. Es war Randy Johnstons Blut, mit dem Matt an diesem Tag in der Notaufnahme wieder ins Leben zurückgeholt wurde.

Die achtzehn Monate, die Matt behandelt wurde, zogen sich für Billy Jenkins sehr lange hin. Matt mußte immer wieder für längere Zeit ins Krankenhaus. Er hatte nicht die sogenannte »lymphoblastäre« Leukämie, die bei Kindern häufigste Form, die relativ leicht zu heilen ist, sondern die aggressivere, schwerer zu behandelnde myeloblastäre Leukämie.

Matt bekam in rascher Folge verschiedene Medikamente gegen die Leukämie verabreicht, jedes mit einem anderen Wirkungsmechanismus, aber auch mit schädlichen Nebenwirkungen auf die normalen Gewebe. Adriamycin, die preiselbeerfarbene Infusion, die zwar die DNS der Leukämiezellen zerstört, Matt aber seine ganzen Haare kostete und sein im Wachstum befindliches Herz schwächte. Ara-C: eine harmlos aussehende, klare Infusion, die zwar die Vermehrung der Blasten hemmt, gleichzeitig aber Entzündungen im Mund verursacht und das Cerebellum schädigt, das Gleichgewichtszentrum im Gehirn. 6-TG: eine weitere toxische Waffe gegen die Vermehrung der Blasten, die aber auch eine Leberentzündung hervorruft. Die Blastenzahl, ursprünglich über 100 000, ging mit jedem Chemotherapie-Zyklus zurück.

Zusätzlich zu diesen ganzen Infusionen bekam Matt mehrere Antibiotika, um seine Infektionen zu bekämpfen, verschiedene Mittel gegen Übelkeit, um das durch die Chemotherapie verursachte Erbrechen in Grenzen zu halten, und Ergänzungsnahrung, damit er nicht noch mehr an Gewicht verlor. Diese unterstützenden Therapien sind im Laufe der letzten zehn Jahre systematisch entwickelt worden. Sie waren notwendig, um die mit der Krankheit selbst und der Chemotherapie verbundenen Komplikationen möglichst gering zu halten, und erhöhten Matts Überlebenschancen ganz erheblich.

Matt war bei den Ärzten und Schwestern als ruhiges, geduldiges Kind bekannt. Seit Beginn der Leukämiebehandlung trug er immer eine grüne Celtics-Mütze auf seinem kahlen Kopf. Nur ein paar dünne Strähnen dunkelbrauner Haare hatten der massiven Chemotherapie widerstanden. Matt nahm seine Mütze grundsätzlich nur für eine Untersuchung ab und erklärte, er trage sie, weil er zu einem Siegerteam gehören wolle.

Das Pflegepersonal versucht immer herauszufinden, welche Dinge dem Patienten Freude bereiten, was ihn ablenkt, um ihm die langen Wochen qualvoller Chemotherapie erträglicher zu machen. Bei Matt lag auf dem Tischchen neben seinem Bett nicht nur ein Berg Comics, Videospiele und Puzzles; die Schwestern und seine Familie hatten auch aus kleinen Red-Sox-Plastikfiguren ein ganzes Baseballteam aufgebaut. Wenn es Matt ganz schlecht ging, wenn er bei der Chemotherapie stundenlang vom Brechreiz gequält auf der Seite liegen mußte, obwohl der zusammengezogene Magen die Cracker und den Apfelsaft schon lange von sich gegeben hatte, schaute er seine Plastikfiguren an und schob sie kraftlos auf einem imaginären Spielfeld herum. Die Schwestern erkundigten sich oft nach dem Spielstand und fragten, wie viele *runs batted in, errors* und *home runs* es gegeben habe, um Matt etwas abzulenken.

Billy erzählte mir, es komme ihm vor, als lebe auch er seit Monaten im Krankenhaus. Die meiste Zeit saß er still an Matts Bett. Manchmal las er ihm Artikel aus dem *Herald* vor, in denen über die Spiele der Red Sox und der Celtics in der Saison 1984 berichtet wurde. Wade Boggs war auf dem besten Weg, mit den meisten erfolgreichen Schlägen in einer Spielsaison für die Sox einen neuen Rekord aufzustellen. Die Celtics waren stark, und es sah aus, als würde Larry Bird im zweiten Jahr hintereinander zum besten Spieler der NBA gewählt. Billy nahm das als gutes Omen für Matt.

Father Daley besuchte Matt regelmäßig; er war für ihn wie ein zweiter Vater. Fast jeder im Krankenhaus kannte ihn. Er scherzte gern mit den Schwestern und Sekretärinnen, von denen viele auch aus Brighton stammten. Father Daley berichtete Matt, wie die Spiele vom Vorabend ausgegangen waren, und dann diskutierten sie die Stärken und Schwächen der beiden Teams.

Dr. Samuels machte jeden Nachmittag mit einer Gruppe von Assistenzärzten, Stationsärzten, Medizinstudenten und Pharmazeuten auf der Station Visite – ein Ritual aller Chefärzte. Das versammelte Personal berichtet über den klinischen Status, und der Chefarzt kann dabei die psychische Verfassung vom Patienten und seiner Familie sondieren. Es ist eine Demonstration der Stärke, eine konkrete Demonstration des Engagements einer ganzen

Gruppe von Experten für einen einzigen kranken Menschen. Bei Patienten mit Leukämie, wie Matt, fragt der Chefarzt den Assistenzarzt bei der Visite als erstes oft nach der Zahl der Blasten im Blut, um einen Anhaltspunkt für die Wirksamkeit der laufenden Behandlung zu haben. Billy erzählte mir, wie ungeduldig er jeden Tag auf diesen Countdown wartete, wie er vor jeder Visite betete, ihre Zahl möge auf Null gefallen sein.

Es waren drei Behandlungszyklen mit intensiver Chemotherapie notwendig, bis die Zahl der Leukämiezellen im Blut bei Null war. Billy fragte sich, ob Gott wohl seine Gebete erhört hatte.

Dr. Samuels erläuterte, man müsse bei Matt noch eine weitere Knochenmarkuntersuchung machen, um sicherzugehen, daß sich dort keine Blasten mehr versteckt hielten. Erst dann könne die Leukämie als besiegt gelten. Billy erzählte mir, wie Matt ihm die schmerzhafte Prozedur beschrieb und sich so auf die Knochenmarkbiopsie vorbereitete.

»Ich muß mich auf den Bauch legen, und dann schießen sie mir Novocain direkt in den Hintern. Dann haut mir der Doktor eine riesige Nadel in den Rücken. Ich kann spüren, wie die Nadel sich in den Knochen bohrt, und ein Schmerz schießt meine Beine entlang. Dann zieht der Doktor an dem Kolben an der Nadel und saugt das Mark heraus, und es tut so furchtbar weh, daß ich glaube, ich sterbe. Es ist schrecklich, aber ich muß ganz stilliegen und kann nichts dagegen machen.«

Marv Samuels erzählte mir, wie er zwei Tage nach der Knochenmarkbiopsie aufgeregt in Matts Zimmer stürmte und triumphierend verkündete: »Matt, wir haben gewonnen!«

Er sagte zu Matt, er fühle sich wie ein Celtic, dem zwei Sekunden vor Spielschluß der entscheidende Schlag geglückt ist. Und so ähnlich war es auch. Er erklärte Matt und Billy, daß im Knochenmark keine Blasten mehr feststellbar waren, daß die Blutzellen sich nach der aggressiven Chemotherapie erholt hatten und wieder normal aussahen.

Ich weiß, was Marv Samuels in jenem Augenblick empfunden hatte. Man ist in einem solchen Moment unendlich erleichtert, geradezu euphorisch. Erleichtert, weil die Schlacht nun geschlagen ist. Man genießt das Gefühl wohliger Erschöpfung nach dem monatelangen Kampf, der schließlich zum Sieg geführt hat. In diesen Monaten hat man sich mit einer fast übermenschlichen Intensität auf diesen Kampf konzentriert, denn das Ziel heißt Perfektion. Man hat an der Grenze des Lebens gekämpft – in dem Wissen, daß ein einziger ungewollter Fehler genügt, und der Patient wird von der unerbittlichen Krankheit auf die andere Seite gezogen. Also hat man versucht, alle Variablen der Therapie im Griff zu behalten und alle klinischen Parameter im Auge zu behalten. Man hat seine Strategie und seine Entscheidungen unzählige Male überprüft und sich bemüht, mit seinem Wissen und Können jeden irgend möglichen Vorteil herauszuschlagen, um den Gegner, die Krankheit, zu besiegen. Man hat gewußt, daß es trotz allem keine Erfolgsgarantie gibt, daß selbst die richtigen Therapien und die beste Betreuung den Patienten nicht unbedingt retten würden. So ist es nun mal in der Medizin: Dem Heilungsprozeß haftet immer auch etwas Geheimnisvolles an, weil die biologischen Abläufe und die Wirkung der Behandlung nie exakt vorhersagbar sind. Man bleibt bis zur allerletzten Sekunde wachsam und sorgt sich, daß einem das Leben des Patienten doch noch aus den Händen gerissen wird.

Aber es ist nicht nur die Erleichterung, die ein Hochgefühl auslöst. Der Moment, in dem der Tod besiegt scheint, hat etwas Magisches, etwas sehr Intimes, das den Patienten und seinen Arzt in einer fast mystischen Weise vereint. Eine mächtige Kraft, die Kraft des wiedergewonnenen Lebens, fließt zwischen beiden. Es ist in dieser Stunde der Heilung, als würde alle Energie, die der Arzt die ganzen Monate über in den Patienten investiert hat, als Strom aus Liebe und Dankbarkeit zu ihm zurückfließen, ihn mit neuer Kraft erfüllen und alle Erschöpfung vergessen lassen.

Matt mußte noch drei Zyklen intensiver Chemotherapie durchmachen – anschließend erwarteten ihn sechs Monate Erhaltungstherapie. Leukämiezellen sind heimtückisch und verstecken sich gern. Durch die verlängerte Behandlung sollte auch die letzte

Leukämiezelle eliminiert werden. Und diese Behandlung war notwendig, wenn die Heilung, mit der inzwischen jeder rechnete, von Dauer sein sollte.

Fünf Jahre mit genauer Beobachtung, Bluttests, körperlichen Untersuchungen und wiederholten Knochenmarkbiopsien würden folgen, bis man wirklich von Heilung sprechen konnte. Aber abgesehen davon, erklärte Marv Samuels der Familie, stünden die Chancen *ausgezeichnet*, daß die Leukämie nie wieder auftreten würde.

Als Matt nach der letzten Chemotherapie endlich wieder zu Hause war, machte sein Vater ein großes Fest. Es gab feinen Wurstaufschnitt aus dem polnischen Feinkostladen um die Ecke, Berge von Roggenbrot und Platten mit Gebäck aus Billys Bäckerei. Bier und Mineralwasser lagen gut gekühlt in einem eisgefüllten Plastikeimer. Alle waren gekommen: die Nachbarn, Matts Lehrer von St. Sebastian, die Schwestern aus dem Children's Hospital und Dr. Samuels. Father Daley forderte alle auf, gemeinsam ein Dankgebet zu sprechen.

Das folgende Jahr war hart für Matt. Er hatte erheblich an Gewicht verloren, und es war fast kein Muskeltonus mehr vorhanden. Er mußte dreimal die Woche zur Physiotherapie, um schneller wieder Kraft aufzubauen. Die hochdosierten Chemotherapeutika zeigten noch Nachwirkungen. Matt hatte einen leichten Tremor und Schwierigkeiten mit der Feinmotorik. Sein Physiotherapeut zeigte ihm spezielle Übungen, damit er mit diesen Handicaps besser zurechtkam. Sein Haar wuchs nach, seidig und heller in der Farbe, wie er es als Kleinkind gehabt hatte. Die Haut bekam langsam wieder ihr gesundes Aussehen.

Matt kehrte innerlich sehr verändert in sein früheres Leben zurück. Er sah vieles jetzt ganz anders, und selbst die alltäglichsten Dinge bekamen nun eine tiefe Bedeutung: Frühstücken, ohne daß ihm schlecht wurde, ohne daß er Angst hatte, alles wieder zu erbrechen; danach spielen können, ohne daß man ihn mit einer Nadel in den Arm stach, um Blut abzunehmen; im eigenen vertrauten Bett schlafen statt in dem immer unbequemen Klinikbett. Er genoß diese einfachen Dinge so intensiv, wie es nur Menschen empfinden können, die schon gedacht haben, sie niemals wieder erleben zu können. Matt wußte, daß er nun anders war als seine Freunde. Vielen ihrer scheinbar kindischen Vergnügungen konnte er nichts mehr abgewinnen.

Dieses intensive Gefühl wiedergewonnener Lebensfreude ließ mit der Zeit nach und wich einer tiefen Angst. Matts Leben war lange von seiner Krankheit bestimmt und strukturiert worden – von den Besuchen beim Arzt, dem Zeitplan für die Chemotherapie und der Einnahme vorbeugender Antibiotika sowie der geduldigen Nachsicht seiner Freunde und der Familie gegenüber seinen Stimmungsschwankungen. Dieses Leben war auf paradoxe Weise gut gewesen, auch wenn es von den qualvollen Bedingungen der Krankheit diktiert war.

Matt mußte wieder in einer Welt leben lernen, wo sich nicht alles den ganzen Tag ausschließlich um ihn drehte. Er mußte beginnen, sein Innenleben auf einem neuen, von der Erfahrung seiner schweren Krankheit gestalteten Fundament aufzubauen. Er war dadurch zwar reifer für sein Alter, hatte aber Angst und wußte nicht, wo er das Baumaterial und die Werkzeuge für dieses neue Leben hernehmen sollte.

Billy erkannte Matts Probleme, und er erlebte die dadurch verursachten heftigen Stimmungsschwankungen. Mal war Matt wütend, mal wieder in sich gekehrt. Billy versuchte, seinem Sohn zu helfen, aber der hielt ihn auf Distanz, weil er meinte, es allein schaffen zu müssen. Matt kam langsam in die Pubertät, und der Psychologe in der Klinik erklärte Billy, das sei eine ganz normale und notwendige Reaktion.

Viele Patienten möchten nach einer traumatischen Krankheit ein Andenken an die Zeit im Krankenhaus haben, und bei Matt war es genauso. Er hatte ein Foto von sich in seinem Zimmer stehen; es war während der Zeit der Chemotherapie gemacht worden: Die Celtics-Mütze saß verwegen auf dem kahlen Kopf, das Weiße in den eingesunkenen Augen war fast mangofarben, die Lippen wund und aufgesprungen, aber er grinste herausfordernd in die

Kamera. Matt erzählte seinem Vater, daß er sich aus diesem Foto immer wieder Kraft holte. Wenn er deprimiert war, weil er in der Schule ewig hinterherhinkte, wenn sein schwacher, unsicher gewordener Wurfarm ihn nervte oder seine Füße beim Radfahren einfach nicht auf den Pedalen bleiben wollten, dann meditierte er vor diesem Foto, wie ein Priester vor dem Kreuz. Er dachte daran, daß er praktisch gestorben und wieder ins Leben zurückgeholt worden war. Verglichen mit dem dauernden Erbrechen und dem Durchfall, den Knochenmarkbiopsien, den Fieberschüben, dem Haarausfall und all den anderen Torturen, die in den Monaten der Chemotherapie seine ständigen Gefährten gewesen waren, erschienen ihm die momentanen Probleme klein. Matt begann darauf zu vertrauen, daß er die Kraft und die Fähigkeit hatte, sich ein neues Leben aufzubauen. Als sein Körper mit der Zeit wieder besser funktionierte, ließen auch seine Ängste und Wutanfälle nach. Er wisse, daß er viel Glück gehabt habe, die Krankheit zu überleben, sagte er einmal zu seinem Vater, und daß er eines Tages genauso stark und aktiv sein würde wie seine Freunde.

Matt war zwar dankbar dafür, daß er wieder gesund geworden war, aber es kam zwischen ihm und seinem Vater immer öfter zu Auseinandersetzungen, wenn er nicht in die Kirche gehen oder beten wollte. Matt respektierte die Wünsche seines Vaters, und schließlich einigten sie sich auf einen Kompromiß. Er mußte nur jeden zweiten Sonntag zur Messe gehen. Vor seiner Krankheit hatte es ihm in der Kirche gefallen, erzählte Matt seinem Vater. Der Gottesdienst war irgendwie schön und geheimnisvoll gewesen. Er hatte sich immer auf den Schokoriegel gefreut, den es in der Sonntagsschule zur Belohnung gab, wenn man, während die Ordensschwester Geschichten aus der Heiligen Schrift vorlas, nicht allzusehr herumgezappelt hatte. Aber jetzt kam Matt alles falsch und inhaltsleer vor.

Father Daley hielt dem entgegen, daß Gott doch gut gewesen sei zu Matt, daß er ihm durch die Hände der Ärzte und Schwestern seine Liebe bewiesen habe. Aber für Matt ergab es einfach keinen Sinn. Er fragte Billy und Father Daley, warum Gott ihm die

Leukämie überhaupt geschickt habe. Father Daley antwortete darauf, daß der Gerechte leidet und dafür einen Platz im Himmel bekommt. Aber Matt meinte, er sei kein Gerechter und sicher kein Heiliger, nur ein ganz normaler zehnjähriger Junge in Brighton, Massachusetts. Und warum er überhaupt leiden müsse, um in den Himmel zu kommen? Worauf Father Daley erklärte, nur Gott wisse die Antwort auf diese Frage, nicht der Mensch. Matt entschied, daß er nicht glauben konnte, solange seine Fragen unbeantwortet blieben.

Es vergingen drei Jahre. Matt mußte nicht mehr so oft zu Dr. Samuels. Das Blut war in Ordnung, wie die Tests zeigten. Er wurde zunehmend kräftiger, die Koordination der Bewegungen normalisierte sich. Er war trotz der Chemotherapie inzwischen in die Pubertät gekommen und entwickelte sich gut. Er sprach weniger über Leiden und Gott. Mit Billy und Father Daley unterhielt er sich am liebsten über Sport, mit den Freunden aus der Nachbarschaft über Sport und Mädchen.

Und Matt stellte fest, daß Lernen ihm Spaß machte. Er kniete sich richtig hinein und holte alles auf, was er durch die Krankheit versäumt hatte. Seine Noten waren ausgezeichnet, und die Lehrer meinten, Matt beweise so viel Intelligenz und Engagement, daß er auf ein gutes College kommen könne, vielleicht sogar Harvard oder Yale. Es schien, als hätte das Leben der Jenkins wieder seine Ordnung gefunden, seinen Sinn, seine Perspektive.

Am Freitag vor dem 4. Juli 1989, dem Unabhängigkeitstag, hörte Billy früher mit der Arbeit auf, weil er sich mit Matt *Die nackte Kanone* im Kino anschauen wollte. Es war ein glühend heißer Tag, und deshalb fuhr er noch schnell beim Supermarkt vorbei, um ein paar Flaschen Gatorade für seinen Sohn zu holen. Matt verbrachte die Nachmittage trotz der Hitze am liebsten auf dem Schulhof von St. Sebastian. Er spielte neuerdings oft Basketball, wobei ihm seine Größe und sein Durchsetzungsvermögen als Center sehr zugute kamen.

Billy Jenkins fuhr am Schulhof vor und sah, daß ein Spiel im

Gang war, aber Matt sah er nicht. Äußerst ungewöhnlich für Matt, daß er ein Basketballspiel am Freitag nachmittag versäumte. Billy fuhr mit seinen zwei Flaschen nach Hause. Im Wohnzimmer war das Licht an.

»Matt. Matt. Bist du da?« rief er vor der verschlossenen Tür von Matts Zimmer.

Keine Antwort.

Billy öffnete die Tür und sah, daß Matt auf dem Bett lag und schlief – mit dem Gesicht nach unten. Er schüttelte ihn ein paarmal an der Schulter, um ihn zu wecken.

Matt reagierte nicht. Billy drehte ihn um und sah, daß der Kiefer schlaff herunterhing. Die Augen waren, da die Lider nun etwas zurückfielen, halb geöffnet. Er atmete langsam und tief, die Stirn war heiß, das Gesicht gerötet. Im Mundwinkel hatte sich dicker Schleim angesammelt. Die Gliedmaßen waren völlig schlaff, und seine Pyjamahose roch nach Urin.

Billy erzählte mir, er sei sich wieder vorgekommen wie in einem Videofilm – diesmal mit schnellem Vorlauf.

Er hob Matt mit seinen starken Armen hoch, rannte zum Lieferwagen und fuhr mit halsbrecherischer Geschwindigkeit Richtung Krankenhaus. An der Kreuzung Coolidge Corner kam es fast zu einem Unfall. Ein Polizeiwagen verfolgte ihn mit Sirenengeheul die Longwood Avenue hinunter. Billy hielt erst vor dem Children's Hospital an.

Der Polizist sprang aus seinem Wagen. Billy ignorierte ihn, lief zur hinteren Tür des Lieferwagens und hob seinen bewußtlosen Sohn heraus. Matt atmete mühsam und sehr tief, wie jemand, der schnarcht.

»Mein Sohn. Er ist krank. Er ist krank«, rief er dem Polizisten zu, während sich schon die automatische Tür der Notaufnahme öffnete.

Es wurde sofort ein großer intravenöser Zugang bei Matt gelegt und Kochsalzlösung infundiert. Der Arzt führte einen Beatmungsschlauch in die Luftröhre ein; Sauerstoff wurde in die Lunge gepumpt. Eine Schwester meldete Matts Temperatur –

143

40,3 °C. Billy bezog seinen Wachposten in der Ecke. Der Arzt teilte ihm mit, daß sein Sohn im Koma liege und man sofort eine Lumbalpunktion machen müsse, um die Ursache festzustellen.

Billy beobachtete von seinem Platz aus, wie der Arzt die Punktionsnadel in Matts Rücken stach. Bald fiel Tropfen um Tropfen zäher, trüber Rückenmarksflüssigkeit vom offenen Nadelkopf in ein darunter hängendes steriles Sammelröhrchen.

»Meningitis«, bemerkte der Arzt, und die Information war für Billy gedacht, obwohl er nicht zu ihm hinsah. »Ihr Sohn hat irgendeine Form von Meningitis.«

Billy war so geschockt, daß er gar nichts sagen konnte.

Alle Eltern, die, wie Billy, in den 40er Jahren aufgewachsen sind, kennen das Wort »Meningitis« aus Sätzen wie »Das arme Kind. Es ging so schnell mit ihm, eine Meningitis. Es war nichts mehr zu machen.«

Meningitis ist eine Infektion der Hauthüllen, die Gehirn und Rückenmark umgeben, der sogenannten Meningen. Es handelt sich um eine schwere Infektionskrankheit, aber dank der nach dem Zweiten Weltkrieg entwickelten Antibiotika ist die bakterielle Meningitis bei Kindern heute in vielen Fällen heilbar. Viel schwerer zu behandeln ist eine durch Pilze oder Tuberkuloseerreger verursachte Meningitis.

Manche Kinder bekommen Meningitis wie eine andere Krankheit. Bei Matt hätte diese Infektion ein Wiederauftreten seiner Leukämie ankündigen können; in diesem Fall hätte man davon ausgehen müssen, daß Blasten in das Zentralnervensystem gewandert waren. Die Meningitis hätte sich aber auch aufgrund eines zurückgebliebenen Defekts des Immunsystems entwickeln können. Matts Immunabwehr war zunächst durch die Leukämie und anschließend durch die zu ihrer Behandlung notwendige Chemotherapie geschwächt worden.

Die Rückenmarksflüssigkeit wurde für eine ganze Reihe von Untersuchungen ins Kliniklabor eingeschickt. Zuerst wurden einige Proben unter dem Mikroskop auf Bakterien, Pilze und Tuberkuloseerreger untersucht; danach werden zur Anzucht dieser Mikroben Kulturen angelegt. Ein weiteres Röhrchen mit Rückenmarksflüssigkeit wurde mit einer speziellen Fixierlösung gefüllt, um etwaige schwimmende Zellen zu konservieren; diese Probe untersuchte der Pathologe auf leukämische Blasten.

Matt bekam – gemäß der Erfahrungstherapie für die vermutete bakterielle Meningitis – sofort Breitband-Antibiotika, auf die das Zentralnervensystem gut anspricht, bis das Untersuchungsergebnis vorlag und der tatsächliche Erreger feststand. Er wurde auf eine Kühldecke gelegt, um das extrem hohe Fieber zu senken. Da er immer noch im Koma lag, wurde er auf die Intensivstation gebracht und künstlich beatmet.

Billy Jenkins stand an Matts Bett und versuchte, das Chaos an Gedanken und Bildern in seinem Kopf einigermaßen zu beherrschen. Er erinnerte sich später, wie er sich vom ersten Schock erholte und eine ungeheure Wut in sich aufsteigen spürte, vom Bauch in die Brust und bis in die Arme. Er hätte am liebsten mit den Fäusten an die weiß getünchte Wand gehämmert, so lange dagegengehämmert, bis sie in sich zusammenstürzte.

Es vergingen zwei Stunden. Billy wurde langsam ruhiger, seine Muskeln begannen sich zu lockern. Er sah zu, wie sich Matts Brustkorb unter dem Beatmungsdruck regelmäßig hob und senkte, eine fast hypnotisierende Bewegung. Matts Augen waren nun geschlossen, er lag ganz friedlich da. Billy beschloß, sich jetzt erst einmal um praktische Dinge zu kümmern.

Er rief vom Schwesternzimmer aus seinen Bruder Andrew an und bat ihn, den Rest der Familie zu verständigen – alle, bis auf ihre Mutter; die würde er selbst anrufen und ihr erklären, daß Meningitis sich gut mit Antibiotika behandeln ließ, damit sie sich nicht allzusehr aufregte. Andrew sollte auch versuchen, Father Daley zu erreichen; möglicherweise war der aber gerade nicht im Pfarrhaus, sondern beim Essen. Billy wußte im Moment ohnehin nicht, ob er jetzt überhaupt mit Father Daley beten wollte.

Dr. Samuels erzählte mir später von jenem Abend auf der Intensivstation, als er Billy über die Ursache der Meningitis und Matts schlechte Prognose informierte. Es war eine Szene, wie ich sie

145

schon viele Male erlebt habe, die aber immer erschütternd und psychisch belastend ist.

Matt hatte eine seltene und oft tödlich verlaufende Form der Meningitis, die durch einen Pilz namens *Cryptococcus neoformans* hervorgerufen wurde – einen Erreger, der häufig in Taubenkot vorkommt.

»Taubenscheiße!« hatte Billy ausgerufen. Aber sie hielten doch keine Tauben zu Hause. Natürlich gab es überall in Boston Tauben. Aber das würde bedeuten, daß jeder diese Krankheit bekommen müßte.

Billy hatte insofern recht, als *Cryptococcus neoformans* tatsächlich überall zu finden ist. Bei gesunden Menschen führt der Pilz in der Regel zu keiner Erkrankung, sondern nur, wenn er auf ein geschwächtes Immunsystem trifft. Deshalb wird die Kryptokokken-Meningitis auch als »opportunistische Infektion« bezeichnet.

Matt bekam ein starkes Antimykotikum – Amphotericin B – in Kombination mit einem zweiten Medikament, 5-FC, das seine Wirkung noch verstärkte. Dennoch mußte auch Matts Immunsystem mithelfen, wenn diese Antibiotika den aggressiven Pilz ausmerzen sollten.

Das Immunsystem arbeitet sozusagen zweigleisig. Da ist zum einen die sogenannte »humorale Abwehr« mit den Antikörpern, zum anderen die »zelluläre Abwehr« mit den T-Zellen und Makrophagen. Die Kryptokokken-Meningitis als opportunistische Infektion tritt auf, wenn die zelluläre Abwehr geschwächt ist, wenn die T-Zellen und Makrophagen den Pilz nicht als fremden Eindringling erkennen und vernichten. Eine der Ursachen einer geschwächten Immunabwehr ist eine HIV-Infektion, erklärte Dr. Samuels, und man müsse Matt auf dieses Virus testen. Dafür muß von Gesetzes wegen das schriftliche Einverständnis eines Elternteils vorliegen. Dr. Samuels hatte das Formular mitgebracht, das Billy unterschreiben sollte.

Diese Forderung von Dr. Samuels habe ihn völlig verwirrt, erzählte mir Billy später. Für ihn war Aids immer eine Krankheit von »Schwulen und Drogenabhängigen« gewesen. Matt hatte gerade die Pubertät hinter sich. Er mochte *Mädchen*. Und er nahm keine Drogen. Er haßte Nadeln, seit er während der Chemotherapie so oft gestochen worden war. Warum kam Dr. Samuels bei einem Kind wie Matt plötzlich mit Aids?

Marv Samuels hatte Billy zugehört, ohne ihn zu unterbrechen, und dann geduldig erklärt, daß Aids eine Viruskrankheit ist. Und das Aids-Virus wird unter anderem durch Transfusion von Blut eines infizierten Spenders übertragen. Matt hatte in den vergangenen fünf Jahren eine große Zahl an Blutpräparaten bekommen. Die erste Transfusion war am 31. August 1984 gewesen. In den Folgemonaten hatte er insgesamt 66 Einheiten Blutplättchen und 19 Einheiten Erythrozytenkonzentrat bekommen, und das war, bevor Spenderblut in den USA grundsätzlich auf HIV getestet wurde. Matt könnte sich in dieser Zeit zwischen der Entdeckung des Virus 1984 und der Entwicklung zuverlässiger Tests 1985 mit HIV angesteckt haben.

Billy Jenkins hörte, was Dr. Samuels sagte, und verstand auch die Bedeutung dieser Worte. Aber viel wichtiger war, was er in den Augen des Arztes las. Dr. Samuels vermutete, daß Matt Aids hatte. Billy erzählte mir, wie ihn auf einmal alle Kraft verließ. Er versank in einem schwarzen Loch; die entsetzliche Erkenntnis war wie ein mächtiger Sog, der ihn immer weiter hinunterzog. Er konnte sich nicht dagegen wehren.

Dann spürte er, wie ihn feste Hände am Arm packten und zu einem Stuhl führten. Er saß da, den Kopf tief gebeugt, und meinte, immer mehr zu versinken. Denken kostete ihn große Mühe. Dr. Samuels sagte etwas zu ihm, aber die Worte klangen sinnlos und unverständlich. Billy wollte einfach nur mit geschlossenen Augen in dieser unendlichen Dunkelheit ausruhen, aber etwas holte ihn in die Wirklichkeit zurück – Wasser, das ihm übers Gesicht lief. Billy Jenkins wurde bewußt, daß er zum ersten Mal seit fünf Jahren weinte.

Zunächst wurde das Blut von Matthew Jenkins mit dem sogenannten ELISA-Test auf HIV-Antikörper untersucht. Dazu wird das Patientenserum auf eine Testplatte mit kleinen Kunststoffnäpfchen, die mit HIV-Proteinen beschichtet sind, aufgebracht. Sind im Patientenserum HIV-Antikörper enthalten, lagern sich diese an die Virusproteine an, und es kommt zu einer chemischen Reaktion, einer Blaufärbung. Sind keine HIV-Antikörper vorhanden, erfolgt keine Farbreaktion; die gelbliche Farbe der Virusproteine und des nichtinfizierten Serums verändert sich nicht. Bei Matthew Jenkins verfärbten sich die Substanzen tief dunkelblau.

Das war der Zeitpunkt, wo Marv Samuels mich anrief und fragte, ob ich Matt mit ihm zusammen betreuen wolle. Es war der erste Fall einer HIV-Infektion durch Bluttransfusion bei einem Krebspatienten im Children's Hospital. Marv meinte, ich sei aufgrund meiner langjährigen Erfahrung mit Aids und Leukämie genau der Richtige, um ihm bei diesem komplexen und tragischen Fall beratend zur Seite zu stehen.

Als ich auf die Intensivstation kam, um Matt zu untersuchen, sah ich Billy an seinem Bett sitzen und die wächserne Hand seines Sohnes streicheln. Matt lag reglos da, die Augen zum Schutz vor Austrocknung und Entzündungen mit einem Stück Baumwollgaze abgedeckt, den Mund fest um den Beatmungsschlauch geschlossen. Für einen Moment traten die ständigen Geräusche einer Intensivstation – das Zischen des Beatmungsgeräts, das durchdringende Piepsen der Monitore, die konzentrierten Stimmen der Schwestern und Ärzte – in den Hintergrund. Eine eigenartige Stille umgab Vater und Sohn, und man spürte die starke, liebevolle Verbundenheit zwischen ihnen. Ich befürchtete nur, daß sie nicht mehr viel Zeit miteinander haben würden.

Ich stand einige Augenblicke still da, ehe Billy mich bemerkte, und nutzte die Zeit, um das zu tun, was von mir als Arzt verlangt wurde, was Marv Samuels vor etwa fünf Jahren auch getan hatte. Ich verbannte dieses Bild, das mich zutiefst erschütterte, aus meinem Kopf, das Bild von Vater und Sohn mit dem Tod an ihrer Seite.

Ich stellte mich Billy vor und schüttelte ihm die Hand, so daß er Matt einen Moment lang loslassen und meinen festen Händedruck spüren konnte. Ich erklärte ihm, daß ich Experte für Leukämie und Aids bin und mich nicht nur um Patienten kümmere, sondern auch ein großes Forschungsprojekt leite, und daß wir alles tun würden, um Matt zu helfen. Ich würde mit Marv Samuels zusammen die Behandlung seines Sohnes verantwortlich übernehmen. Ich erzählte ihm, daß ich auch zwei Söhne habe und seine Gefühle als Vater sehr gut verstehen kann. Mehr konnte ich in diesem Moment nicht sagen, ohne mein Innerstes zu offenbaren und meine Betroffenheit zu zeigen.

Ich erklärte Billy mit ruhiger Stimme, welche Tests gemacht werden mußten, welche Entscheidungen zu treffen waren. Billy war sichtlich um Konzentration bemüht, wollte verstehen, was ich sagte, war aber offenbar nicht in der Lage, die Realität bewußt aufzunehmen, nämlich daß sein Sohn in tiefem Koma lag, von der heimtückischen Krankheit Aids niedergezwungen. Ich wiederholte noch einmal, was ich gesagt hatte, spürte aber, daß kaum etwas zu ihm durchdrang.

Ich ging mit Billy etwas anders um als in Fällen, wo eine echte Chance auf Heilung besteht. Zwar äußerte ich mich aufrichtig und bestimmt, aber meine Worte waren nicht so zuversichtlich wie jene, die Billy damals gehört hatte, als man den Kampf gegen die Leukämie aufnahm. Ich wollte Billy klarmachen, daß wir jetzt in einem Zermürbungskrieg standen. Unsere einzige Hoffnung sei, erklärte ich ihm, für Matt wieder ein Stück Boden zurückzuerobern, seine Körperfunktionen so weit wie möglich wiederherzustellen. Billy mußte begreifen, daß ein Erfolg in diesem Fall nicht sofort auf eine Heilung hinauslief. Wir würden versuchen, mit dem Tod einen vorläufigen Waffenstillstand auszuhandeln. Wir würden zwar mit allen uns zur Verfügung stehenden Mitteln kämpfen, unser ganzes Wissen und Können einsetzen, um Zeit zu gewinnen, würden uns aber am Ende doch geschlagen geben müssen. Diese schreckliche Wahrheit mußte offen ausgesprochen werden, auch wenn es entsetzlich weh tat, damit Billy sich langsam auf den endgültigen Verlust von Matt vorbereiten konnte.

Als ich Billy unseren Behandlungsplan erläutert hatte, bat ich ihn, mir doch Matts Geschichte zu erzählen, ganz ausführlich, denn ich weiß, daß dieses Erzählen helfen kann, die reale Situation ein Stück weit zu akzeptieren.

Mein Labor bestätigte zunächst die beim ELISA-Test festgestellte HIV-Infektion durch einen zweiten, genaueren Test, den sogenannten »Western-Blot-Test«. Hierbei werden die verschiedenen HIV-Proteine auf einem speziellen Filterpapier nach ihrer Größe getrennt. Die größeren Proteine bleiben am oberen Ende des Filters, die kleineren wandern nach unten. Dann wird das Patientenserum auf das Filterpapier aufgebracht. Enthält es HIV-Antikörper, binden sich diese an die Virusproteine. Dann kommt auch hier eine Entwicklungsflüssigkeit hinzu, und auf dem Filterpapier erscheint eine Leiter farbiger Bänder. Jede Sprosse auf dieser Leiter stellt einen Antikörper dar, der sich an ein bestimmtes Virusprotein einer bestimmten Größe geheftet hat. Als wir Matts Serum auf das Filterpapier auftrugen, wurde eine lange Leiter mit dicken, farbigen Sprossen sichtbar. Matt hatte ohne jeden Zweifel Aids.

Zur Ermittlung seines zellulären Immunstatus maßen wir die Zahl der T-Helferzellen im Blut. Die T-Helferzellen sind ein wichtiger Bestandteil der zellulären Immunabwehr und Hauptangriffsziel des HI-Virus. Man schätzt, daß bei einer HIV-Infektion durchschnittlich etwa achtzig T-Helferzellen pro Jahr zugrunde gehen. Diese Zahl wurde anhand mehrerer prospektiver Studien an HIV-positiven homosexuellen Männern in Kalifornien und New York ermittelt, die sich für regelmäßige Untersuchungen zur Verfügung stellten. Wenn wir davon ausgingen, daß die Zahl der T-Zellen bei Matt 1984 noch beim Normalwert von mindestens 600 gelegen hatte, konnten wir fünf Jahre später etwa 200 erwarten. Tatsächlich lag die Zahl seiner T-Helferzellen jedoch bei 20. Marv Samuels und ich überlegten, warum die Zahl der T-Zellen bei Matt so überraschend niedrig war. Es konnte daran liegen, daß es sich um ein besonderes virulentes HI-Virus handelte, daß

Matt bestimmte genetische Eigenschaften hatte, die dafür verantwortlich waren und/oder daß er sich zu einer Zeit angesteckt hatte, als sein Immunsystem durch die Chemotherapie praktisch ausgeschaltet war. Ich hielt letzteres für die wahrscheinlichste Ursache.

Meine Forschungsgruppe hatte zuvor *erwachsene* Krebspatienten untersucht, die, wie Matt, im Zuge ihrer Behandlung Transfusionen mit HIV-kontaminiertem Blut bekommen hatten. Das Immunsystem eines Erwachsenen schien während der Chemotherapie für die zerstörerische Aktivität des HI-Virus besonders anfällig zu sein. Vermutlich war es beim Immunsystem eines Kindes ähnlich. Wir erfuhren durch diese Studien an Erwachsenen auch, daß die zur Behandlung der HIV-Infektion notwendigen Medikamente, insbesondere AZT, von Patienten, deren Knochenmark vorher Chemotherapeutika ausgesetzt war, schlecht vertragen wurden.

Die dramatische Situation und Matts schwer geschädigtes Immunsystem ließen uns jedoch gar keine Wahl, darin waren wir uns einig. Deshalb gaben wir ihm nicht nur ein, sondern zwei Medikamente gegen die HIV-Infektion, nämlich AZT und ddI. Wir waren der Meinung, daß wir uns nicht auf ein einziges Medikament allein verlassen konnten, wenn wir die Virusmenge in seinem Körper verringern wollten.

Die beiden Medikamente hatten jedoch die Nebenwirkung, daß sich Matts Blutbild verschlechterte. Wir unterstützten sein Knochenmark mit zwei neu entwickelten, die Bildung der roten beziehungsweise weißen Blutkörperchen fördernden Wachstumsfaktoren, Erythropoietin und G-CSF. Das ersparte ihm weitere Bluttransfusionen; die Entwicklung dieser Wachstumsfaktoren machte sie 1989 bereits überflüssig.

Trotz der massiven Antibiotika gegen die Kryptokokken-Meningitis, der Medikamente gegen die HIV-Infektion und der unterstützenden Wachstumsfaktoren klang die Infektion nicht ab. Ein neues Computertomogramm erbrachte, daß der Pilz von den Meningen in das Hirngewebe gewandert war und dort mehrere

Abszesse bildete. Das Koma vertiefte sich. Wir mußten damit rechnen, daß wir Matt verlieren würden.

Nach drei Wochen meinte der beratende Neurologe, daß Matt, wenn überhaupt, nur mit schweren motorischen und geistigen Schäden überleben würde. Dies teilte er Billy mit. Und er fügte hinzu, daß das Koma inzwischen so tief war, daß Matt nicht einmal mehr auf Schmerzreize reagierte und auch keine Zeichen von Besserung zeigte.

Billy wollte einfach nicht wahrhaben, wie schlimm es um Matt stand. Er schwor dem Neurologen, daß Matt oft auf die vertraute Stimme seines Vaters reagierte, obwohl das, was er beobachtete, in Wirklichkeit nur zufällige Reflexbewegungen waren. Er erklärte allen – der Familie, Freunden und den Schwestern –, daß Matts Ärzte, die »Harvard-Experten«, also Marv Samuels und ich, bestimmt einen Weg finden würden, um seinen Sohn zu retten. Wir hätten die allerneuesten Therapien und würden Matt wie durch ein Wunder gesund machen.

Wir versuchten, Billy aus dieser Verleugnungshaltung herauszuholen, indem wir ihn ganz offen über unsere begrenzten therapeutischen Möglichkeiten, sowie über Matts sich verschlechternden Zustand und die düstere Prognose informierten. Aber unsere täglichen Berichte schienen wenig zu ändern. Es tat uns selbst weh, ihm immer wieder die Realität vor Augen zu führen, aber wir wußten, daß Billy sich innerlich langsam auf Matts Tod vorbereiten mußte. Wenn er das nicht tat, wenn er bis zum Schluß in seiner Verleugnung blieb, würde er, wie wir befürchteten, am Tod seines Sohnes zerbrechen.

Billy gestand sich mit der Zeit ein, daß alle ärztliche Kunst kein Wunder vollbringen würde, und setzte nun seine ganze Hoffnung auf Gott. Er betete jeden Morgen und jeden Abend inbrünstig den Rosenkranz und flehte Gott an, seinen Sohn leben zu lassen. Er bat Father Daley, beim Kardinal um Bittgebete für Matts Gesundung zu ersuchen. Billy sagte sich immer wieder, daß ein gütiger Gott ihn nicht bestrafen würde, indem er ihm seinen geliebten Sohn wegnahm. Er brachte eine Bibel in die Klinik mit und las aus der Heiligen Schrift vor, erzählte Marv Samuels und mir von Jesu Wunderheilungen der Lahmen, Blinden und Aussätzigen und die Geschichte von der Auferweckung des Lazarus. Billy erklärte immer wieder, daß wir Mediziner im Auftrag Gottes heilten und daß mit seiner Hilfe alles möglich sei.

Ich wußte nicht, was ich ihm antworten sollte. Ich glaube, daß Gott dem Menschen tatsächlich die Mittel an die Hand gibt, Wunder zu wirken. Diese Mittel sind sein Wissensdrang und sein Intellekt. Wunder werden aus wissenschaftlicher Forschung und Erkenntnis geboren. In den fünfziger Jahren, als ich ein Junge wie Matt war, wäre eine Heilung bei Leukämie wie ein Wunder erschienen. Marv Samuels und ich konnten nur hoffen, daß wir eines Tages ein Wunder vollbringen und ein aidskrankes Kind heilen würden. Aber wir wußten beide, daß dieses Kind nicht Matt sein würde, und wir konnten Billy nicht dazu bringen, das zu akzeptieren.

Soviel Leid und Schmerz auf Gottes schöner Welt. Ich sah auf den in tiefem Koma liegenden Matt hinunter und fragte mich auch, warum, obwohl ich wußte, daß es keine Antwort darauf gibt. Ich dachte nicht an ein unbekanntes Jenseits, wo alles Unrecht wiedergutgemacht und Matt für sein Leid in diesem Leben belohnt wird. Ich konnte mir nicht vorstellen, daß ein gütiger Gott derart grausam ist und die Krankheit als Waffe benützt, um Matt dafür zu bestrafen, daß er von der Religion nichts mehr wissen wollte. Und so stand ich da, wie meine rabbinischen Vorväter, die vor siebzehn Jahrhunderten den Talmud verfaßten, und meine Familie, die eine Generation zuvor den Holocaust überlebte – ratlos, noch fest in meinem Glauben, inmitten dieses sinnlosen Leids, jedoch schier daran verzweifelnd. Aber trotz meiner widerstreitenden Gefühle betete auch ich aus tiefstem Herzen zu Gott, er möge Matt beistehen.

Während Matt regungslos im Koma lag, machte sich hinter den Kulissen ein Team von Ärzten und Epidemiologen an die Arbeit. Bei Fällen von Aids durch eine Bluttransfusion ist es üblich, die

Quelle des kontaminierten Blutes ausfindig zu machen und fest-zustellen, ob andere Empfänger ebenfalls infiziert wurden. Von den vielen Blutspendern, die man aufspürte und im Children's Hospital sowie beim Roten Kreuz auf HIV untersuchte, war nur einer HIV-positiv. Es war der Spender, von dem Matt seine zweite Transfusion roter Blutkörperchen bekommen hatte. Der Spender wurde über seine HIV-Infektion informiert. Es war Randy Johnston.

Randy hatte im Jahr 1984 viermal Blut gespendet. Dr. Edward Leaf, Direktor des regionalen Rot-Kreuz-Verbandes, suchte nach den restlichen Empfängern von Randys roten Blutkörperchen und Blutplättchen. Wie so oft, waren die meisten Empfänger innerhalb des ersten Jahres nach der Transfusion an ihrer Grunderkrankung – Krebs, Herzschwäche, Trauma usw. – gestorben. Der einzige noch lebende Empfänger, ein Mann, bei dem ein geplatztes Aorten-Aneurysma operiert worden war, wurde identifiziert. Er war HIV-positiv, zeigte aber keine Symptome.

Ed Leaf und ich arbeiteten auf wissenschaftlichem Gebiet eng zusammen, und zwar an einem Projekt zur Feststellung der Mutationsrate des HI-Virus bei Übertragung durch Bluttransfusion. Im Zuge dieser Forschungsstudie wurden nicht nur das Virus des infizierten Blutspenders und das des Empfängers isoliert, es wurden auch detaillierte Daten über die Lebensführung erhoben.

Gleich nach dem Gespräch mit Randy Johnston rief Ed Leaf mich an. Er erzählte mir Randys Geschichte und sagte, dieser habe sich bereit erklärt, bei unserer Studie mitzumachen.

Eine Woche später kam Randy zu mir. Ich befragte ihn noch einmal ausführlich, weil das Studienprotokoll verlangt, daß die gesammelten epidemiologischen Daten absolut sicher sind. Randy bestätigte, daß er niemals Drogen konsumiert oder selbst eine Transfusion bekommen habe und daß er mit seinem Freund Jay seit über fünf Jahren eine monogame Beziehung führe. Er war einverstanden, daß ich ihm Blut abnahm, um seinen Virusstamm zu isolieren und zu analysieren und mit Matts Virus zu vergleichen.

Randy war völlig verzweifelt und sagte, er habe seit Tagen nicht geschlafen.

»Erst erfahre ich, daß ich HIV-positiv bin. Und dann, daß ich andere Menschen infiziert habe, dabei wollte ich mit meiner Blutspende doch nur Gutes tun.« Er hatte sich nicht rasiert, die Haare standen ihm wirr vom Kopf, und er sah aus, als wäre er den Tränen nahe.

Randy traf jedoch keine Schuld, denn der Spenderfragebogen, den das Rote Kreuz Anfang der achtziger Jahre verwendet hatte, basierte auf der damaligen Annahme, Aids hänge ausschließlich mit Promiskuität und häufig wechselnden Geschlechtspartnern zusammen. Randy hatte die Fragen ehrlich beantwortet. Ich spürte in mir keinen Groll gegen ihn, nur Trauer, weil ich wußte, daß er jetzt furchtbare Schuldgefühle hatte und eines Tages einen ähnlichen Tod wie Matt haben würde.

Ed Leaf hatte Randy an das Fenway Health Center verwiesen, eine ausgezeichnete städtische Klinik in der Nähe von Randys Wohnung in der Back Bay, die auf die medizinischen und psychischen Bedürfnisse einer vorwiegend jungen Klientel homosexueller Männer ausgerichtet war. Randy würde dort viel Unterstützung bekommen und, wie er hoffte, mit seinen gesundheitlichen und psychischen Problemen besser fertig werden. Ich versprach Randy, daß ich ihn jederzeit, jetzt oder später, bei seiner HIV-Therapie unterstützen würde, sofern ich konnte.

Matts Zustand besserte sich nicht. Und wir konnten nichts mehr für ihn tun. Der Pilz ließ sich durch unsere Behandlung nicht beeinflussen. Wir sahen an den Computertomogrammen, daß die vielen Abszesse langsam größer wurden – wie Luftballons, die Kinder bei einem Geburtstagsfest aufblasen. Die Ärzte waren Billy gegenüber ganz ehrlich, aber er wollte unsere Befunde einfach nicht zur Kenntnis nehmen und beendete jedes Gespräch mit dem Satz: »Ich weiß, daß Matt mir mit Gottes Hilfe wiedergegeben wird.« Ich wünschte mir nichts mehr, als daß diese Worte wahr würden, wußte aber gleichzeitig, daß es nicht so sein würde.

Ich traf Billy jeden Tag im Krankenhaus, wo er an Matts Bett Wache hielt, und wir unterhielten uns lange, nachdem ich mir Matt angesehen hatte. Es tröstete Billy offenbar, wenn er mir von Matt erzählte: von seiner Kindheit ohne Mutter, von seinen sportlichen Fähigkeiten, wie er sich nach der Chemotherapie selbst wiederaufgebaut hatte, daß er sich neuerdings für Mädchen interessierte, von seinen guten Leistungen in der Schule und seinem großen Wunsch, aufs College zu gehen. Durch Billy lernte ich Matt immer besser kennen.

Billy sprach auch mit Matt und erzählte ihm aus seinem Leben: wie Brighton in den vierziger Jahren gewesen war, wie er die Schule abgebrochen hatte, um zur Marine zu gehen, wie er Matts Mutter den Hof gemacht hatte, sogar wie sie krank geworden und gestorben war. Den Schwestern und Ärzten, die diese Szene stumm beobachteten, erklärte er, Matt müsse die Vergangenheit seines Vaters kennen, damit er seine Fehler später nicht wiederhole. Niemand brachte es übers Herz, ihn zu zwingen, die Realität zu sehen; wir klärten ihn lediglich offen über Matts Zustand auf.

Matthew Joseph Jenkins starb am Abend des 23. August 1989. Marv Samuels rief an, als ich gerade mein Büro verlassen wollte. Das Gespräch war kurz. Matts Körperfunktionen waren im Laufe der vorangegangenen Woche zunehmend ausgefallen; die Nieren hatten immer schlechter gearbeitet, die Lunge hatte trotz Beatmung nicht mehr funktioniert, der sich ausbreitende Pilz noch mehr Hirngewebe zerstört.

Ich saß danach eine ganze Weile erschüttert da, die Augen geschlossen. Obwohl ich gewußt hatte, daß Matt sterben würde, daß wir alles für ihn getan hatten, was wir konnten, empfand ich ein tiefes Gefühl des Versagens, der Schuld. Wir, seine Ärzte, hatten bei Matt versagt, hatten sein junges Leben nicht retten können – ein Leben, das fünf Jahre zuvor vom Tod überschattet gewesen war und wieder eine hoffnungsvolle Zukunft bekommen hatte. Und wir hatten auch bei den Lebenden versagt. Billy hatte an uns geglaubt, an die Ärzte seines Sohnes, die »Harvard-Experten«, und dieses Vertrauen in unsere Fähigkeiten war enttäuscht worden. Wir konnten mit unserer ärztlichen Kunst nicht genug Wunder vollbringen, um die Realität zu ändern. Ich erinnerte mich wieder einmal daran, daß wir keine Götter waren, daß wir nicht die schnellen Wunder wirken konnten, die es bräuchte, um eine unheilbare Krankheit zu heilen. Dennoch hatte ich ganz stark das Gefühl, eine Niederlage erlitten zu haben.

Und ich fragte mich wieder: Warum Matt Jenkins? Warum, nach allem, was er durchgemacht hatte?

Ich öffnete die Augen. Wieder suchte ich für das nach menschlichem Verständnis Unfaßbare eine Erklärung von Gott. Und ich wußte, daß ich sie nicht finden würde.

Zwar keine Erklärung, aber eine wunderbare Antwort kam acht Monate später von Billy – in Form einer Einladung. Am dritten Sonntag im April sollte, ab zwei Uhr nachmittags, die erste Spendenaktion der Freunde von Matt stattfinden. In Matts Schule war eine Reihe sportlicher Wettkämpfe geplant. Es sollte Staffelläufe geben, ein Basketballwerfen und einen Wettbewerb im Distanzpässeschießen, anschließend ein Baseballmatch zwischen Matts Klasse und den Lehrern. Jedes Team wurde gesponsert: Auf der Antwortkarte zur Einladung konnte man eine Spende von 10, 25 oder 50 Dollar ankreuzen.

Mit dem eingenommenen Geld wollte man besondere Projekte für krebs- oder aidskranke Kinder im Children's Hospital unterstützen: den Kauf eines zweiten, für Rollstuhlfahrer geeigneten Krankenwagens, Unterkunft für bedürftige Eltern, die weit von Boston entfernt lebten und in der Stadt bleiben mußten, wenn ihr Kind in der Klinik war, und Aufenthalte für jeweils ein krebs- und ein aidskrankes Kind in einem speziellen Sommerlager in New Hampshire.

Nach dem sportlichen Teil würde Father Daleys Gemeinde ein Bingospiel mit einem Einsatz von 25 Dollar veranstalten. Billys Bäckerei stellte gratis Erfrischungsgetränke zur Verfügung. Sein Chef hatte eine Spende von 25 000 Dollar zugesagt, und das Ziel der Veranstalter war, noch einmal die gleiche Summe zu erlösen.

157

Der Einladung lag ein cremefarbener Button mit einem Foto von Matt bei. Es war einige Zeit nach seiner Leukämie aufgenommen worden. Er trug sein Markenzeichen, die Celtics-Mütze, sah gesund aus und lächelte ganz lieb. Über dem Foto war im Halbkreis »Die Freunde von Matt« mit schwarzen Buchstaben eingeprägt.

Es war ziemlich frisch an jenem klaren Apriltag. Am strahlend blauen Himmel zogen große Kumuluswolken dahin, und wenn sie sich vor die Sonne schoben, lag der Schulhof ganz im Schatten. Der hohe Drahtzaun rundum war mit Papierschlangen in den Schulfarben Braun und Gold dekoriert. An der Seite des Schulgebäudes hingen, wie Heiligenbilder an einem Altar, Plakate mit Matts Foto. Mütter vom Elternbeirat und Kollegen von Billy verkauften Schokoladenmuffins und andere süße Sachen. Zum Trinken gab es frisch gepreßten Orangensaft, Mineralwasser, Gatorade und Kaffee. Father Daley hatte an jedem Tisch Weidenkörbchen hingestellt, die er sonst für die Kirchenkollekte benutzte, und in die kam das Geld für Essen und Getränke.

Billy stand sichtlich stolz in der Ecke des Schulhofs und dirigierte die Veranstaltung. Er war ständig in Bewegung, signalisierte seinen Kollegen von der Bäckerei, daß man Nachschub an Gebäck brauchte, organisierte zusätzliche Plastikbecher für die Getränke, wies die Ministranten von der Brightoner Gemeinde an, die Spenden einzusammeln und in Father Daleys Geldkassette im Schulgebäude zu deponieren.

Die Beteiligung an der Aktion war riesig: Fast alle Lehrer und Schüler waren da, meistens die ganze Familie; Nachbarn aus Brighton, die die Jenkins kannten oder in der Kirche von der Veranstaltung gehört hatten; Marv Samuels und viele Schwestern aus der Klinik; außerdem etliche Rot-Kreuz-Helfer und Kollegen aus meinem Labor, die an dem Forschungsprojekt »Aids durch Bluttransfusion« mitarbeiteten. Jeder wollte die Aktion unterstützen, wollte zeigen, wie sehr ihn diese Tragödie bewegte.

Der Schulhof war erfüllt von einem Stimmengewirr – Leute, die sich begrüßten, Essen oder Getränke bestellten, über das Baseballmatch diskutierten oder Billys Unternehmungsgeist und Geschick bei der Durchführung dieser offenbar sehr erfolgreichen ersten Aktion lobten. Vor den Mündern der herumtobenden Kinder bildeten sich kleine Dampfwolken, wenn sie sich etwas zuriefen und ihr Atem in der kalten Luft kondensierte.

Ich schlenderte hinüber in den Bereich des Schulhofs, wo Billy stand. Vor meinem geistigen Auge erschien das Bild von Matt, wie er auf der Intensivstation im Koma lag, an seinem Bett Billy, der die wächserne Hand seines Sohnes streichelte. Ich erinnerte mich an die Totenwache bei Matt, wie Billy stumm an dem geschlossenen Sarg stand, ohne die Beileidsbekundungen der Nachbarn und Freunde zu registrieren – das zur Maske erstarrte Gesicht von tiefer Verbitterung gezeichnet. Ich hatte versucht, in Billys Augen einen Funken Leben zu entdecken, aber sie waren wie erloschen, sahen durch mich und alle anderen hindurch, als hätten wir aufgehört zu existieren.

Billy hatte mich bald bemerkt. Er unterbrach sofort seine organisatorischen Bemühungen und ging mit entschlossenem Schritt auf mich zu. Dann standen wir uns von Angesicht zu Angesicht gegenüber. Billy begrüßte mich herzlich, zog einen Button mit Matts Foto aus der Tasche und steckte ihn mir an die Jacke. Tränen stiegen uns beiden in die Augen. Wir umarmten uns fest, als wären wir Brüder. Der metallene Button drückte gegen mein Herz.

Billy hatte nicht zugelassen, daß ihm die Krankheit, die ihm den Sohn genommen hatte, auch noch die Liebe zu seinem Sohn, seinen Freunden und seiner Kirche nahm. Er hatte mir verziehen, daß ich versagt hatte, daß ich nicht hatte heilen können, was unheilbar war. Billy würde sich nicht mehr darauf verlassen, daß Gott für all die anderen krebs- oder aidskranken Kinder ein Wunder vollbringen würde. Er würde tun, was er nur konnte, um ihr Los in dieser unvollkommenen Welt zu verbessern. Das würde seine Art von Gebet sein.

Ich spürte, daß Billy immer für mich dasein würde, daß er mir Kraft und Mut gegeben hatte, daß sein Engagement für Kinder wie Matt, deren Leid er lindern wollte, auch mir helfen würde, nicht zu verzweifeln. Ich hatte bei unserer Umarmung Billys ungebrochene Lebenskraft gespürt und wußte, daß der »Hauch der Schulkinder« erhalten, daß unsere Welt bestehenbleiben würde.

Debbie

Äußerlich macht ein Heiler nichts.
Innerlich macht ein Arzt nichts.
Der Heiler macht ganz, indem er sich zurücknimmt.
Der Arzt zerteilt, indem er eingreift.
Je weniger man tut, um so weniger ist zu tun.
Je mehr man tut, um so mehr muß man tun,
und der ursprüngliche Fehler vervielfacht sich.

Der Heiler gibt Liebe und stärkt die Seele.
Der Arzt zeigt Besorgnis und behandelt den Körper ...
Dann folgt die Prognose, Versuche, das Tao zu bestimmen
und das Wunderbare zu leugnen.
Wie unklug!

Haven Trevino
The Tao of Healing

DEBBIE THAYER STÖHNTE leise auf, als der quälende Schmerz wiederkam und sich in mächtigen Wellen vom Hüftgelenk in die Beine fortpflanzte. Sie verlagerte vorsichtig ihr Gewicht, bis sie schließlich eine Position fand, in der ihre Knochen wenigstens für eine Weile entlastet waren. Sie stieß einen erleichterten Seufzer aus und wischte sich mit einem kleinen Stofftaschentuch die Schweißperlen von der blassen Stirn.

Ich betrachtete Debbies Gesicht, ihre eingefallenen Wangen und die glanzlosen blaugrauen Augen. Ich versuchte mir vorzustellen, wie ihr Gesicht früher gewesen war, als sie noch als Kunsterzieherin an einer kleinen Privatschule für entwicklungsgestörte Kinder gearbeitet hatte – sicher lachend und strahlend.

»Sie bekommen natürlich ein Rezept für Morphin«, sagte ich und kam damit auf den eigentlichen Grund ihres Besuches zurück. Als ich jedoch mitfühlend ihre Hand drücken wollte, zog Debbie sie abrupt zurück. Etwas irritiert griff ich nach einem Kugelschreiber und schrieb das Rezept: MS Contin, 30 Milligramm, zweimal täglich.

»Es ist ein Retardpräparat, bei dem der Wirkstoff langsam freigesetzt wird; Sie nehmen eine 30-Milligramm-Kapsel morgens und eine abends. Wenn die Morgendosis nicht ausreichen sollte bis zum Abend, können Sie mittags noch eine Kapsel nehmen.«

Debbie nickte zum Zeichen, daß sie verstanden hatte.

»Achten Sie auf eine ballaststoffreiche Ernährung, damit Sie regelmäßig Stuhlgang haben, denn Morphin führt oft zu schwerer Verstopfung.«

»Ich kenne die Nebenwirkungen«, entgegnete Debbie, während sie das Rezept in ihrer Tasche verstaute. »Rob Major, mein Tao-Heiler, hat mich schon gewarnt. Er hat mir *gan cao* gegeben, eine chinesische Süßholzart; das unterstützt die Verdauung.«

Ich überlegte einen Moment und beschloß, doch noch einen Versuch zu machen, Debbie umzustimmen.

»Wollen Sie es sich nicht doch noch mal überlegen? Die Tumoren in der Hüfte wären bei einer Bestrahlung innerhalb weniger Tage verschwunden. Und den Brustkrebs können wir mit einer guten Chemotherapie eindämmen.«

»Bei allem Respekt, Dr. Groopman«, wandte Debbie mit distinguiertem Neuengland-Akzent ein, aber ihr Ton wurde merklich schärfer. »Es gibt keine ›gute‹ Chemotherapie und auch keine ›gute‹ Bestrahlung. Die Chemotherapie hat nicht verhindert, daß mein Krebs wiedergekommen ist. Und genausowenig sind meine Mutter und meine beiden Tanten dadurch geheilt worden.« Debbie machte eine Pause und sah mich mit leuchtenden Augen an. »Das Tao verfügt über Kräfte, die sich die westliche Medizin gar nicht vorstellen kann. Ich werde geheilt werden.«

Die gerade dreißigjährige Deborah Thayer war in Plymouth, Massachusetts, geboren – als einziges Kind von Bradford Thayer und Alice McIntyre. Väterlicherseits ließ sich die Familie bis zu den Pilgervätern zurückverfolgen, die einige Jahrzehnte nach der Mayflower in den siebziger Jahren des 17. Jahrhunderts bei Cape Cod an Land gingen. Ihre Mutter stammte aus einer Familie schottischer Presbyterianer, arbeitsamen Bauern, die Anfang des 19. Jahrhunderts südlich von Boston landeten. Debbie war in einer traditionsbewußten Neuengland-Familie aufgewachsen, wo Anstand, Ehrlichkeit und harte Arbeit einen hohen Stellenwert hatten.

Debbie war sehr sportlich gewesen und hatte nicht nur Langstreckenschwimmen und -laufen betrieben, sondern war auch mit Begeisterung geritten. Seit sie krank geworden war, konnte sie all das nicht mehr machen.

Ihre Mutter starb mit sechsunddreißig an Brustkrebs; Debbie war damals zehn. Ein paar Jahre später bekamen auch ihre beiden Tanten mütterlicherseits Brustkrebs. Auch sie starben mit knapp vierzig Jahren. Ihr Vater, der sie nach dem Tod ihrer Mutter allein großgezogen hatte, war bei bester Gesundheit und besaß mehrere gutgehende Haushaltswarenläden am Cape Cod.

Aufgrund ihrer familiären Vorbelastung wurde Debbie seit ihrer Jugend von Dr. Arlene Roy, einer Gynäkologin am Cape, laufend betreut. Sie hatte ihr gezeigt, wie man eine Selbstuntersuchung macht, am besten in den ersten Tagen nach der Periode, und Debbie hielt sich auch sehr genau daran.

»Ich war total schockiert, als ich den Knoten spürte«, erzählte Debbie, sichtlich bemüht, ihre Fassung zu bewahren. »Er war nicht wie die anderen Knoten, die ich vorher ertastet hatte. Er war hart und unregelmäßig, wie ein kleiner Stein. Ich rief sofort Dr. Roy an.«

Debbie wußte von Dr. Roy, daß viele junge Frauen in den Zwanzigern Knoten in der Brust entwickeln, meistens kleine Zysten, die im Laufe des Menstruationszyklus mal größer und mal kleiner werden. Aber die Knoten, die sie früher gehabt hatte, waren leichter zusammenzudrücken und beweglich gewesen. Sie wußte, daß bei dem neuen Knoten alles auf Krebs hindeutete.

Debbies Mammogramme ließen keine eindeutige Aussage darüber zu, ob es ein gutartiger oder bösartiger Tumor war. Das ist bei den meisten jungen Frauen so, denn das Brustgewebe ist bei ihnen sehr dicht und schafft einen Hintergrund, der die Geschwulst häufig verschattet. Dr. Roy entschied deshalb ganz zu Recht, daß es zu riskant sei, den Knoten über einen weiteren Menstruationszyklus lediglich zu beobachten und zu hoffen, daß er wieder verschwindet. Das Ergebnis der Untersuchung war zu beunruhigend, und außerdem war Debbie familiär vorbelastet.

Dr. Roy überwies Debbie an einen älteren Chirurgen, Dr. Lawrence Ratcliffe.

»Ich mochte ihn überhaupt nicht«, erzählte Debbie. »Er wirkte so kalt und distanziert. Jede Frage beantwortete er mit ein oder zwei Worten. Aber ich hatte zuviel Angst und zuviel Respekt vor Ärzten, als daß ich mich nach Alternativen umgesehen hätte.«

Ich hatte zur Vorbereitung auf unser Gespräch Debbies komplette Krankenakte bekommen. Im Pathologiebericht aus dem Jahr 1991 hieß es, daß der Tumor in der Brust bis zu zwei Zentimeter maß und schon Metastasen in die Lymphknoten unter dem Arm daneben gestreut hatte. Aus dem beigefügten Operationsbericht von Dr. Ratcliffe waren die Einzelheiten der Mastektomie zu entnehmen. Dr. Ratcliffe erklärte, er habe als Alternative eine brusterhaltende Bestrahlungstherapie vorgeschlagen, aber Miss Thayer habe sich für die Mastektomie entschieden.

Debbie erzählte mir, wie sie als Mädchen von sieben Jahren mit eigenen Augen gesehen hatte, was das Wort »Mastektomie« bedeutet. Es war ein drückend heißer Augusttag gewesen, und die Familie hatte beschlossen, zum ersten Mal, seit ihre Mutter operiert worden war, wieder an den Strand bei Plymouth zu gehen.

»Mutter wollte sich nicht im Badeanzug zeigen. Sie zog ein weites, hochgeschlossenes weißes Baumwollkleid mit langen Ärmeln an.«

Debbie hatte ihre Mutter beim Anziehen heimlich beobachtet. Die vernarbte Haut an ihrer Brust glänzte perlweiß, und die Rippen darunter wölbten sich nach außen wie bei einem halb zerfallenen Boot. Debbie hatte, gleichzeitig abgestoßen und fasziniert von dem Blick auf das, was sich unter unserer Körperhülle verbirgt, schnell wieder weggesehen.

Ihre Mutter gewöhnte sich in den folgenden Monaten an ihren neuen Zustand und ging offener damit um. Manchmal bat sie Debbie morgens, ihr die Brustprothese aus der Kommode zu holen, wo sie sie die Nacht über aufbewahrte. Und manchmal umarmte sie Debbie ganz fest, wenn sie die Prothese noch nicht angelegt hatte. Dann spürte Debbie den unnatürlichen Unterschied, die eine Seite der Brust voll und weich, die andere eingesunken und knochig.

Debbie begriff, daß ihre Mutter ihr den veränderten Körper erfahrbar machen wollte, daß sie aus diesen bewußten Handlungen etwas Wichtiges lernen sollte. Vielleicht daß eine Frau mehr war als ihr Körper und daß das Skalpell eines Chirurgen ihr nicht den Stolz nehmen konnte? Oder sollte es mehr eine »praktische Übung« sein, eine Übung in der Kraft des stillen Erduldens, die Debbie auf die Zukunft vorbereiten sollte, wenn sie eines Tages möglicherweise den Preis für die genetische Vorbelastung, das Erbe ihrer Mutter, zahlen mußte?

Ihre Mutter starb, bevor Debbie alt genug war, diese Fragen zu artikulieren und sie um eine Antwort zu bitten.

Dann die Sache mit der Bestrahlung. Debbie erinnerte sich genau, wie bei ihrer Mutter nach den Kobaltbestrahlungen die ganze Brustwand verbrannt und rot war und sich Blasen bildeten, an ihren pfeifenden Atem und den krampfartigen Husten, der ihrer entzündeten Lunge entstieg und das ganze Haus mit einer Kakophonie des Schmerzes erfüllte. Ihre Mutter hatte Bestrahlungen bekommen, weil man sichergehen wollte, daß wirklich alle Krebszellen zerstört waren.

Es verging fast ein Jahr, bis ihre Mutter im Ruhezustand normal atmen konnte. Und bis zu ihrem Tod bekam sie schon bei der kleinsten Anstrengung Atemprobleme.

»Deshalb entschied ich mich für die Mastektomie«, erklärte Debbie, »denn die Operation hatte bei Mutter offenbar keine dauerhaften Schäden hinterlassen, die Bestrahlung hingegen schon.«

Inzwischen war ihr jedoch klar, daß es ein großer Fehler gewesen war. Sie fühlte sich durch die Operation entsetzlich und irreparabel verstümmelt.

Debbie verzog das Gesicht, als sie mir beschrieb, was Brustkrebs für eine junge, unverheiratete Frau bedeutet.

»Ich hatte das Gefühl, daß ich keine Zukunft hatte. Ich war in einem Alter, wo ich jemand kennenlernen, mich verlieben und heiraten wollte, aber ich hatte viel zuviel Angst, es überhaupt darauf ankommen zu lassen. Welcher Mann will schon eine sechsundzwanzigjährige Frau mit nur einer Brust? Und selbst wenn ich heiraten würde, wie könnte ich dann Kinder haben und vielleicht einer Tochter das gleiche Schicksal zumuten?«

Debbies Geschichte machte mich sehr betroffen. Es war ihr wahrscheinlich schon bei der Geburt bestimmt, daß sie diese furchtbare Krankheit entwickeln sollte, und jetzt war Debbie verängstigt, verwirrt und verzweifelt. Ich versuche immer, meine Betroffenheit in konstruktives Handeln umzusetzen, meine ganzen ärztlichen und persönlichen Fähigkeiten für Diagnose, Behandlung und seelischen Beistand zu nutzen. Aber Debbie hatte um sich eine dicke Mauer der Verleugnung errichtet und glaubte den obskuren Versprechungen eines alternativen Heilers wie eine fanatische Sektenanhängerin. Sie war nur deshalb zu mir gekommen, weil Morphin von einem Arzt verschrieben werden mußte.

Aber warum sollte ich mich bemühen, ihre Verleugnungshaltung zu durchbrechen und ihr so nebenwirkungsreiche Behandlungen wie Bestrahlung und Chemotherapie anbieten, wenn es ohnehin keine Heilungschance gab? Was wäre damit gewonnen? Würde ich Debbie als Opfer meiner Therapie nicht nur mehr

Leid zufügen? Sollte ich sie nicht lieber in ihrem Glauben unterstützen, daß die Kräfte des Tao sie heilen würden? Würde ihr das nicht spiritueller Trost sein, ihr ein friedliches Sterben ermöglichen?

Diese Fragen habe ich mir bereits vor zwanzig Jahren gestellt, als ich begann, Patienten mit unheilbaren Krankheiten wie Krebs oder Aids zu betreuen, und seitdem immer wieder. Andere Menschen haben mich ähnliches gefragt. Die Antworten darauf sind individuell sehr verschieden.

Nur zu behandeln, um überhaupt etwas zu tun, obwohl es keine Hoffnung gibt, daß die toxischen Medikamente eine spürbare Besserung bringen, ist eine von Ärzten allzu häufig geübte Praxis. Sie wird damit begründet, daß es den Patienten und seine Angehörigen beruhigt, wenn wenigstens *irgend etwas* getan wird, aber in Wirklichkeit vermehrt es nur ihr Leid. Ich persönlich finde das nicht vertretbar.

Bei Debbie war es anders. Bei ihr würden Bestrahlung und Chemotherapie den Tumor vermutlich schrumpfen lassen und den Krebs stoppen. Sie könnten eine im Durchschnitt zwei bis drei Jahre anhaltende Remission bringen. In dieser Zeit würde Debbie sich wahrscheinlich ziemlich gut fühlen und relativ normal leben können.

Es gab noch einen anderen Grund, warum ich Debbies Hoffnung auf eine Wunderheilung nicht unterstützen wollte. Ihr Glaube an das Tao bewahrte sie zwar offenbar momentan vor der Konfrontation mit der ganz normalen Angst vor körperlichem Verfall und Tod, aber auf Dauer würde er ihr nicht helfen. Am Ende würde sie vor der unausweichlichen Realität, nämlich daß der Krebs sich ausbreitete, kapitulieren müssen. Die große Hoffnung, die sie in das Tao setzte, würde sich als trügerisch erweisen. Sie würde wahrscheinlich in dem Gefühl sterben, von allen im Stich gelassen worden zu sein.

Je mehr ich über Debbies Situation nachdachte, um so klarer wurde mir, daß ich die Mauer einreißen wollte, die sie um sich errichtet hatte, und ihr helfen.

Debbie hatte schon in der folgenden Woche den nächsten Termin. Ich hatte ihn absichtlich so gelegt, nicht nur um die Wirkung des Morphins zu überprüfen, sondern auch um sie besser kennenzulernen und herauszufinden, wie sie zu einer solch extremen Einstellung gekommen war.

Ich freute mich, daß Debbie nicht mehr so blaß war und sich besser bewegen konnte. Zwei Kapseln des Morphin-Retard-Präparates reichten, um die Schmerzen so weit zu dämpfen, daß sie wieder in der Schule arbeiten konnte.

»Nochmals vielen Dank, Dr. Groopman«, sagte Debbie mit einem strahlenden Lächeln. »Es ist so wunderbar, daß ich wieder bei den Kindern sein kann.«

Nachdem ich sie untersucht und ihr ein neues Rezept ausgestellt hatte, fragte ich sie, ob sie mehr über Brustkrebs erfahren wolle. Zum einen wollte ich sehen, wieviel sie über die Krankheit wußte, zum anderen erleichtern Informationen über die Vorgänge im eigenen Körper einem Patienten oft eine schwierige Entscheidung.

»Ich habe einiges darüber gelesen, Dr. Groopman, aber die Sachen sind wegen der vielen Fachausdrücke oft schwer zu verstehen.«

Debbie wußte, daß sie eine von über 150 000 Amerikanerinnen war, die im Jahr 1991 an Brustkrebs erkrankten. Obwohl nur jede neunte Frau irgendwann im Laufe ihres Lebens Brustkrebs bekommt, lag das Risiko bei Debbie wegen ihrer familiären Vorbelastung höher, bei fast 40 Prozent.

Sie wußte auch, welche anderen Faktoren außer dieser Vorbelastung für eine Brustkrebserkrankung von Bedeutung sind: das Alter bei Eintritt der ersten Regelblutung, das Alter bei der ersten Schwangerschaft und die Zahl der Schwangerschaften. Debbie war im Alter von dreizehn Jahren – das ist das Durchschnittsalter – in die Pubertät gekommen und nie schwanger gewesen. Je länger eine Frau den normalen Hormonschwankungen des Menstruationszyklus unterliegt – je früher die Pubertät beginnt, je später sie Kinder bekommt, oder wenn sie gar keine Kinder bekommt –, um so größer ist das Risiko einer Brustkrebserkrankung.

Ich erklärte Debbie, das läge daran, daß die weiblichen Geschlechtshormone die Reproduktion der Epithelzellen in den Brustdrüsengängen anregt. Durch diese anhaltende hormonelle Stimulierung zur Reproduktion steigt das Risiko von Genmutationen, denn zu Mutationen kommt es vor allem im Zuge der Zellteilung.

»Jetzt wird es langsam kompliziert«, sagte Debbie. »Darf ich mir Notizen machen?«

Ich reichte ihr einen Schreibblock, während Debbie in ihrer Tasche nach einem Kugelschreiber kramte. Ich freute mich über ihre Frage, denn sie zeigte, daß sie sich für diese Informationen interessierte und wissen wollte, wie die moderne Medizin ihre Krankheit sieht.

Ich erklärte Debbie weiter, daß wir in den letzten zehn Jahren große Fortschritte bei der Identifikation von Genen gemacht haben, die aus einer normalen Zelle eine bösartige Krebszelle werden lassen. Hauptschuldige sind die Gene, die normalerweise für ein geregeltes Wachstum sorgen, in ihrer mutierten Form jedoch eine ungebremste Vermehrung auslösen. Diese Gene werden »Onkogene« genannt, also krebserzeugende Gene.

Debbie schrieb sich das gewissenhaft auf.

Es gibt einen zweiten Gentyp, der mit Krebs zu tun hat, nämlich das sogenannte »Tumorsuppressor-Gen«. Dieses Suppressor-Gen ist sozusagen der Zuchtmeister der Onkogene, der sie in die Schranken weist und dafür sorgt, daß sie im Zuge der Zellreproduktion nicht hyperaktiv werden. Ein mutiertes Tumorsuppressor-Gen kann die Onkogene nicht mehr ausreichend in Schach halten.

Und es ist noch ein dritter Typ von Genen am Zellwachstum beteiligt. Diese Gene steuern die sogenannte *Apoptosis*, ein Wort aus dem Griechischen, das »programmierter Zelltod« bedeutet.

Apoptosis heißt, daß jede Zelle eine begrenzte Lebensspanne hat. Ihr Tod ist von der Entstehung an genetisch festgelegt. Manche

Zelltypen haben ein sehr kurzes Leben, zum Beispiel die neutrophilen Granulozyten, eine Leukozytenart, die Bakterien bekämpft und sich nur sechs Stunden im Blut hält. Andere Zellen, wie die Gedächtniszellen der T-Zellreihe, die sich nach einer Impfung bilden, können Jahrzehnte überleben. Man hat festgestellt, daß bestimmte Krebszellen zu einer Mutation der Apoptosis-Gene führen. Der programmierte Zelltod verläuft nicht plangemäß. Dadurch können sich die Krebszellen im Körper anhäufen, während ihre normalen Gegenstücke absterben.

»Welche dieser Gene haben mit meinem Krebs zu tun oder dem meiner Mutter und meiner Tanten?« unterbrach mich Debbie.

»Ohne eine Analyse des Tumors bei jeder der Betroffenen ist das schwer zu sagen. Aber bei familiärem Brustkrebs ist kürzlich ein Durchbruch gelungen.«

Man hat entdeckt, daß in Familien wie der von Debbie, in denen mehrere Fälle von Brustkrebs vor dem Alter von vierzig Jahren aufgetreten sind, ein als BRCA1 bezeichnetes Gen, das in keine der bekannten Kategorien der mit Krebs in Verbindung gebrachten Gene zu passen scheint, mutiert hat.

Das normale BRCA1-Gen enthält über 100 000 DNS-Basen und bildet ein Protein, das das Zellwachstum in der Brust begrenzt. Ist das BRCA1-Gen durch Mutation verändert, wird das Protein nicht in seiner funktionellen Form produziert, und die Zellen wachsen ohne diese »eingebaute Bremse«. Warum es Jahrzehnte dauert, bis als Folge dieses ungehemmten Zellwachstums Brustkrebs entsteht, wissen wir noch nicht. Aber diese Entdeckung hat den Boden dafür bereitet, daß wir eines Tages versuchen können, den Brustkrebs in betroffenen Familien durch Verabreichung des normalen Proteins oder eine gleichwertige Behandlung zu verhindern.

»Die mutierten Krebszellen führen sich jedenfalls, unabhängig von der Ursache, wie bombenwerfende Anarchisten auf«, fuhr ich fort.

»Dieses Bild gefällt mir«, warf Debbie ein. »Ich werde es in meine Visualisierungen einbauen.«

Debbie hatte mir bei ihrem ersten Besuch erzählt, daß sie die guten Zellen ihres Immunsystems durch Willenskraft dazu bringen könne, die bösen Krebszellen in den Knochen zu zerstören und den Tumor auf diese Weise zu eliminieren. Rob Major führe sie gerade in diese wunderbare Heilmethode ein.

Debbies Kommentar beunruhigte mich, aber ich wollte mich nicht von meinem eigentlichen Anliegen ablenken lassen, nämlich ihr den medizinisch-wissenschaftlichen Hintergrund zu erläutern. Ich zweifle sehr daran, daß sich Krebszellen durch Visualisierung ausmerzen lassen, und zog deshalb nur skeptisch die Augenbrauen hoch.

»Krebszellen vermehren sich völlig unkontrolliert«, fuhr ich fort. »Sie mißachten die normalen Gewebegrenzen und dringen in Organe ein, wo sie nicht hingehören.«

Bei Brustkrebs wandern die entarteten Zellen zuerst von der Brust über die Lymphbahnen zu den Lymphknoten unter dem Arm auf derselben Körperseite, so wie bei Debbie. Häufig sind auch nach der Operation noch Krebszellen im Körper versteckt, die sich selbst mit den genauesten Untersuchungsmethoden nicht aufspüren lassen. Und sie wandern weiter und nisten sich in Lunge, Leber, Knochen oder Gehirn ein, wenn man sie nicht unter Kontrolle bekommt.

»Das war der Grund, warum Sie nach der Mastektomie eine Chemotherapie bekommen haben. Damit sollten alle noch verbliebenen Krebszellen zerstört werden, ehe sie sich irgendwo anders einnisten konnten.«

»Hat leider nichts genützt«, entgegnete Debbie bitter.

»Das stimmt, und das tut mir sehr leid. Aber das heißt nicht, daß eine Chemotherapie jetzt nicht trotzdem helfen könnte. Und es ist die einzig erfolgversprechende Alternative.«

Debbie bedachte mich mit einem eisigen Blick. Ich sah, daß mein Bemühen, durch wissenschaftliche Erklärungen zu einer vernünftigen Diskussion über eine mögliche Therapie zu kommen, keinen Erfolg haben würde.

»Erzählen Sie mir, wie es damals war, in der Chemotherapie«, bat ich Debbie. »Ich kann Ihnen vielleicht besser helfen, wenn ich weiß, was Sie durchgemacht haben.«

Debbie zögerte und sah mich an, offenbar immer noch ziemlich verärgert. Dann legte sie den Notizblock zur Seite und steckte ihren Kugelschreiber wieder in die Tasche.

»Vor zwei Jahren, da bin ich von einem schwarzen Loch ins nächste gefallen«, begann Debbie, immer noch sehr abweisend. »Ich nahm einfach hin, was man mir sagte. Und ich wußte nicht, an wen ich mich noch wenden könnte, was ich noch tun könnte.«

Dr. Charles Dell, ihr Onkologe, hatte ihr eine Unmenge von Daten über das Risiko eines Wiederauftretens von Brustkrebs nach einer Mastektomie präsentiert. Er hatte gesagt, die Chancen stünden soundso. Es gebe soundso viele Rezidive. Die eine Studie habe einen »reduzierten Risikoquotienten« von »x« ergeben, die andere »y«. Eine sogenannte adjuvante Chemotherapie verbessere die »statistische Überlebenschance«. Die ganzen Daten hatten sich wie die Zahlen auf einer Roulettescheibe in ihrem Kopf gedreht, bis sie völlig durcheinander war.

Der Arzt hatte ihr nie erklärt, wo Debbie *als Debbie* ihren Platz in diesem Wirrwarr von Fachbegriffen und statistischen Daten hatte. Nicht ein einziges Mal, bemerkte Debbie, habe er bei diesen ganzen Berechnungen, in denen es um Leben und Tod ging, ihren Namen erwähnt. Ebensowenig fragte er sie, was sie zu diesen erschreckenden Informationen meinte, wie sie sich mit ihrem Verständnis von ihrem Körper und ihrem Leben vereinbaren ließen. Er teilte ihr einfach nur mit, wie ihre Chancen standen und was *er* machen würde, und das Ganze in seinem distanzierten, professoralen Ton.

1991 bekam sie dann sechs furchtbare Monate lang drei verschiedene Medikamente: Cyclophosphamid, ein Zytostatikum, das die Zahl der weißen Blutkörperchen verringerte, ihr Haar ausfallen ließ und die Blasen- und Nierenfunktion beeinträchtigte; Methotrexat, ein anderes schreckliches Chemotherapeutikum, das dem Vitamin B entgegenwirkt und bei Debbie Blasen auf der Haut verursachte; schließlich Fluorouracil, ein Medikament, das zu Geschwüren im Mund führte und die Darmschleimhaut extrem reizte, so daß sie nicht mehr essen konnte und ständig Durchfall hatte. »Es war ein Horror. Und das muß ich nicht noch einmal haben.« »Viele dieser Nebenwirkungen können wir inzwischen verhindern«, entgegnete ich. »Es gibt hochwirksame Mittel gegen Übelkeit und natürliche Proteine wie G-CSF und Erythropoietin, die die Blutzellen schützen. Aber ich will Ihnen kein falsches Bild geben. Schädliche Nebenwirkungen sind immer noch häufig, aber nicht derart schwer und besser in den Griff zu bekommen. Und es gibt neu entwickelte Chemotherapeutika wie Taxol, die bei Brustkrebs-Rezidiven eine bessere Wirkung zeigen als die Medikamente, die man noch vor zwei Jahren eingesetzt hat.«

»Das interessiert mich nicht«, meinte Debbie kategorisch. »Ich werde nie mehr eine Chemotherapie machen.«

Sie machte eine kurze Pause, und dann wurde ihre Stimme weicher. »Ich kann gar nicht sagen, wie dankbar ich bin, daß ich Rob Major habe, daß er mich in das Tao einführt und mir dieses Elend erspart. Manchmal frage ich mich, ob nicht ein Schutzengel, vielleicht sogar meine Mutter im Himmel, mich auf diesen Weg gebracht hat.«

Es war nicht der Moment, um weiter in sie zu dringen. Gerade war noch eine ziemliche Spannung zwischen uns gewesen. Ich würde mehr erfahren, wenn ich ihr ruhig zuhörte. Debbie schien meine Offenheit zu spüren und erzählte, wie sie ihren Heiler gefunden hatte.

»Es war eine Woche, nachdem ich von Dr. Dell erfahren hatte, daß der Krebs wiedergekommen war, daß meine Knochenschmerzen daher kamen. Ich hatte mir mit Kristen, meiner Referendarin in diesem Semester, ein besonderes Projekt überlegt. Wir machten mit den Kindern Bilder auf Kartons, für die sie Zweige, Blätter und Steine aus dem Schulgarten verwendeten.«

Debbie erzählte, wie sie ihre Krankheit bei der Arbeit ganz vergaß und sich an den strahlenden Gesichtern ihrer Schüler freute. Nach dem Unterricht, als sie und Kristen aufräumten und die übriggebliebenen Blätter und Steine einsammelten, schoß ihr plötzlich ein furchtbarer Schmerz durch Hüfte und Schulter. Er kam so schnell und war so stark, daß Debbie fast ohnmächtig wurde. Kristen bemerkte, daß Debbie auf einmal ganz blaß und zittrig war.

»Kristen fragte mich, was los ist, ob ich krank bin? Ich wollte nichts sagen. In meiner Familie redet man nicht darüber, wenn man Schmerzen hat, schon gar nicht mit jemand, den man nur beruflich kennt. Aber ich konnte einfach nicht mehr und erzählte ihr die ganze Geschichte.«

Kristen hörte ihr geduldig zu, ohne ein einziges Mal zu unterbrechen, und hielt ihre zitternden Hände. Als Debbie fertig war, meinte Kristen, das alles müsse gar nicht sein. Sie brauche keine Chemotherapie, sie könne auf natürliche Weise geheilt werden.

Kristen erklärte Debbie, sie gehöre nicht zu den Christian Scientists, wie Debbie zuerst gemeint hatte, glaube aber an »Geistheilung«. Ihr Freund Rob Major sei ein solcher Heiler und habe eine Praxis in East Cambridge.

Rob war an sich klinischer Psychologe, hatte in Amherst studiert und in Yale seinen Magister gemacht. Nach ein paar Jahren beruflicher Praxis wurde ihm jedoch bewußt, daß man ihm an diesen hochangesehenen Universitäten eigentlich gar nicht beigebracht hatte, wie man Menschen heilt. Deshalb reiste er, auf der Suche nach diesem Wissen, nach Nepal und Tibet. Und dort im Osten lernte er, daß unsere westliche Weltsicht falsch ist. Ihr fehlt die Einsicht, daß alles mit allem zusammenhängt. Sie mißachtet die lebenswichtige Harmonie zwischen Körper und Geist, wie sie in den alten taoistischen Schriften Chinas beschrieben wird.

Rob hatte Kristen von vielen Heilungen bei Menschen erzählt, die die Ärzte schon aufgegeben hatten – Menschen mit Krebs oder Aids, mit Kolitis oder Nervenleiden. Kristen sagte, das sei eigentlich kein Wunder, sondern einfach die Frucht des Wissens, wie sich die Selbstheilungskräfte nutzen lassen.

Debbie gab zu, daß sie anfangs mißtrauisch war. Sie fragte sich, ob Rob nicht ein Scharlatan war, ein gescheiterter Psychologe, der unheilbar kranke, hilfsbedürftige Menschen ausnutzte.

»Aber ich fühlte mich so allein, war so verzweifelt. Und Kristen schien mir wirklich helfen zu wollen. Was habe ich denn schon zu verlieren, dachte ich. Einen Tag, um nach Cambridge zu fahren, und ein bißchen Geld. Also bat ich Kristen, einen Termin für mich zu machen.«

Rob hatte seine Praxis in East Cambridge, weit entfernt vom Harvard Square, wo Debbie oft bummeln ging. Es war ein ärmliches Viertel mit engen Straßen, wo viele Neueinwanderer lebten. Es gab auffallend viele Bethäuser von Pfingstgemeinden mit großen, handgemalten Schildern in Spanisch über dem Eingang. Dreistöckige Holzhäuser mit abblätterndem Anstrich und wackeligen Holzveranden, schmutzigen Fenstern und ungepflegtem Rasen säumten die Straßen.

Debbie hatte sich gefragt, ob es nicht ein Fehler gewesen war, hierherzufahren. Wahrscheinlich war Rob einer dieser Scharlatane, der ungebildeten Einwanderern das Geld aus der Tasche zog, wie Wahrsager, die aus der Hand lesen. Sie war schon versucht umzukehren, aber sie hätte gar nicht gewußt, wo sie sonst hingehen sollte.

Robs Praxis nahm den ganzen ersten Stock eines zweistöckigen Hauses ein. Debbie erzählte, daß sie sich dort vom ersten Moment an wohl fühlte.

»Seine Praxis hat nicht diese antiseptische Atmosphäre wie bei Dr. Dell. Der Warteraum ist wie ein Wohnzimmer eingerichtet, mit viel Licht, einer bequemen Couch mit einem niedrigen Tisch, Polstersesseln und Pflanzen. Das klingt jetzt albern, aber ich hatte irgendwie eine geheimnisvolle, dunkle Höhle erwartet. Es gab keine Räucherstäbchen, keine mystischen Bilder, keine Hintergrundmusik mit spirituellen Gesängen, wie man es sich meistens vorstellt.«

Rob holte sie, kurz nachdem sie gekommen war, im Wartezimmer ab. Er war groß und schlank, hatte das lange braune Haar zu einem Pferdeschwanz gebunden und einen dünnen Schnurrbart wie die alten Chinesen, »Fu Manchu« sagte ihr Vater dazu. Er trug ein grünes Cordhemd, beige Chinahosen, Nike-Joggingschuhe und um den Hals eine Kette mit einer großen, glänzenden Silberkugel, die sehr an Weihnachtsschmuck erinnerte.

Rob lächelte und nahm ihre Hände. Debbie erinnerte sich an den festen, langen Händedruck. Er stellte sich vor und sagte, Kristen habe ihm schon viel von ihr erzählt, bevor sie krank geworden war, und er freue sich, sie kennenzulernen, auch wenn die Umstände alles andere als glücklich seien.

Debbie war zuerst irritiert von der Silberkugel, die Rob um den Hals trug. Sie konnte ihr Gesicht darin sehen, in die Breite gezogen und flach wie von einem Zerrspiegel. Sie hatte das Gefühl, als ziehe sie diese Kugel magisch an und ihr Kopf ruhe an Robs Brust.

Im Gegensatz zu den vielen Ärzten, mit denen sie nach der Krebsdiagnose zwei Jahre zuvor zu tun gehabt hatte, stellte Rob nur wenige Fragen zu ihrer Familie und Krankengeschichte. Er sagte, er kenne die Geschichte ihrer Mutter und ihrer Tanten von Kristen, und meinte, es müsse sehr schwer gewesen sein, von so viel Leid umgeben aufzuwachsen. Er wußte auch von ihrer Chemotherapie, und obwohl Debbie Kristen keine Einzelheiten erzählt hatte – welche Medikamente sie nach der Mastektomie nehmen mußte, in welcher Dosierung und für wie lange –, wollte Rob es gar nicht genauer wissen. Er kommentierte ihre bisherige Behandlung lediglich mit einem ernsten Kopfschütteln.

Rob fragte auch nach ganz anderen Dingen als sonst die Ärzte. Er erkundigte sich nach ihrer Ernährung, ihrem Atemmuster und ihren Träumen, und anders als bei Dr. Ratcliffe und Dr. Dell, die rasch ihre Symptome abfragten, war dieses Gespräch eher eine entspannte Unterhaltung.

Debbie schwieg nachdenklich und fügte dann hinzu: »Ich merkte, daß er zu erspüren versuchte, wer ich war, was mich ausmachte, und nicht bloß feststellen wollte, ob es neue Metastasen gab.«

Nach diesem ersten Gespräch erläuterte Rob, daß er mit Debbie daran arbeiten würde, ihren Körper wieder in ein harmonisches Gleichgewicht zu bringen. Das sei aber nicht mit Kräuterheilmitteln, Akupunktur oder anderen körperlichen Behandlungen getan.

In erster Linie müsse ihr Geist lernen, wie er ihren Körper heilen könne. Das Tao habe das Potential, sie zu heilen, sie in den gleichen Zustand wie vor der Krebserkrankung zu bringen. Aber es gehe nur, wenn sie an die Wahrheit und Kraft des Tao glaube.

Dieser letzte Satz machte Debbie nervös, wie sie erzählte, denn sie wollte zwar unbedingt wieder gesund werden, war aber nicht sicher, ob sie wirklich bedingungslos daran glauben konnte. Rob Major bemerkte ihr Zögern. Aber im Gegensatz zu Dr. Dell, der immer einen strafenden Ton bekam, wenn sie auf seine Aussagen zweifelnd reagierte, meinte Rob nur mit verständnisvoller Stimme, es brauche Zeit, um zu lernen und glauben zu können, und das beeindruckte Debbie sehr.

»Er war sehr einfühlsam und aufrichtig. Ich war ganz überwältigt von dem Gefühl, daß ich nicht würde sterben müssen, daß ich durch seine Weisheit würde weiterleben können.«

Debbie hielt inne, sah mich forschend an und wartete auf meine Reaktion. Ich hatte ihr ruhig und aufmerksam zugehört und wählte, da ich mit meinen Vorschlägen schon einmal gescheitert war, meine Worte jetzt sehr sorgfältig.

»Ich kenne mich ein bißchen aus mit chinesischer Medizin«, begann ich. »Viele chinesische Heilmethoden fördern das Wohlbefinden. Körperliche Betätigung, Meditation, Streßabbau und Ernährung werden in der modernen westlichen Medizin oft vernachlässigt und können zur Gesunderhaltung beitragen. Aber ich sehe nicht, wie sich durch Tao *allein*, ohne vernünftige westliche Therapien, eine Krankheit wie Krebs bekämpfen lassen soll. Diese Sicht von Krankheit hat einfach keine wissenschaftliche Basis.«

»Eines Tages werden Sie verstehen«, meinte Debbie fast anklagend, »wie sehr ich Rob zu Dank verpflichtet bin, weil er nicht nur meinen Körper, sondern auch meine Seele geheilt hat.«

Ich fragte sie, wieviel Rob ihr für seine Beratung berechne.

Debbies Gesicht wurde rot vor Ärger, und mir war sofort klar, daß ich einen Fehler gemacht hatte. Aber ehe ich etwas sagen konnte, meinte Debbie, Dr. Roy habe sie das gleiche gefragt. Es mache

177

die ganze Arroganz und Feindseligkeit der Schulmediziner gegenüber Heilern deutlich, die »nicht zu ihnen gehörten«.

»Dr. Ratcliffe hat mir 3000 Dollar für die Brustamputation berechnet«, erklärte sie in scharfem Ton. »Dr. Dell hat mir für jede seiner Giftspritzen 250 Dollar abgenommen. Und kein Arzt hat mich geheilt, genausowenig wie meine Mutter oder meine Tanten. Aber ihre Rechnungen haben sie immer sehr schnell geschickt. Eine Sitzung bei Rob kostet mich 120 Dollar, und ich habe viel mehr davon.«

Ich kam mir vor wie ein Idiot, entschuldigte mich bei Debbie und meinte, meine Bemerkung sei dumm und gedankenlos gewesen. Aber das käme einfach daher, daß ich in den zwanzig Jahren, wo ich Patienten mit Krebs oder Aids betreue, so viele Scharlatane kennengelernt hätte, die sich gerade verzweifelte, schwerkranke Menschen als Opfer aussuchten und ihnen das Geld abnahmen.

Debbie wirkte nach dieser Erklärung etwas entspannter und sagte, sie nehme meine Entschuldigung an.

»Wissen Sie, Rob behandelt nicht nur meine Krankheit. Ich lerne bei ihm auch, eine innere Harmonie zu finden.«

Debbie war in den Sitzungen bei Rob klargeworden, daß sie sich immer unzulänglich gefühlt hatte, schon vor der Krebserkrankung und der Mastektomie, schon bevor sie von ihrem schrecklichen Erbe – der Veranlagung für Brustkrebs – wußte. Sie war nie zufrieden mit sich gewesen, hatte immer eine andere sein wollen. Vielleicht hatte sie deshalb Kunst und Schauspiel studiert, um immer wieder eine andere Identität annehmen zu können.

»Und als mein Krebs wiederkam«, sagte Debbie mit leiser, stockender Stimme, »mußte ich mich plötzlich mit meiner allergrößten Angst auseinandersetzen: Daß ich sterben würde, ohne wirklich mit mir im reinen zu sein.«

Das Tao lehrt, daß jeder Mangel, mag er auch noch so tief verwurzelt sein, sich ausgleichen läßt. Debbie glaubte inzwischen fest daran, daß sie eines Tages würde akzeptieren können, wer sie war, daß sie nicht mehr den Wunsch haben würde, ihrem Selbst zu entfliehen.

Mit dieser positiven Affirmation ging unser Gespräch zu Ende.

Ich saß noch lange nachdenklich an meinem Schreibtisch, nachdem Debbie gegangen war. Ich wußte nicht so recht, wie ich weiter vorgehen sollte. Mein oberstes Ziel war immer noch, sie zu einer Behandlung zu bewegen, die ihre Schmerzen lindern und ihr vielleicht noch für mehrere Jahre ein produktives Leben ermöglichen würde. Mir war jedoch klar, daß man das, was Rob für Debbie tat, nicht so einfach als belanglos abtun konnte.

Die Lehren des Tao brachten Debbie in einer sehr schwierigen Lebensphase wichtige Erkenntnisse und gaben ihr Trost. In dieser Hinsicht war das Tao wie jede andere Religion, jeder andere Glaube, der uns in schweren Zeiten Halt gibt. Die Atemübungen, Visualisierungen und Meditationen ließen sie innerlich zur Ruhe kommen. Das taoistische Harmonieprinzip half ihr, die Widersprüche in ihrem Leben aufzulösen, die ihr Selbstwertgefühl so sehr beeinträchtigt hatten.

Dennoch fürchtete ich um ihre Zukunft, wenn die magischen Kräfte des Tao sich als Illusion herausstellen würden und die Realität, der sich ausbreitende Krebs, letztlich doch siegte. Würde Debbie sich dann vorwerfen, daß ihr Glaube nicht stark genug gewesen war? Oder würde sie in dem Gefühl sterben, von Rob Major betrogen worden zu sein und die ihr verbleibende Lebenszeit sinnlos vertan zu haben?

Ich überlegte, ob ich mit Rob Major Kontakt aufnehmen und diese Fragen direkt mit ihm besprechen sollte, hielt es dann aber für zu riskant. Da er alternative Heilmethoden und konventionelle Therapien ohnehin als unvereinbar ansah, würde es wahrscheinlich nur auf eine erregte Konfrontation hinauslaufen. Und ein solcher Konflikt würde die Beziehung zwischen Debbie und mir, die im Moment schon schwierig genug war, nur zusätzlich belasten.

Ich wußte nicht so recht, wie ich eine Patientin wie Debbie unter diesen Umständen am besten betreuen sollte, weil wir die Dinge so ganz anders, so gegensätzlich sahen.

Mir war klar, daß ich mit diesem Konflikt immer öfter konfrontiert werden würde. Mystisches hat Hochkonjunktur in unserer

Zeit. In den Buchhandlungen liegen stapelweise Bücher über New-Age-Spiritualität, Nahtod-Erfahrungen und Spontanheilung. Radio- und Fernsehtalkshows berichten ständig über sensationelle Wunderheilungen – Behauptungen, denen niemand widerspricht.

Viele Patienten fühlen sich von solchen spirituellen Lehren und Geschichten angesprochen. Es war zwar eher selten, daß jemand eine konventionelle Behandlung so kategorisch ablehnte wie Debbie, aber es gab sicher viele Menschen wie sie, die ein tiefes und unbefriedigtes Bedürfnis nach spiritueller Hilfe hatten, um mit der Krankheit und der Angst vor dem Sterben irgendwie klarzukommen. Und darauf mußte ich mich einstellen, damit mußte ich umgehen lernen.

Der Fehler liegt aber nicht beim Patienten, sondern bei uns, den Medizinern. Es gab einmal eine Zeit, da war der Arzt auch bei seelischen Problemen ein wichtiger Ansprechpartner. Er kannte jedes Familienmitglied – oft von dem Moment an, wo er dem neuen Leben auf die Welt half, bis zu der Stunde, wo er dem Sterbenden beistand. Er war nicht nur der Fachmann, der sich in Diagnose und Behandlung von Krankheiten auskannte, sondern auch Priester und Freund, der in die intimsten Dinge seines Patienten eingeweiht war, der ihm auf seinem Lebensweg mit Rat und Trost zur Seite stand.

Viele Ärzte scheinen diesen Teil ihrer Arbeit heute jedoch zu vernachlässigen. Sie sind so fixiert auf die wissenschaftlichen und technischen Aspekte der Medizin – neueste Diagnosegeräte, am Computer entwickelte Medikamente, geklonte Gene und rekombinante Proteine –, daß sie den Menschen nicht mehr sehen.

Angst und Seelenschmerz eines Patienten lassen sich nicht mit High-Tech-Geräten und Labortests feststellen. Es braucht Worte und Gedanken und, vielleicht am allerwichtigsten, Zeit, wenn man sich um die spirituellen Bedürfnisse eines Patienten kümmern will. Und diesem Aspekt ihrer Arbeit gehen viele Ärzte aus dem Weg, wie auch Debbie wieder bestätigte. Sie geben vor, daß sie keine Zeit dafür haben, daß sie schon voll ausgelastet sind damit, die tausend medizinischen Probleme ihrer Patienten zu lösen.

Ich wußte jetzt, warum Debbie so verbittert und zornig war: Erst hatte sie ungerechterweise diese furchtbare Krankheit getroffen, und dann hatten ihre Ärzte sie im Stich gelassen, sich nicht die Zeit genommen, ihre inneren Bedürfnisse zu ergründen und sich darum zu kümmern. Die daraus entstandene quälende Leere füllte nun Rob Major.

Die nächsten zwei Monate über sah ich Debbie einmal in der Woche; ich hörte jedesmal von ihrer jüngsten Sitzung bei Rob und beobachtete jedesmal ein neues objektives Zeichen, daß der Krebs weiterwucherte.

Als Debbie bei einem ihrer Besuche erwähnte, daß sie bei ihren Tai-Chi-Übungen Schmerzen in der Brustwand hatte, schlug ich vor, neue Röntgenaufnahmen von den Knochen zu machen. Zu meiner Überraschung stimmte sie sofort zu. Als die Röntgenbilder am Lichtkasten hingen, zeigte ich ihr die unregelmäßigen hellen Flecken der Krebsmetastasen. Sie saßen inzwischen nicht nur in Hüfte und Schultern, sondern auch in den Rippen. Deshalb, erklärte ich Debbie, habe sie jetzt Schmerzen bei ihren Körper- und Atemübungen.

Die Röntgenbilder zeigten, daß der Tumor in der rechten Hüfte ebenfalls größer geworden war und schon auf das Gelenk drückte. Als ich Debbie fragte, ob ihr das nicht Beschwerden mache, gab sie zu, daß sie wegen der Schmerzen und der Schwäche in ihrem Bein kaum mehr arbeiten konnte und immer öfter zu Hause blieb.

Als ich jedoch auf das Thema Bestrahlung zu sprechen kam, warf Debbie schnell ein, ich wolle ihr doch hoffentlich nicht mit schlimmen Folgen drohen für den Fall, daß sie meinen Rat nicht befolge, wie Dr. Dell es getan hatte.

Ich entgegnete, daß ich nie mit Drohungen arbeite. Ich wolle ihr nur helfen und hoffe, sie ziehe doch noch eine andere Behandlung in Betracht, wenn sie wisse, was in ihrem Körper vor sich gehe. Aber Debbie beendete das Gespräch ziemlich abrupt und meinte, die Visualisierungen würden bald Wirkung zeigen und ihr Immunsystem würde ihre Knochen auf ganz natürliche Weise vom Krebs heilen.

Wenig später bekam Debbie eine Beule in der linken Leiste, an der sich ein Bluterguß entwickelte. Rob war darüber sehr besorgt und meinte, der Verlust von *xue*, oder Blut, müsse um jeden Preis verhindert werden, denn es enthalte ihr *chi*, ihre Lebensenergie.

»Als er mich untersucht hatte«, berichtete Debbie, »gab er mir eine Spezialsalbe, mit der ich die Stelle einreiben sollte.« Debbie machte eine Pause und überraschte mich dann mit der Frage: »Was soll ich Ihrer Meinung nach tun?«

Ich erklärte Debbie, ich sähe zwei mögliche Ursachen für diesen Bluterguß, die beide besorgniserregend seien: Entweder seien die Blutplättchen, also die bei der Blutgerinnung mitwirkenden Blutzellen, im Knochenmark durch den Krebs zerstört worden, und das habe zu spontanen Einblutungen in die Haut geführt, oder es gebe eine Metastase in der Bauchwand, die periodisch blute.

Debbie überraschte mich noch einmal, als sie einer Blutuntersuchung zustimmte. Zum Glück war die Zahl der Blutplättchen im normalen Bereich. Allerdings ertastete ich bei der körperlichen Untersuchung eine steinharte, etwa fünf Zentimeter große Geschwulst unter der Milz, die in die Leistenbeuge hineinwuchs – eindeutig eine neue Metastase. Ich erklärte Debbie, wahrscheinlich sei ein kleines Blutgefäß mit betroffen, und das habe die Blutung verursacht.

»Mit der Kräutersalbe wird der Tumor bestimmt verschwinden«, meinte Debbie, aber sie klang bei weitem nicht so überzeugt wie früher. Trotzdem wollte sie von einer konventionellen Behandlung nichts wissen.

»Ich weiß, Sie meinen es gut, Dr. Groopman«, sagte sie, »aber eine Chemotherapie kommt für mich nicht in Frage. Ich möchte wirklich nicht mehr darüber reden.«

Ich war deprimiert nach diesem Gespräch. Der Krebs erreichte langsam ein Stadium, wo Bestrahlung und Chemotherapie bald nichts mehr ausrichten würden, und ich hatte immer noch keinen Weg gefunden, Debbies Verleugnungshaltung zu durchbrechen. Meine einzige Chance war, das Thema noch einmal anzusprechen, und zwar sehr direkt und mit allem Nachdruck.

Deshalb sagte ich zu Debbie, als sie eine Woche später – es war ein schwüler Julitag – wieder vor mir saß und ich ihr nach unserem Gespräch noch ein neues Rezept für das Morphin in einer höheren Dosierung ausschrieb, ich befürchte, daß sie bald sterben würde. Ich wollte ihr damit keine Angst machen, es war eine reine Feststellung.

Der Krebs wucherte ungehemmt weiter. Das konnte niemand mehr leugnen. Beim üblichen Krankheitsverlauf würden ihre Knochen derart zerfressen werden, daß ein extremer Kalziumverlust eintrat und der Stoffwechsel durcheinanderkam. Das würde letztlich zu einem tödlichen Koma führen. Oder es würden sich zunehmend Metastasen in Leber, Lunge und Gehirn bilden und diese lebenswichtigen Organe unaufhaltsam zerstören. Ich und all die anderen Menschen, denen sie wichtig war – ihr Vater, ihre Freunde und ihre Schüler –, wollten sie nicht verlieren.

Ich glaubte nicht daran, daß die Kraft des Tao ihren Tumor schrumpfen lassen und sie heilen würde. Ich gab zwar zu, daß meine konventionellen Therapien wahrscheinlich auch keine Heilung bringen würden, aber zumindest könnten wir damit auf eine Remission hoffen und den Krebs vorübergehend zum Stillstand bringen.

Diese auch nicht idealen Therapien hatten zwar ihrer Mutter und ihren Tanten nicht geholfen, aber das mußte nicht zwangsläufig auch für Debbie gelten.

In einem Fall wie dem ihren konnte man nach Bestrahlung und Chemotherapie mit einer Remissionsphase von im Durchschnitt zwei bis drei Jahren rechnen. Aber die Statistik war eine Sache, der Mensch eine andere, und das war Debbie natürlich klar. Es gab auch eine kleine Chance, vielleicht von ein paar Prozent, mit einer intensiven Behandlung eine sehr lange Remission von einem Jahrzehnt oder mehr zu erreichen.

Wenn Debbie zu den wenigen Prozent von Patienten gehörte, die viele Jahre überlebten, dann waren es hundert Prozent für sie. Und die Forschung könnte in dieser Zeit neue und wirksamere Therapien für ihre Krankheit entwickeln. Ich machte ihr damit keineswegs falsche Hoffnungen. Es war in den zwanzig Jahren, seit ich als Onkologe arbeite, schon bei anderen Erkrankungen wie bösartigen Lymphomen, Leukämie und Hodenkrebs so gewesen, die früher durchweg tödlich waren und heute vielfach geheilt werden.

Natürlich gab es Risiken, schwerwiegende Risiken, die man berücksichtigen mußte. Die schädlichen Nebenwirkungen der Behandlung konnten sie weiter schwächen oder sogar ihr Leben verkürzen. Ich hielt es allerdings nicht für wahrscheinlich. Es gab Möglichkeiten, diese Nebenwirkungen weitgehend einzuschränken, wie ich Debbie schon gesagt hatte, aber trotzdem konnte immer etwas Unvorhergesehenes passieren.

Ich schwieg, denn ich hatte schon lange geredet – vor allem über klinische Aspekte. Debbie hatte aufmerksam zugehört, und ich nahm das als Zeichen, daß sie sich meine Vorschläge ernsthaft überlegte und sie nicht von vornherein ablehnte. Aber ich wollte unbedingt noch etwas loswerden, was mir seit unserem ersten Gespräch auf der Seele lag.

»Debbie, ich habe das Gefühl, daß wir Ärzte Sie sehr im Stich gelassen haben. Wir sind oft ganz auf die Behandlung der Krankheit fixiert und kümmern uns zuwenig um den Menschen, seine Ängste und seelischen Nöte. Ich kann nicht ungeschehen machen, was passiert ist. Aber ich werde alles tun, was ich kann, um Ihnen jetzt zu helfen.«

Debbie entgegnete nachdenklich, sie verstehe, was ich meine, und offenbarte mir dann ihre Gedanken über die Zukunft: »Dr. Groopman, ich verstehe mich in erster Linie als Künstlerin. Und besonders das Malen gibt mir eine tiefe Befriedigung. Ich möchte wieder zu meiner Kunst zurück, möchte diese Energie wieder spüren. »Ich liebe meinen Vater sehr, und meine Freunde …«, Debbie brach mitten im Satz ab, und ihre Augen füllten sich mit

Tränen. Sie faßte sich wieder und trocknete sich die Tränen mit einem kleinen Taschentuch, das sie hinterher sorgfältig zusammenfaltete und in ihrer Tasche verstaute. »Es wäre ein großes Geschenk gewesen, für mich, für meinen Vater *und* für mein Mutter, wenn sie länger gelebt hätte. Es wäre eine sehr wertvolle Zeit, glaube ich, die ich noch mit meinem Vater und meinen Freunden zusammensein könnte. Und Sie wissen, wieviel mir die Arbeit mit den Kindern in der Schule bedeutet. Es war schlimm für mich, daß ich so oft nicht hingehen konnte. Wenn der Krebs zu stoppen wäre, könnte ich wieder arbeiten.«

Debbie unterbrach sich, um eine Strähne ihres strohblonden Haares festzustecken, die sich aus dem Knoten gelöst hatte. Ihre langsamen, sichtlich schmerzhaften Bewegungen wirkten immer noch anmutig.

»Aber es sind nicht nur diese besonderen Dinge. Am meisten sehne ich mich nach ganz normalen Sachen – daß ich diesen Sommer wieder in die Bucht hinausschwimmen kann oder meine Lieblingswege in Falmouth entlangreiten. Und ich möchte wieder auf den Markt gehen und einen Korb mit Gemüse ohne Hilfe hochheben können oder mit Vaters neuem Dalmatiner rausgehen und die Kraft haben, ihn an der Leine zu halten – Sachen, die vielleicht lächerlich unwichtig klingen. Wenn sich die Schmerzen so weit unter Kontrolle bringen lassen, daß ich mich einigermaßen bewegen kann, und solange ich nicht den Verstand verliere, habe ich gute Gründe zu leben. Viele, viele Gründe.«

Ich nahm Debbies Hände in die meinen, und diesmal zog sie sie nicht zurück. Ich sagte, das alles sei machbar. Die meisten Leute wüßten gar nicht, wie erfüllt selbst ein durch Krankheit eingeschränktes Leben sein kann. Sie sagen, sie würden lieber sterben als die Qualen einer Behandlung auf sich nehmen, wenn es keine Heilung gibt. Aber das sind selten Menschen, die wirklich mit dem Tod konfrontiert sind. Sie sehen das Ganze von außen, mit theoretischer Distanz.

Debbie hörte mir zu, noch nicht ganz überzeugt, und fragte mich nach einer kleinen Pause mit unsicherer Stimme, was ich ihr denn nun *konkret* vorschlagen würde? Ärzte redeten immer so allgemein, und der Patient müsse es hinterher ausbaden.

Zuerst informierte ich sie über die möglichen Therapien und die Chemotherapeutika, die wir einsetzen könnten, um den rasch fortschreitenden Krebs zu stoppen; dann beschrieb ich die zu erwartenden Nebenwirkungen. Ich erklärte ihr die Dosierungen bei der Bestrahlung, daß sie durch die neuen, computergesteuerten Methoden zur Ermittlung der Dosisverteilung sicherer geworden sei, so daß sich eine Verbrennung und Schädigung des umgebenden Gewebes wie bei ihrer Mutter vermeiden ließe.

Anschließend erläuterte ich die meiner Meinung nach für ihren Fall am besten geeignete Chemotherapie und betonte, daß die Medikamente aus natürlichen Stoffen entwickelt seien. Dazu gehöre Taxol, ein erst vor kurzem zugelassenes, aus der Pazifischen Eibe gewonnenes Arzneimittel. Sie bekäme außerdem G-CSF, ein natürliches Protein, das das Knochenmark vor einer Schädigung durch die Chemotherapeutika schützen und die Zahl der weißen Blutkörperchen so weit stabilisieren würde, daß keine Infektionen aufträten. Und zum Schluß meinte ich noch, daß mindestens vier bis sechs Monate intensive Therapie nötig seien, um eine Remission zu erreichen. Dann sei die Behandlung beendet, und sie könne Monate bis Jahre symptomfrei sein.

Debbie hörte sehr aufmerksam zu, und als ich geendet hatte, saßen wir eine ganze Weile schweigend da. Aber dann sagte sie, und es klang mehr wie ein Seufzer, daß nur das Tao die Chance auf *Heilung* biete. Sie wolle diese Hoffnung nicht aufgeben.

Ich entgegnete, daß ich ihr die Hoffnung, die sie aus dieser Philosophie schöpfte, keineswegs nehmen wolle, daß uns jedoch die Zeit davonliefe und ich ihr deshalb in aller Offenheit sagen müsse, wie ich die Dinge sah.

»Dr. Groopman, ich weiß nicht. Ich weiß es einfach nicht. Ich bin so erschöpft, daß ich kaum mehr denken kann. Ich frage mich oft, ob es nicht besser wäre, einfach aufzugeben und zu sterben.«

Debbie verstummte und richtete ihren Blick gedankenverloren auf einen Punkt in der Ferne. Ich merkte, wie die Hoffnung und

Energie, die ich während unseres Gesprächs über die Gründe zu leben gespürt hatte, wie der innere Kontakt, der endlich zwischen uns zustande gekommen war, sich nach und nach verloren. Aber dann schien sie sich zu sammeln und schaute mich entschlossen an.

»Ganz tief drinnen möchte ich nicht sterben. Ich möchte so gerne leben.«

Ich nahm wieder behutsam ihre Hände in die meinen, um ihr zu zeigen, daß ich für sie da war, daß ich alles tun würde, damit sie leben konnte. Ich spürte, daß wir jetzt an dem Punkt waren, wo wir uns endgültig auf die Behandlung einigen konnten. Ich fragte sie, ob sie mit Rob schon über die neueste Entwicklung gesprochen habe.

Debbie erzählte, sie habe ihn bereits gefragt, wie er es sehe, daß der Tumor wieder wachse, und was er dagegen tun wolle. Er hatte geantwortet, die natürliche Heilung könne nur geschehen, wenn der Mensch auch wirklich daran glaube. Debbie hatte zugegeben, daß sie sich in den vergangenen Monaten zwar sehr bemüht habe, das Tao ganz in sich aufzunehmen, aber trotzdem immer noch Zweifel an seiner absoluten Wahrheit in sich spüre. Worauf Rob meinte, daß es wahrscheinlich diese Zweifel seien, die ihre Heilung verhinderten.

Ich sah Debbie fest in die noch tränenfeuchten Augen und gestand ihr dann, daß ich anfangs, als ich von den Lehren des Tao hörte, ziemlich wenig davon gehalten hatte, zum Teil einfach aus Unwissenheit. Ich hatte mich seither jedoch sehr bemüht, etwas dazuzulernen, und mehrere Bücher über chinesische Medizin und Philosophie gelesen: *Chinesische Heilkunde* von Daniel P. Reid, *The Tao of Healing* von Haven Trevino und etliche Kapitel aus dem *I Ging*. Und ich hatte mit anderen Patienten, die einiges davon für sich übernommen hatten, über diese Lehren diskutiert.

Ich hatte Debbie gesagt, daß ich viele der positiven Aspekte des Tao durchaus schätze, daß sie eine große Hilfe sind, das Leid von Kranken zu lindern, indem sie das Wohlbefinden fördern, und das war ehrlich gemeint. Ich hatte ja auch gesehen, daß Debbie darin seelischen Trost gefunden hatte und zu Erkenntnissen über sich selbst gekommen war.

»Verschlimmert sich die Krankheit aber, versucht die Lehre des Tao die Illusion unbegrenzter Heilkraft aufrechtzuerhalten, indem sie dem Opfer der Krankheit unausgesprochen die Schuld für seinen eigenen Tod zuschiebt. Die Aussage, daß nur Menschen, die fest daran glauben, völlig geheilt werden, ist meiner Meinung nach gefährlich und destruktiv.«

Alternative Heiler wie Rob Major, fuhr ich fort, schöben die Verantwortung für das Scheitern konventioneller Therapien gerne den Ärzten zu, und die Verantwortung für das Scheitern ihrer eigenen Heilversuche dem Patienten. Rob Major durfte Debbie gegenüber nicht andeuten, sie sei verantwortlich für das ungehemmte Wachstum ihres Tumors. Diesen Umstand Debbies mangelnder Glaubensbereitschaft zuzuschreiben war meiner Ansicht nach geradezu schamlos. Es bedeutete, daß sie ihren Tod verdiente, weil sie nicht die Glaubensebene erreichte, auf der Wunder geschehen. Einen evangelikalen Pfarrer oder einen Rabbi, der Krankheit als Strafe für mangelnden Glauben interpretiert, würde ich in der gleichen Weise verurteilen.

Es gab noch einen anderen Aspekt des Tao, mit dessen Hilfe das Scheitern eines Heilversuchs rationalisiert und gleichzeitig der Wahrheitsanspruch untermauert wird. Es ist die Überzeugung, daß es nicht wichtig ist, ob ein Mensch lebt oder stirbt, weil Materie, stoffliches Leben, eine Illusion ist, also auch die körperliche Heilung. Nur das spirituelle »Heilwerden« ist von Bedeutung.

»Aber körperliche Gesundung *ist* wichtig, das wissen Sie selbst, und das Leben ist keine Illusion. Es ist unrecht und nihilistisch, wenn jemand behauptet, dieses Leben und Ihr Tod sind nicht von Bedeutung, und Ihnen so die Chance verweigert, Zeit zu gewinnen und ein erfülltes Leben zu haben.«

Als ich ausgeredet hatte, löste Debbie ihre Hände aus den meinen, und ihre Augen waren jetzt trocken.

Ich spürte, daß sie sich wieder zurückzog, als sie den Blick von meinem Gesicht abwandte und auf die Bücherregale hinter meinem Schreibtisch sah, wo reihenweise wissenschaftliche Werke standen. Wir saßen eine Weile schweigend da, und es herrschte eine beklemmende Stille. Ich wollte warten, bis Debbie sich wieder gesammelt hatte, aber sie stemmte sich unter Schmerzen vom Stuhl hoch und verließ das Zimmer, ohne ein Wort zu sagen.

Mitte der folgenden Woche rief ich bei ihr zu Hause an, aber ihr Vater sagte, sie ruhe sich gerade aus und könne nicht ans Telefon kommen. Am Freitag vormittag versuchte ich es noch einmal. Debbie rief mich nicht zurück.

Ich befürchtete schon, sie endgültig verloren zu haben. Hatte sie das Gefühl, daß meine harsche Kritik am Weg des Tao und an Rob Major ihre Heilung zusätzlich erschwerte, weil sie ihren Zweifeln am Tao und an ihrem Heiler neue Nahrung gaben? Oder hatten sie der zunehmende Kräfteverfall durch die Krankheit und die Erkenntnis, daß es keine Heilung gab, endgültig verzweifeln lassen, so daß sie auf jede Behandlung verzichtete?

Ich war sehr erleichtert, als Debbie am folgenden Dienstag doch zum vereinbarten Termin kam. Sie war den ganzen Vormittag bei Rob gewesen und wirkte etwas stabiler. Sie erzählte, sie habe mit der höheren Morphindosis kaum noch Schmerzen, könne endlich wieder ein paar Stunden durchschlafen, und das chinesische Heilkraut sorge für regelmäßigen Stuhlgang.

»Rob ist sauer auf mich. Und Sie wahrscheinlich auch. Aber ich möchte, daß Sie beide meine Entscheidung verstehen und unterstützen.«

Debbie hatte über meine leidenschaftliche Kritik am Tao wegen seiner impliziten Schuldzuweisung und nihilistischen Haltung nachgedacht, war aber zu dem Schluß gekommen, daß ich in beiden Punkten nicht recht hatte.

Das Tao sagte eigentlich nicht, daß sie für das Fortschreiten ihrer Krankheit verantwortlich war. Debbie interpretierte den Mangel an Glauben als unzureichendes Verständnis des Grundprinzips der Harmonie, der Erkenntnis, daß im Negativen das Positive zu finden ist. Und genau das, meinte sie nun, erlaube ihr, sich einer Chemotherapie zu unterziehen. In den negativen Giftstoffen, die ich ihr gegen den Krebs geben konnte, waren die positiven Kräfte zu finden, die gemeinsam mit ihrem Körper auf seine Heilung hinwirken würden.

Genauso steckte in der scheinbar negativen Haltung, daß das Leben eine Illusion ist und der Tod ohne Bedeutung, eine befreiende, positive Botschaft. Das hieß eigentlich, daß die Angst vor dem Tod eine Illusion ist, denn der Tod ist ein Teil des Lebens. Es gibt keine Grenze zwischen Leben und Tod, vor der man Angst haben müßte, sie ist nur eine Illusion. Der Tod würde, wenn er käme, ebenso natürlich und vertraut sein, wie es jetzt das Leben war.

Rob Major war nicht der Meinung, daß ihre Entscheidung in Sachen Chemotherapie sich mit dieser Philosophie vereinbaren ließ. Aber er hatte unrecht.

Sie würde das Taxol nehmen, das neue, hochwirksame Medikament, das ich ihr empfohlen hatte. Es war zwar ein Chemotherapeutikum und toxisch, unbestritten, aber ein natürliches Produkt aus der Pazifischen Eibe. Das tödliche Gift aus der Natur enthielt auch das Gegenteil, nämlich lebenspendende Gesundheit.

Sie hatte sich auch eingehend über G-CSF informiert. Es sagte ihr zu, nicht nur weil es ein natürliches Protein war, sondern weil es von innen heraus wirkte und ihr Immunsystem unterstützte. Auch das stand im Einklang mit der Weisheit des Tao.

»Aber ich werde *keine* Strahlentherapie machen«, sagte Debbie mit Nachdruck. Ihr Gesicht verschloß sich, und ihre Stimme wurde schärfer. »Darüber brauchen wir gar nicht mehr zu reden. Nicht nur wegen dem, was meiner Mutter passiert ist. Ich finde, daß hier die negativen Folgen eindeutig überwiegen.«

Debbie hatte gesagt, was sie sagen wollte, und wartete gespannt auf meine Reaktion.

Ich atmete erst einmal tief durch. Endlich würde sie eine vernünftige Behandlung beginnen.

Dann sagte ich, daß ich es nicht gut fände, daß sie eine Strahlentherapie ablehne, denn damit lasse sich das Tumorwachstum sofort und endgültig stoppen. Sie gehe damit ein unnötiges Risiko ein.

»Ich bin mir über das Risiko im klaren, Dr. Groopman, aber die Entscheidung liegt bei mir, bei mir allein.«

Ich nickte zustimmend: Es war ihre Entscheidung, und ich würde mich daran halten.

Ich wußte, daß es für Debbie sehr schwer gewesen war, ihre Angst zu überwinden, die bedrohliche Entwicklung ihrer Krankheit zu akzeptieren und sich auf eine Behandlung einzulassen, aber ich bezweifelte, daß ihre Logik mit dem Tao vereinbar war. Sie hatte schon eine etwas verwickelte, spitzfindige Begründung gebraucht, um diesen Kompromiß vor sich selbst zu rechtfertigen. Aber das war keineswegs ein Zeichen von Schwäche, sondern paradoxerweise eine neu entdeckte Stärke.

Das reale Leben ist komplizierter als unsere theoretischen Überzeugungen; und am klarsten erkennen wir das im Angesicht des Todes. Viele meiner Patienten haben in einer solchen Situation pragmatische Entscheidungen getroffen, die ihrer bisherigen Lebensphilosophie eigentlich widersprachen. Unser Lebenswille ist so stark, daß er die offenbaren Konflikte und Widersprüche zwischen Kopf und Herz besiegt – ein adaptiver Vorteil, der unsere Überlebenschance erhöht.

Ich sagte Debbie, daß ich Rob Major später anrufen, ihm die Taxol-Therapie erläutern und versuchen würde, eine Basis für eine Zusammenarbeit zu schaffen. Inzwischen würde ich gleich für den nächsten Tag einen Termin in der Klinik machen. Ich erklärte ihr, daß sie zuerst Corticosteroide und anschließend drei Stunden lang eine Taxol-Infusion bekommen würde. Sie sollte gleich morgens kommen, damit ich sie möglichst schnell behandeln konnte. Debbie lächelte und sagte, sie sei bereit, sich heilen zu lassen.

Die Behandlung schlug ausgesprochen gut an bei Debbie. Die Tumoren in den Knochen waren innerhalb von zwei Monaten auf ein Viertel ihrer ursprünglichen Größe geschrumpft; nach fünf Monaten waren sie nicht mehr nachweisbar. Sie verlor unter der Taxol-Therapie zwar ihre Haare und war sehr erschöpft, aber ansonsten traten keine größeren Nebenwirkungen auf.

»Mit langen dunklen Locken würde ich bestimmt gut aussehen«, scherzte Debbie, als es um den Kauf einer Perücke ging. »Richtig sexy, viel besser als früher mit dem braven blonden Knoten.«

Sie konnte nach der Therapie wieder ganztags arbeiten und ihren Hobbys, Malen und Sport, nachgehen. Nach langem Hin und Her erlaubte ich ihr auch das Reiten; sie sollte aber vorsichtig sein und ihre Knochen nicht durch Sprünge belasten.

Im Winter machten Debbie und ihr Vater lange Ausritte über die verlassenen, nebelverhangenen Feldwege in Falmouth. Sie sprachen viel über ihre Kindheit, während sie unterwegs waren, über ihre Erinnerungen an die schönen und traurigen Zeiten, die sie mit ihrer Mutter erlebt hatten, und über die Zukunft.

Debbie ging weiter zu Rob Major, der immer noch dagegen war, daß sie sich von mir behandeln ließ.

»Ich nehme mir von beiden, was ich sinnvoll finde«, hatte sie ihm erklärt.

Mit vielen ihrer Entscheidungen war ich nicht einverstanden, aber ich freute mich über ihr selbstbewußtes Auftreten. Ihre zunehmende Selbständigkeit zeigte, daß sie sich einen Teil ihrer selbst wieder zurückholte, den sie früher an ihre Ärzte und, in letzter Zeit, an Rob Major abgegeben hatte.

Die Remission hielt fast zwei Jahre an, dann kam der Krebs wieder. Er streute sehr schnell Metastasen in Leber, Knochen und Gehirn. Debbie wollte nur schmerzlindernde Maßnahmen, und ich unterstützte sie darin. Es gab keine Chemotherapie, die ihr in diesem fortgeschrittenen Stadium noch hätte helfen können.

Debbie starb in den letzten Dezembertagen 1995 – zu Hause, umsorgt von ihrem Vater. Sie hatte kaum leiden müssen; das Morphin, das ich ihr verschrieben hatte, und der steigende Kalziumspiegel im Blut hatten jedes Schmerzempfinden betäubt. Und obwohl ich auf ihren Tod vorbereitet gewesen war, ging mir der Verlust eines so jungen Lebens sehr nah.

Ich habe seither oft an Debbie gedacht, denn es gibt immer mehr Patienten, die sich, wie sie, für alternative Therapien und östliche

Philosophie interessieren. Ich habe aus unseren Schwierigkeiten miteinander gelernt, besser mit ihnen zu kommunizieren.

Debbie hatte gewollt, daß ihr Körper sich aus eigener Kraft vom Brustkrebs heilt, und daran mußte ich seltsamerweise denken, als ich das Ergebnis der neuesten Untersuchungen aus meinem Labor hörte. Wir hatten ein Gen entdeckt, »CHK« genannt, das in normalem Brustgewebe inaktiv ist, in Brustkrebszellen hingegen aktiv wird. Bei ersten Versuchen im Reagenzglas hatten wir beobachtet, daß CHK die wachstumsfördernde Wirkung der Onkogene hemmen konnte. Warum wurde CHK in einer Krebszelle aktiv, nicht aber in einer normalen Zelle? Konnte der Körper in dem Versuch, den wuchernden Brustkrebs loszuwerden, einen Schutzmechanismus aktivieren, und dieser Versuch scheiterte aus irgendeinem Grund? Wenn das zutraf, folgerten wir, könnte die Entwicklung des Tumors möglicherweise verhindert werden, wenn wir die Krebszellen so manipulieren könnten, daß sie mehr CHK produzieren.

Anfang 1997 gelang uns bei diesem Forschungsprojekt ein großer Fortschritt. Menschliche Brustkrebszellen, die wir gentechnisch zur Überproduktion von CHK angeregt hatten, vermehrten sich in Mäusen nicht weiter, wohingegen die nicht gentechnisch veränderten Zellen riesige Tumoren bildeten. Es wird noch einige Zeit dauern, bis diese Entdeckung in eine klinische Therapie für Patientinnen mit Brustkrebs umgesetzt werden kann, aber das Prinzip scheint klar zu sein: Die Selbstheilungskräfte des Körpers in Form von Genen wie CHK lassen sich möglicherweise nutzen, um bestimmte Tumoren in der Brust ohne Operation, Bestrahlung oder Chemotherapie zu beseitigen. Das Wunder der Wissenschaft könnte die Heilung, nach der Debbie gesucht hatte, eines Tages möglich machen.

Alex

ALEX SPRACH GANZ leise, damit die Schwestern in der Notaufnahme nichts mitbekamen. Ich hatte Mühe, die geflüsterten Worte zu verstehen, auch wegen seines starken Schweizer Akzents.

»Helfen Sie mir, daß ich schnell sterbe. Bitte, Jerry. Sie haben mir Ihr Wort gegeben.«

Ich ging bewußt nicht auf diese Bitte ein und setzte die Untersuchung fort.

Alex' blaue Augen waren verquollen und entzündet, die Gelenke dick geschwollen und druckempfindlich; die Haut war krebsrot und voller Blasen. Seine Temperatur war mit 40,5 °C eingetragen. Die Schwestern hatten seinen fieberglühenden Körper gerade mit Alkohol abgerieben, und nun hing ein betäubender Dunst in der Luft. Mir war ein bißchen schwindlig, was zum Teil an diesen Alkoholdämpfen lag, zum Teil aber auch an der frühen Stunde, denn man hatte mich um zwei Uhr morgens aus dem Bett geholt, und kurze Zeit später war ich in der Klinik gewesen. Ich mußte mich kurz am Bettpfosten festhalten.

»Ich will sterben. Solange ich noch ich selbst bin. Ich möchte nicht dahinsiechen, bis ich nur noch ein Wrack bin. Ich habe schon zu viele Freunde so gesehen. *Das ist kein Leben.*«

Ich mußte ihm im stillen beipflichten, denn er hatte recht: Für viele Patienten im fortgeschrittenen Stadium ist das Leben mit Aids kaum mehr ein Leben. Aber Alex hatte das Virus viele Jahre in sich getragen und keine Symptome gehabt – bis zu der vor vier Tagen diagnostizierten Pneumocystis-Pneumonie. Ich hatte ihm

Bactrim verordnet, ein Sulfonamid-Antibiotikum, und die Lungenentzündung war bereits leicht zurückgegangen. Nun hatte man ihn wieder eingeliefert, offenbar hatte er eine schwere allergische Reaktion auf dieses Medikament. Die entzündeten Augen, die blasige Haut, die geschwollenen Gelenke und die erhöhte Temperatur – alles bestätigte diese Diagnose. Herz, Nieren oder Knochenmark waren durch die allergische Reaktion nicht beeinträchtigt worden. Die anbehandelte Lungenentzündung konnte mit anderen Antibiotika problemlos ausgeheilt werden. Die Allergie würde mit Steroiden schnell behoben sein. Wie sollte ich ihn jetzt sterben lassen können?

»Lieber Alex«, sagte ich milde, »das ist nur eine allergische Reaktion auf das Antibiotikum, das ich Ihnen gegeben habe. In ein paar Tagen geht es Ihnen wieder besser. Es wäre ein Unsinn, jetzt zu sterben.«

Zorn und Enttäuschung spiegelten sich auf seinem Gesicht wider. Ich war ihm lange Zeit ein Freund und Verbündeter gewesen, und jetzt, wo er mich brauchte, ließ ich ihn im Stich.

»Wir hatten eine Abmachung«, stieß er zwischen zusammengebissenen Zähnen hervor. »Sie haben die Krankheit nicht. Sie müssen nicht zuschauen, wie Sie mit dreiundvierzig langsam zum Wrack werden, so wie ich. Ich möchte mein Leben beenden. Sie haben kein Recht, mir das abzuschlagen!«

»Sie können im Augenblick keine klare Entscheidung treffen«, gab ich zurück. »Sie haben hohes Fieber und große Angst. Sie möchten Ihr Leben wegwerfen. Das lasse ich nicht zu. Es wäre falsch.«

Alex klammerte sich an den Rand der Trage und richtete sich halb auf, als wollte er aufspringen und sich auf mich stürzen. Ich packte seine Handgelenke und hielt ihn fest.

»Sind Sie ein Gott, der entscheidet, wer leben und wer sterben darf?« fauchte Alex.

»Im Moment schon.«

Es war fast vier Uhr, als ich über die Longwood Avenue Richtung Brookline nach Hause fuhr. Wahrscheinlich würde ich gar nicht mehr schlafen können. Ich war nach dem Wortwechsel mit Alex innerlich sehr aufgewühlt und angespannt. Am Ende hatte er sich verbittert weggedreht und kein Wort mehr gesagt.

Alex hatte sich von seinem neuen Lebensgefährten Andrew in die Klinik begleiten lassen. Ich hatte Andrew erzählt, was passiert war, und er hatte Alex gut zugeredet und ihn zu beruhigen versucht: Das kommt schon wieder in Ordnung; ruh dich aus; die neuen Medikamente müssen erst mal wirken. Aber Alex hatte mit dem gleichen unversöhnlichen Schweigen reagiert wie mir gegenüber.

Die letzten elfenbeinfarbenen Strahlen des Vollmondes tauchten die Fassade der Harvard Medical School an der Longwood Avenue in ein fahles Licht. Das Gebäude war um die Jahrhundertwende nach dem Vorbild eines griechischen Tempels erbaut worden. Die fünf wuchtigen Säulen gehen fast über vier Stockwerke; die breiten Eingangsstufen führen an die sieben Meter hinauf zum Portal. Die Absicht der Gründer dieser Universität war klar: Dies war ein Ort von großer Bedeutung, wo den mächtigen Göttern der Naturwissenschaften und der Heilkunst gehuldigt werden sollte.

Waren es dorische, ionische oder korinthische Säulen? Ich habe sie noch nie auseinanderhalten können. Alex, der erfolgreiche Architekt, wüßte es natürlich. Aber er würde meine Frage nicht einfach beantworten. Er würde wollen, daß ich dieses Gebäude in der gleichen Art begreife wie er – als Schöpfung, fast als lebendes Wesen. Er würde mir erklären, daß der neoklassizistische Stil die Ambitionen eines Amerika zu Beginn der Industrialisierung widerspiegelt, sein Selbstverständnis als Erbe der Größe und geistigen Überlegenheit der alten Griechen. Er würde über die Marmorsäulen streichen, die Beschaffenheit des Steins beurteilen, seine Festigkeit und sein Farbspiel, und er würde mir erklären, warum man diesen Stein für ein Gebäude dieser Art ausgewählt hatte, in diesem Klima und an diesem Standort.

Mein Herz zog sich zusammen. Da war ein lebensfroher, sensibler, wunderbarer Mensch, der um seinen Tod bat.

Die Mediziner haben verschiedene Formulierungen für Sterbehilfe: »den Prozeß beschleunigen«, »der Natur ihren Lauf lassen«, »maximale Palliativbehandlung«. Sie alle verschleiern die harte Realität eines solchen Aktes.

Die von Alex angesprochene »Abmachung« hatten wir schon sehr früh getroffen, wie bei den meisten Patienten. Es ist ihnen ein großer Trost zu wissen, daß dem scheinbar unendlichen Leid doch Grenzen gesetzt werden können. Meine Aufgabe als Arzt wird, wenn wir an diesem Punkt sind, mit formelhaften Euphemismen umschrieben: »Es werden keine weiteren Maßnahmen eingeleitet.« Und: »Wir tun alles, damit Sie keine Schmerzen haben.«

Solche Situationen sind jedoch selten so einfach und klar, wie es sich anhört. Denn es ist, wie Alex gesagt hatte, ein göttlicher Akt, von Menschen ausgeführt.

Ist die Entscheidung getroffen, werden die lebenserhaltenden Maßnahmen auf meine Anordnung hin eingestellt, und der Patient bekommt, wenn er Schmerzen hat, eine Morphin-Infusion. Wenn ich dann beobachte, wie die Atmung ruhiger wird, der Körper langsam abkühlt, überfallen mich im ersten Moment jedesmal heftige Zweifel. Ist wirklich alles getan worden, was möglich war? Gab es wirklich keinen Grund mehr zu leben? Meine eigene Fehlbarkeit wird mir nie stärker bewußt als in diesem Moment.

Die Realität ist ganz anders, als sie Dr. Kevorkian mit seiner »Todesmaschine« und »assistiertem Selbstmord« beschreibt. Ich lese die Artikel über seine »Großtaten« immer sehr aufmerksam, besonders was über die Menschen berichtet wird, die sich ihm anvertrauen. Er verdient zwar Anerkennung dafür, daß er auf ein wichtiges Problem aufmerksam macht, über das man sonst nicht redet, aber sein kaltblütiges Auftreten widerstrebt mir zutiefst. Was für mich ein leidvoller Prozeß ist, läßt er trivial und unkompliziert erscheinen. Und wenn der Patient depressiv ist oder die Diagnose falsch, oder wenn eine andere Behandlung vielleicht doch noch eine Besserung brächte, was dann?

Alex hatte ganz klar gesagt, wann er nicht mehr weiterleben wollte. Wenn schwere, bleibende Nervenschäden eintraten, wenn er gelähmt, blind oder dement wurde, sollten wir ihm nur noch schmerzlindernde Mittel geben und ihn in Ruhe sterben lassen. So war unsere Abmachung gewesen. Ich fand, daß ich mich daran gehalten hatte. Was war passiert, daß Alex jetzt einfach nicht mehr leben wollte?

Am nächsten Tag gegen Mittag schaute ich bei Alex vorbei. Die allergischen Symptome waren weitgehend abgeklungen. Die Haut war nicht mehr feuerrot, wie in der Nacht, sondern nur noch leicht gerötet, als hätte er sich nach einem warmen Bad kräftig frottiert. Auch die Schwellung um die Augen war verschwunden. Ich vermerkte auf seinem Krankenblatt, daß die Temperatur nur noch 37,7 °C betrug und seine sonstigen Lebensfunktionen normal waren.

Obwohl Alex höchstens zwei oder drei Stunden geschlafen haben konnte, wenn überhaupt, sah er aus wie immer – entspannt, sehr gepflegt, das aschblonde Haar sorgfältig gekämmt, das feingeschnittene, aristokratische Gesicht frisch rasiert. Er saß aufrecht im Bett, angetan mit einem teuren blauseidenen Morgenmantel, vor sich die aufgeschlagene *New York Times* mit einem Artikel über Sotheby's und Christie's, die sich in Amerika zunehmend Konkurrenz machten; er begrüßte mich mit einem warmen, liebenswürdigen Lächeln.

Auf dem Fensterbrett stand eine Vase mit geschmackvoll arrangierten frischen Schnittblumen. Auf dem Tischchen neben sich hatte er noch das Mittagessen. Es war kein Essen aus der Klinik, wie ich sah, sondern etwas von Rebecca's, einem Bostoner Café. Neben seinem Bett saß Andrew, in ein spanisches Buch von einem mir unbekannten Autor vertieft. Ich kam mir vor wie im Schlafzimmer eines Landedelmannes, der sich dem Müßiggang hingibt. Alex streckte mir freudig die Hand entgegen, und mir fiel auf, daß sie inzwischen viel kühler und trockener war. Nachdem wir uns begrüßt hatten, erkundigte ich mich nach seinem Befinden: Wie es ihm insgesamt gehe? Ob er bei dem Mepron, dem neuen Antibiotikum gegen seine Pneumocystis-Pneumonie, irgendwelche Nebenwirkungen festgestellt habe? Ob die Steroide seine Stimmung veränderten, ihn nervös oder hungrig machten? Und ob er sich überhaupt habe ausruhen können, nachdem er von der Notaufnahme auf die Station verlegt worden war und mehrere Gruppen aus Schwestern, Ärzten und Medizinstudenten ihn untersucht, seine Krankengeschichte erfragt und verschiedene Behandlungen durchgeführt hatten?

Alex hörte sich meine Fragen aufmerksam an und beantwortete sie dann knapp und präzise. Er bestätigte, daß es ihm inzwischen wesentlich besser ging. Die Steroide hatten seine Stimmung nicht negativ beeinflußt, und er konnte nicht sagen, daß er besonders hungrig war, denn er hatte schon immer einen großen Appetit gehabt. Da das Krankenhausessen bekanntermaßen »mäßig« war, hatte er Andrew gebeten, ihm etwas Delikateres, aber trotzdem Gesundes mitzubringen: Nudeln mit frischem Gemüse, Roggenbrot und frischen Fruchtsaft. Alex meinte, die Gerichte zum Mitnehmen seien überraschend gut zubereitet. Außerdem war er zum ersten Mal in einer Klinik und überrascht, wie laut und unruhig es hier zuging. Man war wirklich kaum ungestört – vor allem vormittags.

Andrew stand auf, als er das hörte, und signalisierte, daß er gleich gehen würde, sagte aber dann noch etwas verlegen, er habe sich die Nacht zuvor gar nicht richtig vorgestellt. Ich schaute ihn mir bei der Gelegenheit etwas genauer an: Er war etwa Mitte Zwanzig, ein ernster, zurückhaltender Typ mit kurzgeschnittenen, lockigen Haaren und einer Nickelbrille mit dicken Gläsern auf der markanten Nase. Auch er sah wie aus dem Ei gepellt aus mit seiner faltenlosen grauen Hose, dem gestärkten weißen Hemd und der beigen Cashmereweste darüber, obwohl ihn die vergangene Nacht sehr mitgenommen hatte.

Andrew war anders als die jungen Männer, die Alex in den letzten fünf Jahren zu seinen Terminen bei mir begleitet hatten. Er hatte sie nur »Hausburschen« genannt. Sie waren etwa in Andrews Alter, Anfang Zwanzig, aber von der Art her ganz anders, eher androgyn und unterwürfig.

Sie mußten immer im Wartezimmer bleiben, wenn Alex mit mir sprach, denn er wollte nicht, daß sie etwas über ihn erfuhren. Wenn er bei mir fertig war, schickte er sie in die Stadt Besorgungen machen, ließ sie dieses oder jenes für sein Haus in Gloucester kaufen oder Pakete in die Schweiz aufgeben. Er ging immer allein in die Apotheke, um seine Medikamente zu holen, oder ins Labor zur Blutuntersuchung. Diese »Hausburschen« kamen und gingen wie die Jahreszeiten, wie die Kunstgegenstände, die Alex auf Auktionen ersteigerte. Meist erwähnte Alex beiläufig irgendeinen unangenehmen Vorfall, wenn so eine »Beziehung« beendet war, daß derjenige ihm Geld gestohlen, die ihm aufgetragenen Sachen nicht ordentlich erledigt oder sich am Wochenende derart betrunken hatte, daß er »unbrauchbar« war. Alex bemerkte dann nur leichthin, er würde bald einen »neuen Burschen« finden, und tat, als würde es ihm nichts ausmachen, aber mir erschien der sonst so lebensfrohe Mann, wenn er wieder allein war, doch ziemlich bedrückt.

Ich kam mit Andrew schnell ins Gespräch und erfuhr, daß er aus Wellesley stammte, letztes Jahr seinen Magister in vergleichender Literaturwissenschaft gemacht hatte und zur Zeit in New Haven lebte, weil er sich in Yale auf die Promotion in Spanisch und Portugiesisch vorbereitete. Dann entschuldigte sich Andrew höflich und verließ das Zimmer.

»Er ist wirklich nett«, bemerkte Alex, als wir allein waren, und dieses Adjektiv hatte er noch bei keinem seiner »Hausburschen« benutzt. »Und er war selbstverständlich ganz Ihrer Meinung letzte Nacht.«

»Sie inzwischen auch, oder sind Sie immer noch sauer auf mich?«

»Ich könnte nie länger sauer auf Sie sein, Jerry. Ich beuge mich Ihrer Entscheidung – vorläufig.« Alex schwieg nachdenklich. »Ich habe letzte Nacht etwas gelernt.«

Ich sagte nichts darauf, sondern wartete, bis er von sich aus weitersprach.

»Ich habe gelernt, daß ich zwar große Angst vor dem Tod habe, daß es aber Momente gibt, wo ich das Leben noch mehr fürchte.« Und ehe ich etwas sagen konnte, fügte Alex wehmütig hinzu: »Fragen Sie mich bitte nicht, warum.«

Die Lungenentzündung war bald ausgeheilt, die Allergie auch abgeklungen, und Alex erholte sich sehr schnell. Seine HIV-Infektion behandelten wir nicht mehr mit AZT und ddI, wie bisher, sondern mit einem neuen Medikament namens ddC. Zur Vorbeugung gegen eine erneute Pneumocystis-Pneumonie bekam er weiterhin Mepron, außerdem Aerosolbehandlungen mit Pentamidin, einem anderen Antibiotikum. Alex vertrug diese Medikamente gut. Bereits nach einem Monat nahm er sein Sporttraining wieder auf und verließ jeden Tag frühmorgens seine direkt am Meer gelegene Villa in Gloucester, dem idyllischen Ort nördlich von Boston, um am Strand und in den felsigen Hügeln zu joggen, radzufahren oder einfach nur spazierenzugehen. Er übernahm zwei neue Aufträge: die Sanierung eines Stadthauses in Zürich und den Bau eines Chalets in Vermont. Er war ganz begeistert von diesen beiden Projekten und fragte mich, ob ich ihm die Flugreisen zwischen den Kontinenten überhaupt erlaube, was ich gerne tat, weil ich wußte, daß die Arbeit eine therapeutische Wirkung auf ihn hatte.

Auf einigen dieser Reisen begleitete ihn Andrew, der in seinem Leben eine immer wichtigere Rolle zu spielen begann. Andrew besuchte ihn jedes Wochenende; er kam freitags am späten Nachmittag an und fuhr am Montag morgen wieder zurück nach New Haven. Er ließ auch mal Vorlesungen ausfallen, um während der Woche nach Boston kommen und Alex zu seinen Arztterminen begleiten zu können.

Andrew kümmerte sich sehr aufmerksam um Alex' Gesundheit und seine Therapien. Er notierte seine Symptome auf einer Liste, die er Alex gab, der sie dann wiederum mir vorlas. Andrew kam auch mit eigenen Fragen: Zum Beispiel, ob irgendwelche besonderen Nahrungsmittel oder zusätzliche Vitamine eine Gewichtszunahme und mehr Energie brächten und ob die Schweizer Sennhunde, die Alex mitbringen wollte, womöglich Parasiten hätten, die einem Aids-Kranken gefährlich werden könnten. Er fragte mich auch regelmäßig nach meiner Meinung zu neuesten Entwicklungen in der HIV-Forschung, die er im Internet verfolgte. Nach jedem Besuch bei mir schrieb Andrew gewissenhaft auf, wann Alex neue Medikamente brauchte und wann die nächsten Termine zum Bluttest und sonstigen Untersuchungen waren.

Alex genoß Andrews Aufmerksamkeit und Intelligenz sehr, das war offensichtlich. Er schätzte nicht nur, daß Andrew an seiner Krankheit Anteil nahm, sondern bezog ihn mit der Zeit auch immer mehr in die Diskussion über politische und wirtschaftliche Fragen ein, die sich während seiner Besuche bei mir fast immer ergab. Würde die zivilisierte Welt dem Völkermord in Bosnien zusehen, ohne zu intervenieren? Und falls wir doch eingriffen, in welcher Weise? Wie würde ein vereintes Europa die geopolitische Lage auf dem Kontinent verändern, und wie könnte sein Heimatland, die Schweiz, sich ihre Neutralität bewahren? In welche Richtung entwickelte sich die zeitgenössische Kunst, und nahm das Whitney Biennial nicht zu großen Einfluß? Welche Umstrukturierungen mußte das Bildungssystem in Europa und Amerika erfahren, damit in diesen technikbesessenen Gesellschaften keine bleibende Unterschicht entstand?

Einmal kam Alex auf ein ganz neues Thema zu sprechen, nachdem er erwähnt hatte, daß Andrew Jude ist; wie so oft, saß Andrew auch an diesem Tag an seinem Bett.

»Ich muß zugeben, daß ich nichts weiß über das Judentum. Das ist mir richtig peinlich. Es würde mich sehr interessieren, welche Gemeinsamkeiten und Unterschiede es zum katholischen Glauben gibt, in dem ich aufgewachsen bin.«

Er erzählte, daß er in der Schweiz keine Juden gekannt hatte außer den Bärs, einer einflußreichen Bankiersdynastie, mit der seine Familie geschäftlich verkehrte. Er hielt Andrew vor, daß er viel zuwenig über die Geschichte seiner Religion und ihre Glaubenssätze wußte.

Ganz besonders interessierte Alex das Verständnis des Leidens im Judentum, wie das Buch Hiob verstanden wurde und ob das Leid, das einen in dieser Welt trifft, als Vorbereitung für die Belohnung in einem späteren Leben gesehen wurde. Er war sehr überrascht, als ich ihm sagte, daß von all den Fragen, mit denen sich die Rabbis im Talmud und später auseinandersetzten, die Frage nach dem Sinn des Leidens eine derjenigen war, die sie für nicht beantwortbar befunden hatten. Es blieb ein Rätsel, warum es in diesem Leben Leid geben mußte; es wurde nicht mit einem Leben nach dem Tod erklärt. Im übrigen spielen Himmel und Hölle keine wichtige Rolle im jüdischen Glauben, und ein Fegefeuer gibt es nicht.

»Als was soll ich meinen momentanen Zustand dann bezeichnen?« entgegnete Alex humorvoll.

Ich versuchte, an diese Bemerkung anzuknüpfen und die Frage loszuwerden, die mich nachts in der Notaufnahme beschäftigt hatte. Ich bat Alex, diesen Gedanken doch weiterzuspinnen und mir zu erklären, wie er in dieses Fegefeuer gekommen war und warum er unbedingt hatte sterben wollen. Aber Alex wich geschickt aus.

»Es ist nur eine alberne Metapher, mit der man höchstens Kindern angst machen kann. Am besten einigen wir uns darauf, daß ich da bleibe, wo Sie mich jetzt sehen, und damit Schluß.«

Ungefähr ein halbes Jahr später, im Herbst 1992, machte ich nach einem Kongreß in Paris einen Zwischenstopp in der Schweiz. Und hier, in seiner heimatlichen Umgebung, konnte Alex mir eine Antwort auf meine Frage geben.

Er war in Zürich, um zu sehen, wie die Sanierung des Stadthauses vorwärtsging, und meinte, ich müsse ihn auf dem Heimweg unbedingt besuchen. Andrew habe leider in New Haven bleiben müssen, fügte er hinzu, um sich auf Prüfungen vorzubereiten, und würde uns deshalb auf unserer Tour durch die Schweiz nicht begleiten.

Ich war noch nie in Zürich gewesen, und Alex spielte mit Begeisterung den Fremdenführer. Schon in aller Frühe waren wir in der Altstadt mit ihren engen, kopfsteingepflasterten Gassen unterwegs. Alex zeigte mir die aus dem Mittelalter stammenden Zunfthäuser, wo sich die vornehmen Familien der Stadt, darunter auch seine eigene, immer noch zu Essen trafen. Es ging weiter zum Großmünster, der Kirche, in der Zwingli mit dem Papst gebrochen und seine Reformation verkündet hatte, und schließlich zur Peterskirche.

»Die Turmuhr der Peterskirche, die im 13. Jahrhundert erbaut wurde, hat das größte Zifferblatt in ganz Europa«, sagte Alex und zeigte auf den düsteren schwarzen Turm. »Es steht ›Die Zeit fliegt immer‹ darauf, sozusagen ein Leitsatz für die Stadt.«

Er verglich seine Uhr mit der Zeit an der Peterskirche und sagte, wir würden zu spät zum Mittagessen kommen, wenn wir unseren Rundgang durch Zürich hier nicht beendeten und uns auf den Weg Richtung Berge machten.

Gegen Mittag waren wir dann in Einsiedeln, dem Benediktinerkloster, wo Alex zur Schule gegangen war. Hier ist die Schwarze Madonna zu Hause, und sie wird heute noch von Pilgern verehrt, wie vor tausend Jahren. Alex erzählte, daß er mit neun Jahren, wie seit Generationen alle Jungen der Familie Rösle, in die Klosterschule geschickt worden war, weil er eine klassische Schulbildung bekommen sollte. Viele der Mönche kannte er noch, und er begrüßte jeden, dem wir auf unserem Weg begegneten, mit einer stummen, förmlichen Verbeugung.

Er führte mich ans andere Ende des Klostergebäudes; die Luft hing schwer und feucht in den Gängen aus grob behauenen braunen Steinen. Wir gingen an Dutzenden von Türen vorbei, die zu genau gleich großen Zellen führten, bis wir vor der einen standen, die Alex früher bewohnt hatte. Sie war leer. Ich sah nackten Steinfußboden, zwei Holzpritschen mit straff gespannten weißen Laken und derben braunen Wolldecken, ein einziges Waschbecken. Ein Schlitz in der dicken Steinmauer ließ einen schmalen Lichtkeil herein.

»Die kleineren Jungen schliefen im großen Schlafsaal, die älteren Schüler teilten sich zu zweit diese Zellen. Wir sollten hier auf den

Eintritt in den Orden vorbereitet werden, auf das Leben als Mönch.«

Wir gingen weiter den Gang hinunter, und als wir in die Nähe des Speisesaals kamen, roch es köstlich nach frisch gebackenem Brot. Alex erklärte mir, daß die Mönche und Schüler die ganzen Tische und Bänke für den Speisesaal selbst gezimmert hatten. Das Holz stammte aus den Wäldern der Umgebung.

»Die Spreißel lassen sie absichtlich dran«, flüsterte Alex mit gespieltem Ernst, als ich unbehaglich auf der Bank herumrutschte.

Er reichte mir eine schwere Metallplatte, darauf eine dicke Scheibe grobes Schwarzbrot und ein großes Stück Ziegenkäse.

»Kann sein, daß noch ein paar Kieselsteine im Brot sind. Passen Sie auf.«

Ein kleiner, rundlicher Mönch, wohl in den Siebzigern, mit wäßrigen Augen und nur noch ein paar Büscheln feinem grauem Haar am Hinterkopf, erschien mit einem Teller in der Hand und setzte sich zu uns. Alex begrüßte ihn herzlich und stellte ihn als Pater Odilo vor, damals sein Lehrer in Griechisch, Latein, Deutsch, Bibelkunde und Katechismus. Pater Odilo sprach zwar weder Englisch noch Französisch, wollte aber offenbar unbedingt mit mir ins Gespräch kommen. Ich bemühte mich, seine Fragen nach Herkunft und Beruf zu beantworten, so gut es ging, und versuchte, mein *Schtetl*-Jiddisch durch eine Art Singsang in ein verständliches Schweizerdeutsch zu verwandeln, wobei ich in meinem Gedächtnis krampfhaft nach den deutschen Entsprechungen von Wörtern suchte, die aus dem Hebräischen oder Russischen abgeleitet sind.

Alex amüsierte sich über meine Schwierigkeiten und grinste spitzbübisch wie ein kleiner Junge, dem ein guter Streich gelungen war. Als das Mittagessen glücklich vorbei war, räumte Alex pflichtbewußt den Tisch ab, legte Teller und Bestecke in eine große Spüle am Ende des Speisesaals. Pater Odilo sagte, er wolle mir die Bibliothek zeigen, die die beste Sammlung von Manuskripten aus dem Mittelalter und der Renaissance in der ganzen

Schweiz beherberge. Das Kloster sei zwar viele Male geplündert und niedergebrannt worden, zuletzt von den Soldaten Napoleons, aber die Mönche hätten die Bücher durch geschicktes Taktieren jedesmal retten können.

»Bücher retten können sie heutzutage besser als Seelen retten«, flüsterte mir Alex in Englisch zu, damit Pater Odilo es nicht hörte.

Pater Odilo führte uns in die Bibliothek, einen Raum mit hohem Gewölbe; er nahm ein großes, ledergebundenes Buch zur Hand und legte es auf den langen, glänzend polierten Eichentisch. Er schlug es an einer beliebigen Stelle auf, und mein Blick fiel auf das reichverzierte Bild eines Mannes, der der Erde entsteigt. Ich nahm die vertraute Kalligraphie nur halb bewußt auf, und ehe ich etwas sagen konnte, begann Pater Odilo mit seinem melodiösen Schweizer Akzent uralte Worte zu rezitieren, die ich auswendig wußte.

»*Wajivra elohim et ha-adam b'zalmo ...*«

Pater Odilo unterbrach sich und sah mich erwartungsvoll an – er der Lehrer, ich der Schüler, der aufgerufen wurde.

»Gott schuf also den Menschen als sein Abbild«, übersetzte ich für Alex vom Hebräischen ins Englische. Und fuhr dann fort, wo Pater Odilo aufgehört hatte:

»*... b'zelem elohim bara oto.*« Wieder übersetzte ich für Alex: »Als Abbild Gottes schuf er ihn.«

Der Mönch nickte feierlich und schloß die mittelalterliche hebräische Bibel.

Alex lenkte den Mercedes auf der kurvenreichen, schmalen Bergstraße sicher Richtung Tal, kilometerweit durch dunklen, unberührten Tannenwald, der die kalte Novembersonne in sich aufsog.

»Ich hoffe, es hat Ihnen nicht zu lang gedauert im Kloster, Jerry. Für Pater Odilo war es eine ganz besondere Freude. Er bekommt selten Besuch, und er ist eine Seele von Mensch.«

Ich hätte diese Stunden im Kloster sehr genossen, entgegnete ich, es sei ein einzigartiges Erlebnis gewesen. Ich war noch nie in einem Kloster gewesen. Es war wie ein Ausflug in die Vergangenheit: die Mönche, die in ihren Zellen schweigend über Büchern sitzen, das einfache, gemeinsam eingenommene Essen, die in den eigenen Werkstätten von Hand hergestellten Möbel und Gerätschaften. Ich hatte den Eindruck, daß sich in dieser kontemplativen Welt seit tausend Jahren kaum etwas verändert hatte. Und die Begegnung mit Pater Odilo beschäftigte mich immer noch sehr.

»Er ist leider der einzige, der noch Hebräisch kann. Alle anderen sind gestorben, und es wird nicht mehr gelehrt. Als ich angerufen habe, um unseren Besuch anzukündigen, war er ganz begeistert, jemand zu treffen, der die Sprache kann.«

Alex schwieg eine ganze Weile und fügte dann leise hinzu: »Er war mein Lehrer und mein Beichtvater. Er hat diese Sätze aus der Schöpfungsgeschichte mit Absicht gewählt.«

»Wirklich? Mir kam es vor, als hätte er die Bibel zufällig an dieser Stelle aufgeschlagen.«

»Nichts ist zufällig, was ein alter Schweizer Mönch tut«, stellte Alex mit sanfter Stimme richtig. Ich sagte nichts, weil ich dachte, er wolle es näher erläutern, aber er hob nur fragend die Augenbrauen zum Zeichen, daß ich raten sollte.

Ich überlegte. Gott schuf also den Menschen als sein Abbild.

»Wollte er damit sagen, daß alle Menschen Kinder Gottes sind, und mir das Gefühl geben, daß ich willkommen bin? Als Jude in einem katholischen Kloster?«

»Ja.« Alex nickte. »Ihnen gegenüber war es ein Angebot ökumenischer Freundschaft. Aber er hat Sie auch die Wiederholung lesen lassen: ›Als Abbild Gottes schuf er ihn.‹ Pater Odilo hat damit gleichzeitig zu uns beiden gesprochen.«

Ich verstand Pater Odilos Absicht nicht ganz, und das sagte ich Alex auch.

»Mir war dieser Satz als Trost zugedacht. Auch als einem Kind Gottes. Als Trost, nicht als Vergebung.«

Weiter unten im Tal, schon am Stadtrand von Zürich, kamen wir in einen dichten, stahlgrauen Nebel hinein. Ich war überrascht von dem plötzlichen Wetterumschwung nach dem grellen Sonnenlicht oben in den Bergen. Alex sagte, solche Nebelbänke seien hier im Spätherbst, wenn es nachmittags rasch kälter werde und die Feuchtigkeit vom Zürichsee in der kalten Luft kondensiere, nichts Ungewöhnliches.

Ich schwieg, damit Alex sich ganz auf die Straße und die scheinbar aus dem Nichts auftauchenden Kurven konzentrieren konnte. Er lenkte den Wagen so routiniert, als wäre er ein alter Seemann, der bei stürmischer See in den Heimathafen zurückkehrt und gefährliche Hindernisse schon wahrnimmt, ehe sie zu sehen sind.

Nach fünfzehn langen Minuten hatten wir den Nebel hinter uns und tauchten in die steingraue Novemberdämmerung über der City ein. Alex lehnte sich entspannt zurück und begann wieder zu sprechen.

»Ich weiß nicht, ob es mich heute noch geben würde, wenn Pater Odilo nicht gewesen wäre. Sie haben die Zelle gesehen, in der ich gelebt habe. Ich wollte nicht von daheim weg, aber ich wußte, daß seit Jahrhunderten alle Jungen meiner Familie nach Einsiedeln geschickt wurden. Ich war ein sensibles, ängstliches Kind und auf so eine strenge, gefängnisartige Umgebung überhaupt nicht vorbereitet. Wir wurden vor Tagesanbruch geweckt, dann Gebet, ein karges Frühstück, dann Unterricht, nachmittags zur Arbeit auf die Felder oder in die Werkstätten, dann wieder Gebet und vor dem Schlafengehen noch zur Beichte.«

Zuerst hatte Alex Pater Odilo die üblichen Sünden gebeichtet: daß er im Zorn geredet oder seine Abendgebete vergessen hatte, daß er faul gewesen war. Aber er wußte, daß er, um die Absolution zu bekommen, auch diejenigen Sünden beichten mußte, die er in den dunklen Tiefen seines Herzens verborgen hielt. Also nahm er einmal seinen ganzen Mut zusammen und erzählte Pater Odilo, was er Gott hatte verheimlichen wollen.

Er sündigte in seinen Träumen. Hünenhafte, behaarte Wesen suchten ihn darin heim, affenähnliche Dämonen, die sich ihm mit erigiertem Glied näherten und ihn mit starken Armen festhielten, wenn sie in ihn eindrangen. Andere Male erschienen ihm keine tierhaften Wesen oder eigentlich Männer im Traum, sondern nur Teile ihres Körpers – Hintern, Penisse, Münder –, die ihn lockten, sie doch kennenzulernen. Diese Traumbilder erschreckten ihn, versetzten ihn aber auch in eine quälende Erregung, und wenn er morgens zitternd aufwachte, waren Flecken auf seinem Bettlaken.

Pater Odilo hatte ihm befohlen, zur Jungfrau Maria zu beten, denn ihre heilende Gegenwart erfülle das ganze Kloster, und wenn seine Seele es wirklich wolle, würde sie ihn von seiner fehlgeleiteten Sinnenlust befreien.

Aber die Gebete änderten nichts an seinen Träumen. Im Gegenteil: Je eifriger er betete, um so mehr beschäftigten ihn seine Phantasien auch am Tag. Immer wieder mußte er die anderen Jungen verstohlen anschauen. Wenn sie gemeinsam duschten und sich anzogen, war er überwältigt von der Schönheit ihrer Körper und wurde rot, weil er sein brennendes Verlangen spürte.

»Ich war überzeugt, ich würde im Höllenfeuer enden, obwohl ich in Einsiedeln nie eine körperliche Beziehung hatte«, sagte er mit gequälter Stimme. »In den göttlichen Geboten des Alten Testaments steht es geschrieben: Mit einem Manne liegen wie mit einer Frau ist verabscheuenswert. Und der Apostel Paulus schreibt in seinen Briefen an die Römer und an die Korinther, daß Männer, die mit Männern wie mit Frauen verkehren, vom Heil ausgeschlossen werden. Es half nichts, daß Pater Odilo mich von meiner Sünde lossprach und sagte: ›Geh und sündige nicht mehr.‹ Oder daß er mir absichtlich besonders anstrengende Feldarbeit auftrug, damit ich erst spät zurückkam und mich nicht mit den anderen ausziehen oder duschen mußte. Als ich ihm beichtete, daß Gebet und Arbeit mich nicht läuterten, machte er mit mir lange Spaziergänge in den Wäldern. Ich erinnere mich an seinen langsamen, bedächtigen Gang, wie er meine Hand in die seine nahm und mir erzählte, daß Christus den Priester, der zölibatär lebt und damit Vorbild ist für den Kampf des Mannes gegen die Erbsünde, ganz besonders liebt. Er riet mir, Mönch zu werden und mich von der Außenwelt zurückzuziehen, um hinter Klostermauern Frieden zu finden. Aber ich wußte, daß ich seinem Weg nicht folgen konnte.«

Ich sah, wie Alex bei diesen schmerzlichen Erinnerungen Tränen in die Augen stiegen.

»Ich dachte, ich könnte mich zwingen, normal zu leben, wenn ich diese kleine Welt des Klosters verlassen hätte.«

Er machte in Basel seinen Abschluß in Jura und Finanzwirtschaft, wie seine Eltern es von ihm erwarteten. Sie machten ihn mit jungen Mädchen aus angesehenen und wohlhabenden Familien bekannt und hofften, daß er bald die Richtige finden würde. Manche der jungen Mädchen wollten zärtlich mit ihm sein, aber Alex fand kein Vergnügen daran.

»Tief innen wußte ich, daß ich mich nicht wirklich nach einer Beatrice sehnte, die mich aus der Hölle führen konnte.«

Und so begann für Alex mit einundzwanzig Jahren der »endgültige Abstieg«. Er, ein gebildeter und kultivierter junger Mann, der sechs Sprachen beherrschte – Griechisch, Latein, Deutsch, Französisch, Italienisch und Englisch –, der sich nicht nur in seinen Fachgebieten Jura und Bankwesen auskannte, sondern auch in der Malerei, Bildhauerei, Geschichte, Literatur und Musik, begab sich in die Halbwelt der schummrigen Klubs, Bars und Saunen. Die Männer bei diesen sexuellen Begegnungen hätten seinen Träumen entstiegen sein können: anonym, nur als Körperteile erlebt, nicht als Menschen. Nach diesen heimlichen Paarungen kehrte er allein in seine kleine Wohnung nahe der Universität zurück und weinte, weil er sich so erniedrigt und einsam fühlte.

Es gab noch einen Menschen in der Familie, erzählte Alex, der allein war. Seine Tante Vreni, eine liebenswerte, hochintelligente Frau in den Vierzigern, die an multipler Sklerose litt und deswegen nie geheiratet hatte. Vreni hatte diese Krankheit, seit Alex denken konnte, und in der Zeit, als er an der Universität war, verschlechterte sich ihr Zustand rapide. Alex bemerkte, wie ihr Gang breiter und ruckartiger wurde, ihre Hände nichts mehr richtig greifen konnten und sie zunehmend die Kontrolle über Blase und

Darm verlor, was Vreni ganz besonders peinlich war. Alex mochte seine Tante sehr und sie ihn ebenso.

»Tante Vreni wußte sehr gut, was großes Leid bedeutet, und sie sah es mir an.«

Den Sonntagnachmittag verbrachte er oft bei ihr in Küßnacht, draußen im Garten mit Blick auf das grüne Tal, an dessen nördlichem Ende Zürich liegt. Noch im Kirchgewand – steifer Anzug und blankpolierte schwarze Schuhe – konnte er hier ein wenig ausruhen von seinem Leben, das ihm eine Qual war: der monotonen Arbeit als Nachwuchsjurist in der Bank seines Vaters; den Verabredungen mit Töchtern wohlhabender katholischer Familien, zu denen ihn die Eltern nötigten; seinen demütigenden Ausflügen in die homosexuelle Welt. In Tante Vrenis Garten konnte er ohne Scheu über seine Träume reden, über das, was seinem Leben Sinn und Erfüllung geben würde. Und das waren für ihn Objekte der Schönheit, die die Kreativität des Menschen zum Ausdruck brachten.

»Tante Vreni war sehr gebildet, obwohl sie nicht studiert hatte. Wie fast alle Schweizerinnen ihrer Generation hatte sie sich vieles selbst angeeignet, hauptsächlich aus den Büchern ihrer Brüder.«

Vreni diskutierte mit ihm die große Frage, die, wie Alex wußte, schon die Philosophen im alten Griechenland beschäftigt hatte: Haben Schönheit und ihre physischen Erscheinungsformen einen inhärenten Sinn, oder existiert er nur, wenn der Mensch diese Objekte wahrnimmt und sich an ihnen freut? Vreni fand, daß letzteres zutraf, und wollte wissen, welche menschliche Erfahrung denn er mit den Objekten der Schönheit verbinden würde, nach denen er sich so sehr sehnte.

Er könne diese Frage erst beantworten, entgegnete Alex, wenn er seinem Leben eine neue Richtung gegeben habe, und sein erster Schritt würde ein neuer Beruf sein. Er beabsichtige, aus dem Bankgewerbe auszusteigen und Architektur zu studieren, denn als Architekt könne er Bauwerke schaffen, bei denen sich seine typisch schweizerische Neigung zum Zweckmäßigen mit dem griechischen Ideal der Schönheit verbinden ließe.

»Tante Vreni meinte, ich sollte noch warten. Ich hatte kein eigenes Geld, und sie befürchtete unangenehme Folgen für mich, wenn ich mich den Plänen meines Vaters widersetzte.«

Kurz darauf verschlechterte sich Vrenis Gesundheitszustand rapide. Bald war sie völlig gelähmt und auf einen Rollstuhl angewiesen. Wegen ihrer schwachen Blase bekam sie immer wieder bakterielle Infektionen, und dann stellte sich noch eine Entzündung der Sehnerven ein, die sie fast erblinden ließ. Alex verbrachte seitdem jeden Abend bei ihr; er versorgte sie, gab ihr ihre Medikamente, ermunterte sie zum Essen, tröstete sie mit liebevollen Worten. Aber trotz hochdosierter Antibiotika, Steroide und Vitamine zeigte sich keine Besserung. Allen, auch Alex, war klar, daß sie bald sterben würde.

Wenige Tage vor ihrem Tod sagte sie zu Alex, sie habe all ihr Leid nur durch ihn ertragen können, daß sie ihn liebe, wie sie noch nie jemand in ihrem Leben geliebt habe. Diese innige Zuneigung sei die Erfüllung ihres Lebens gewesen. Sie habe auch schon seit langem gewußt, daß er anders sei, daß er homosexuell sei.

»Sie sagte, sie würde mir helfen, mich zu befreien.«

Alex verstand Vrenis Worte erst nach ihrem Tod. Sie hatte ihren ganzen Besitz im Schätzwert von rund 15 Millionen Schweizer Franken Alex hinterlassen. Im Testament stand, er könne dieses Vermögen verwenden, wie er wolle.

»Wir waren beide Krüppel, sie körperlich, ich seelisch. Ihr Geschenk waren meine Krücken fürs Leben.«

Das Verhältnis zwischen Alex und seiner Familie entspannte sich etwas, blieb aber schwierig. Er verließ die Bank, ungeachtet der heftigen Proteste seines Vaters, und begann Architektur zu studieren – zuerst in Zürich und dann an der Harvard Graduate School of Design.

»Ich spielte mit dem Gedanken, in den USA zu bleiben, wo die Gesellschaft liberaler und anonymer ist, aber meine eigene Sprache und Kultur waren mir doch wichtig, und deshalb kehrte ich wieder in die Schweiz zurück.«

Alex machte in Zürich ein Architekturbüro auf und hatte großen

Erfolg. Er merkte, daß er sein Leben langsam in den Griff bekam, hörte mit seinen Ausflügen in die Schwulenbars auf und holte einen jungen Mann, Peter, zu sich in sein Stadthaus nahe der Peterskirche mit ihrer berühmten Uhr. Alex beschrieb Peter als auffallende Erscheinung mit pechschwarzen Haaren, rehbraunen Augen und muskulösem Körper. Peter wurde oft für ein Model gehalten, war aber Arzt. Sie waren sich zufällig in einem Züricher Park begegnet, und Alex hatte ihn so hinreißend schön gefunden, daß er ihn angesprochen hatte.

Peter kam aus einer armen Familie und wollte sich möglichst schnell als Arzt niederlassen. Alex lieh ihm Geld, damit er sich in bester Lage eine elegante Praxis einrichten konnte. Aber obwohl Peter mit Alex zusammenlebte, ließ er sich immer wieder mit älteren Männern ein, die seine »Liebesdienste« mit teuren Geschenken belohnten. Alex nahm seine Untreue schweigend hin, litt aber darunter und überhäufte ihn mit Geld und schönen Dingen, damit er seine Eskapaden sein ließ. Er wußte allerdings, daß das alles nichts nützen würde.

»Die meisten schwulen Männer sind so«, fügte Alex verlegen hinzu.

Im Frühjahr 1986 beschloß Peter, sich auf das kürzlich entdeckte HI-Virus untersuchen zu lassen, im Kantonspital, wo er sein Praktikum gemacht hatte. Er versprach Alex, ihm das Ergebnis mitzuteilen, sobald er es hatte.

Mit Worten ausgesprochen erfuhr Alex das Ergebnis nie, aber es war trotzdem klar, denn als er eines Abends vom Büro nach Hause kam, fand er Peter tot im Wohnzimmer liegend. Er hatte sich mit dem Gewehr, das er, wie alle Schweizer, als Reservist der Armee zu Hause hatte, in den Kopf geschossen.

»Seit dem Moment, als ich die Lungenentzündung bekam, ging mir diese Szene mit Peter nicht mehr aus dem Kopf. Er als Arzt wußte, was es bedeutete, HIV-positiv zu sein. Er konnte es nicht ertragen, mit diesem Virus zu leben und auf den Ausbruch der Krankheit zu warten. Ich dachte, ich wäre stärker. Ich hatte schließlich das Klosterleben ausgehalten. Ich ging zum Test, und als ich erfuhr, daß ich auch positiv war, beschloß ich, so lange zu leben, bis es mir ging wie Tante Vreni.«

Alex brach ab und schaute mich forschend an, ob ich ihn auch verstand. Jetzt war klar, warum er ein für ihn lebenswertes Leben bei unserer »Abmachung« so und nicht anders definiert hatte. Aber die Frage, die ich damals in der Notaufnahme gestellt hatte, war damit nur halb beantwortet. Alex schien meine Gedanken lesen zu können.

»Als ich durch die Allergie so hohes Fieber bekam, sah ich nur noch verschwommen, und meine Gelenke waren so dick geschwollen, daß ich mich nicht mehr bewegen konnte. Ich bekam Panik und glaubte, es würde mir bald gehen wie Tante Vreni. Meine Welt stürzte zusammen, wie ein Haus bei einem Erdbeben. Ich hoffte verzweifelt auf einen starken Arm, der mich aus den Trümmern herausholt, ehe sie mich erdrücken. Aber ich hoffte umsonst. Und all die schönen Dinge – die Bilder, die Möbel, die Plastiken – waren genauso zu Bruch gegangen. Jetzt erst verstand ich wirklich, was Tante Vreni gemeint hatte. Diese Objekte der Schönheit hatten keinen Sinn mehr. Sie konnten mir in meiner Krankheit keinen Halt geben. Ich brauchte mehr als Objekte. Ich brauchte einen Menschen. Für Tante Vreni war ich dieser Mensch gewesen. Aber ich hatte niemand.«

Ich legte beruhigend meine Hand auf die seine, die sehr zitterte.

»Sie wollten mir nicht helfen zu sterben, und ich hatte nicht soviel Mut wie Peter, es selbst zu tun. Also bin ich zu dieser Hölle verurteilt, bis es Zeit ist, zu sterben.«

Die Maschine der Swissair zog steil nach oben, und ich machte es mir in dem weichen Ledersitz bequem, während die grünen Felder und Wiesen um den Züricher Flughafen unter mir immer kleiner wurden. Alex hatte mich bis zur Paßkontrolle begleitet, und ich hatte ihn zum Abschied herzlich umarmt, was ihn offenbar überraschte. Es war ein spontaner Ausdruck der tiefen Zuneigung, die ich zu Alex entwickelt hatte, diesen klugen und begabten, aufrichtigen und großherzigen Menschen, der so viel leiden mußte.

Ich empfand diese Art, seine Zuneigung auszudrücken, als ganz normal, das fiel mir nach dieser Umarmung wieder auf. Es war ganz normal, daß ich meinen Vater, Onkel und Brüder küßte, daß mich Cousins und Freunde bei Geburtstagsfeiern und anderen Festen umarmten, daß ich bei orthodoxen Hochzeiten und Bar-Mizwas mit Männern tanzte.

Ich erinnerte mich an die ersten Jahre der Aids-Epidemie, als man das HI-Virus noch nicht entdeckt hatte und die Lebensführung schwuler Männer auf mögliche Infektionsquellen oder milieubedingte Ursachen für die Krankheit untersuchte. Ich war schokkiert, wenn sie mir bei den Befragungen in allen Details schilderten, wie es in der Welt des schwulen Sex zuging. Die Zahl der Sexualkontakte ließ eine geradezu zwanghafte Gier erkennen. Viele Männer hatten im Jahr hundert Kontakte oder mehr, die meisten waren anonym und ergaben sich, wie im Fall von Alex, in Parks, Saunen oder Klubs. Ich mußte mich ganz auf meine Aufgabe als Wissenschaftler beschränken, während ich mir diese vielen Schilderungen von Praktiken anhörte, bei denen so etwas wie Zuneigung keine Rolle zu spielen schien.

Durch Alex hatte ich zum ersten Mal erfahren, was, zumindest bei manchen, hinter diesen so fremden und verwirrenden Praktiken und Verhaltensnormen steckte, obwohl ich in den vergangenen zehn Jahren viele solcher Geschichten gehört hatte. Ich verglich die sexuelle Entwicklung von Alex mit der meinen. In der Pubertät, als die Hormone verrückt spielten, hatte ich ganz ähnliche Phantasien wie er: Ich träumte von gutgebauten Frauen, die mir ihre Körper anboten, ganz ohne irgendwelche emotionalen Verwicklungen. Als Collegestudent war ich, wie die meisten Jungen meines Alters, auf unkomplizierten Sex aus und schlief mit Mädchen, die ich gerade erst kennengelernt hatte, genoß die »freie Liebe« der wilden sechziger Jahre, ohne Gefühle zu investieren. Nach ein paar Jahren war mir das zuwenig, es wurde langweilig. Ich ließ es sein, nicht weil ich Schuldgefühle hatte, sondern weil ich wußte, daß ich etwas anderes finden wollte, das mir mehr gab.

Und was wäre gewesen, wenn man mir diese Suche unmöglich gemacht hätte, wenn ich mein sehnsüchtiges Verlangen hätte unterdrücken müssen, weil die Gesellschaft es nicht erlaubte oder respektierte? Als pervers gebrandmarkt und ausgestoßen, als entartet, als Irrtum der Natur angesehen, als Mensch, der gegen die natürlichen Empfindungen verstieß, war die biblische Prophezeiung für Alex wahr geworden. Wäre auch ich auf meiner Suche in schummrige Bars und Parks gegangen – überzeugt, daß Ausgestoßene keine Liebe verdienen, geschweige denn sie offen zeigen dürfen? Oder hätte ich eher die von Pater Odilo empfohlene Alternative gewählt, die Sublimierung im Schutz eines zölibatären Lebens? Alex war zu dem Schluß gekommen, daß das zwar möglicherweise seine Seele retten, seinem Leben aber nicht die ersehnte Erfüllung geben würde. Deshalb hatte er, damit seine gequälte Seele endlich Ruhe fand, eine dritte Lösung gesucht: im Ideal der Schönheit. Aber nun war auch die körperliche Schönheit nur noch Vergangenheit, und bald würde sie der kalte Hauch des Todes ganz auslöschen.

Ich wachte auf, als das Flugzeug den Bostoner Hafen überflog und kurz darauf weich auf dem dunklen Asphalt der Landebahn aufsetzte. Im Schlaf hatte ich wieder die Szene in der Notaufnahme vor mir gesehen, mich dieses Mal aber nicht mehr gefragt, warum Alex unbedingt hatte sterben wollen. Ich wachte auf mit der Frage im Kopf, wie ich ihm helfen könnte zu leben.

Ich hatte allerdings keine Antwort parat. Ich wußte nur, daß ich Alex Zeit geben wollte, so viel Zeit, wie wir ihm als Mediziner nur irgend verschaffen konnten. Weil ich hoffte, daß man in dieser Zeit eine Lösung finden würde.

Und ich wußte, daß es keine leichte Aufgabe sein würde. Sein Immunsystem funktionierte kaum noch. Die Zahl der T-Zellen war auf unter 50 gefallen, etwa ein Zehntel des normalen Wertes. Er blieb trotz vorbeugender Antibiotika sehr anfällig für die verschiedensten Krankheitserreger – und für Krebs. Und ich konnte ihm zwar noch andere Aids-Medikamente geben, aber die würden bei seinem stark geschwächten Immunsystem kaum noch etwas bewirken.

Meine Befürchtungen sollten sich bald bewahrheiten. Alex bekam hintereinander mehrere durch Streptokokken- und Hämophilus-Erreger ausgelöste Lungenentzündungen, die trotz Dauerbehandlung mit hochwirksamen Antibiotika schwer auszuheilen waren. Durch die lange Behandlung mit Antibiotika breitete sich die Pilzinfektion im Mund stark aus, und es entwickelte sich eine schwere Colitis. Diese Komplikationen mußten wiederum mit anderen Antibiotika behandelt werden.

Als er 1994 einmal beruflich in der Schweiz war, rief er mich von dort aus an, und seine Stimme zitterte, als er mir aufgeregt erzählte, daß er mit dem rechten Auge kaum noch etwas sehe, weil plötzlich große schwarze Flecken da seien. Ich bat ihn, sofort nach Boston zurückzufliegen. Bei der Untersuchung mit dem Augenspiegel stellte ich schwere Einblutungen fest, verursacht durch eine Zytomegalievirus-Infektion. Die rechte Netzhaut war völlig zerstört, da das Virus sich bereits tief in sie hineingefressen hatte. Mit diesem Auge würde er nie wieder sehen können.

Alex war damit einverstanden, daß wir ihm am Brustkorb einen Dauerkatheter legten, damit wir ihm täglich intravenös Gancyclovir geben konnten, das potente Medikament gegen das Zytomegalievirus. Es mußte lebenslang gegeben werden, denn sonst würde die Infektion wieder aufflammen und zuerst auf das andere Auge und dann auf Leber, Gehirn und Darm übergreifen. Alex mußte also jeden Tag mehrere Stunden am Infusionstropf hängen. Kurze Zeit nach der Zytomegalievirus-Infektion bekam Alex schweren Durchfall, der aber offenbar nichts mit den vorbeugend eingenommenen Antibiotika zu tun hatte. Sein Gewicht fiel von 77 auf 65 Kilogramm;, er wirkte aschgrau und abgezehrt. Er konnte nur noch wenige Stunden am Stück schlafen, weil er immer wieder mit Bauchkrämpfen aufwachte und zur Toilette laufen mußte.

Das ging mehrere qualvolle Wochen so, bis wir die Ursache des Durchfalls gefunden hatten: Microsporidium, ein seltener Parasit, der früher hauptsächlich Nutztiere befallen hat, heute aber auch als opportunistische Infektion bei Aids-Kranken auftritt. Mit Albendazole, einem experimentellen Antibiotikum, konnten wir die Colitis ausheilen. Alex nahm wieder etwas zu, blieb aber hager und schwach.

Alex ertrug alles mit bemerkenswerter Gelassenheit, ohne jede Bitterkeit oder Zorn, aber manchmal brach ein schwarzer Humor durch. Dann zeigte er auf den Katheter, der in seiner eingesunkenen Brust steckte, die blauen Flecken an den Unterarmen von den vielen Blutabnahmen, das fixierte, fast blinde rechte Auge und meinte: »Das sind die Stigmata eines gefallenen Heiligen.«

Andrew war in dieser schweren Zeit immer an seiner Seite. Er hatte Yale noch vor Abschluß seiner Doktorarbeit verlassen und war nach Gloucester umgezogen. Er kümmerte sich darum, daß Alex seine vielen Medikamente rechtzeitig einnahm: die Antibiotika zur Prophylaxe, Gancyclovir zur Behandlung der Zytomegalievirus-Infektion, Albendazole gegen das Microsporidium, Azithromycin gegen die bakterielle Lungenentzündung, außerdem d4T, ein neues Aids-Medikament. Er sorgte dafür, daß Alex möglichst gut aß, und kochte ihm leicht verdauliche Sachen – Nudelgerichte, Fisch, Brotauflauf. Er achtete darauf, daß Alex sich genug Ruhe gönnte, und versuchte, ihm durch kurze Besuche von Auktionen, Museen und Antiquitätenläden etwas Ablenkung zu verschaffen.

Bald sprach Alex, leicht amüsiert, nur noch von »meiner Frau«, wenn er Andrew meinte, was mir zuerst ziemlich unangenehm war. Bis ich merkte, daß mich nur die weibliche Benennung irritierte, denn ihr Zusammenleben unterschied sich nicht wesentlich von dem eines heterosexuellen Paares. Wie ein junges Ehepaar, das sich in einem gemeinsamen Leben einrichtet, kam auch zwischen ihnen manchmal Gereiztheit auf. Mal hatte der eine, mal der andere schlechte Laune, aber dann schätzten und liebten sie sich wieder. Die Tragik war, daß das Leben der beiden so sehr von der Krankheit bestimmt wurde.

Im Herbst 1995 waren die neu entwickelten Proteasehemmer verfügbar, und es wurde durch Los bestimmt, wer sie bekommen sollte. Diese Auslosung war notwendig, weil das Medikament anfangs nur in geringer Menge erhältlich und die Nachfrage groß war. Diese teils aus menschlichem Forschergeist, teils durch Computersimulation entstandenen Präparate brachten bei den ersten klinischen Versuchen spektakuläre Erfolge. Kombinationen dieser Proteasehemmer mit älteren Nukleosid-Medikamenten wie AZT und 3TC senkten die Konzentration des HI-Virus im Blut um durchschnittlich das Hundert- bis Tausendfache; bei manchen Patienten war das Virus selbst mit empfindlichsten Tests nicht mehr nachweisbar. Gleichzeitig mit diesem drastischen Rückgang an HI-Viren erhöhte sich die Zahl der T-Zellen, und es verbesserte sich der Allgemeinzustand: Die Patienten nahmen erheblich zu, hatten mehr Energie, und die opportunistischen Infektionen traten seltener auf.

Alex zog sozusagen das Große Los und bekam den ersten dieser Proteasehemmer, das vom Schweizer Pharmakonzern Hoffmann-La Roche entwickelte Saquinavir. Von den vierzig Patienten, die ich vorgeschlagen und die aufgrund ihrer weit fortgeschrittenen Erkrankung an der Auslosung teilnehmen konnten, hatten nur zwei das Glück, in das Versuchsprogramm aufgenommen zu werden.

»Daß meine Schweizer Landsleute mich mal retten würden, das hätte ich wirklich nicht gedacht«, witzelte Alex, als er mit der ersten Behandlung begann.

Schon nach wenigen Wochen ging es ihm besser als jemals zuvor, seit er das Virus in sich hatte. Er nahm deutlich zu, und seine aschfahle Haut bekam wieder eine gesunde Farbe. Aber es veränderte sich nicht nur sein Körper, sondern auch seine psychische Verfassung.

»Zum ersten Mal seit Jahren kann ich mir vorstellen, wieder richtig zu leben«, sagte er einmal zu mir.

Nach vier Monaten Behandlung mit dem neuen Medikament fühlte sich Alex so gut, daß er sich mit konkreten Plänen für die

Zukunft befaßte. Er wollte mit Andrew zusammen einen Laden für exklusive Möbel aufmachen, antike und moderne, und schaute sich mit ihm geeignete Objekte im feinen Bostoner Stadtteil Beacon Hill an. Sie reisten nach New York, London und San Francisco und kauften die ersten Sachen für ihr Geschäft. Sie legten ihr Kapital zusammen und verhandelten mit Banken über die langfristige Finanzierung des Projekts.

Alex beschloß, seine Beziehung mit Andrew zu legalisieren, und da sie nicht heiraten konnten, adoptierte er ihn. Alex befürchtete auch, daß seine Familie sein Testament nicht anerkennen und nach seinem Tod versuchen würde, an sein Vermögen heranzukommen.

»Wenn meine Zeit gekommen ist, hoffentlich erst in vielen Jahren, dann möchte ich die Freiheit weitergeben, die mir Tante Vreni geschenkt hat«, erklärte er.

Gegen Ende des Frühjahrs, nach etwa neun Monaten Behandlung mit dem Proteasehemmer, sank die Viruslast in Alex' Blut von anfänglich 425 000 auf 17 000, und gleichzeitig stieg die Zahl der T-Zellen zum ersten Mal seit zwei Jahren über 50. Er legte derart an Gewicht zu, daß er, um das Ereignis gebührend zu feiern, eine komplette neue Garderobe kaufen wollte, wie er begeistert verkündete.

Zuerst konnte ich mich nicht recht mitfreuen. Irgendwie verunsicherte mich diese erstaunliche Remission, und ich fragte mich, wie lange sie wohl anhalten würde. Aber Alex' Gesundheitszustand hatte sich so enorm gebessert, daß ich schließlich doch sagte: Ja, die Wissenschaft hat ein Wunder bewirkt, es ist tatsächlich eine Remission. Und ich begann auch an seinen Traum zu glauben: daß er leben würde, lange leben und gut leben.

Und dann, im Mai 1996, bekam Alex Fieber. Zuerst hatte er eine Woche lang nur leichtes Fieber, um die 38 °C, aber dann stieg es plötzlich auf 40 °C. Ich untersuchte ihn, konnte aber keine eindeutige Infektionsquelle finden. Nach zwei Wochen war das Fieber immer noch nicht abgeklungen. Alex wollte trotzdem weiterarbeiten wie bisher und keinesfalls Termine absagen, die den

Laden und seine Finanzierung betrafen. Andrew und ich konnten ihn dann doch überreden, sich mehr Ruhe zu gönnen, zumindest bis die Diagnose feststand. Inzwischen fühlte er sich so zerschlagen, daß er nur noch aufstand, um zu den Untersuchungen zu mir zu fahren. Er hoffte so verzweifelt auf meine Hilfe wie ein verhungerndes Kind auf die Nahrung, die ihm vorher immer gegeben und nun ganz plötzlich entzogen wurde.

Ursache dieser unerwarteten und besorgniserregenden Entwicklung konnte sowohl eine Infektion als auch eine Krebserkrankung sein, und ich wollte sie möglichst schnell finden, behandeln und Alex wieder gesund machen. Ich legte Kulturen aus Blut, Urin, Stuhl und Knochenmark an, um sie auf verschiedene Bakterien, unter anderem Mykobakterien (ähnlich dem Tuberkuloseerreger), auf Zytomegalievirus, Herpesvirus, Syphilis, Pilze, Protozoen und Parasiten zu untersuchen. Es wurde eine Röntgenaufnahme des Brustkorbs gemacht, um eine Lungenentzündung auszuschließen, Computertomogramme vom Bauchraum und vom Becken, um potentielle Lymphome oder Abszesse festzustellen. Ein Kernspintomogramm von Gehirn und Wirbelsäule sollte Aufschluß bringen über eventuelle bösartige, infektiöse oder degenerative Prozesse des Nervensystems. Der Augenarzt untersuchte die Netzhaut des linken, noch funktionsfähigen Auges auf eine Infektion, konnte aber nichts finden. Nach drei Wochen hatten wir immer noch keine Erklärung für das Fieber gefunden.

Alex verlor rapide an Gewicht, nahm in diesen drei Wochen sechs Kilo ab. Sein Gesicht war wieder eingefallen und blaß. Wenn ich ihm zusah, wie er sich, auf Andrew gestützt, nach einem Besuch bei mir hinausschleppte, fühlte ich mich schwach und ohnmächtig und hatte einen bitteren Geschmack im Mund.

Daß ich mich so fühle, kommt selten vor, denn ich habe während meiner Ausbildung gelernt, wie alle Ärzte, auf Leid und Schmerz eines Patienten nicht gefühlsmäßig zu reagieren. Sonst könnte ich den Fall nicht mehr objektiv beurteilen und auf die Bedürfnisse meines Patienten optimal eingehen. Aber daß Alex so grausam leiden mußte, berührte mich zutiefst. Ich spürte, daß mich sein

Leid schon zu sehr mitnahm, wußte aber nicht so recht, wie ich Abstand dazu bekommen sollte.

Was mir aber auch zu schaffen machte, war das Gefühl, ihn im Stich gelassen zu haben. Es war meine Aufgabe, sein Leben zu erhalten, und wenn dieses Leben nicht mehr menschenwürdig war, so war unsere Abmachung, ihm einen möglichst schmerzfreien Tod zu ermöglichen. Ohne Diagnose tappte ich im dunkeln, wußte nicht, in welche Richtung ich behandeln sollte. Ich war in der schlimmsten Situation, in der ein Arzt sein kann: Ich war völlig ratlos.

Bei ungeklärten Fällen wie dem von Alex erbringt oft erst die Autopsie eine exakte Diagnose. An Universitätskliniken werden solche Fälle, die sich der Diagnose entziehen, sogar für eine didaktische Übung genutzt, fast eine Art Spiel, die sogenannte »klinischpathologische Konferenz«. Dabei analysiert zuerst ein Kliniker die Daten, die verfügbar waren, als der Patient noch lebte, und erstellt daraus eine Diagnose. Diese Diagnose wird durch die bei der Autopsie vom Pathologen gewonnenen Erkenntnisse bestätigt oder widerlegt. Im *New England Journal of Medicine*, dem angesehensten medizinischen Fachblatt, wird fast jede Woche eine solche Konferenz vorgestellt.

Ich habe einmal den Kliniker bei einer solchen Konferenz des *New England Journal* »gespielt«, und meine Diagnose war richtig. Es ist ein ganz besonderes Erlebnis, wenn man im großen Hörsaal des Massachusetts General Hospital, wo die Konferenz stattfindet, vor der versammelten Fakultät von Harvard steht und einige Monate später wieder, wenn die ganze medizinische Welt deine theoretische Analyse des Falles im *Journal* liest und würdigt, wie geschickt man das Rätsel gelöst hast, das die behandelnden Ärzte nicht haben lösen können. Im Moment fehlte mir allerdings jedes Selbstvertrauen, weil es mir nicht gelungen war, die Ursache für die Verschlechterung von Alex' Gesundheitszustand herauszufinden.

Der Gedanke, die Diagnose von einem Pathologen nach Alex' Autopsie zu erfahren, machte mich krank. Obwohl ich versuchte, das Bild aus meinem Kopf zu verbannen, sah ich im Geiste seinen toten Körper auf dem kalten metallenen Sektionstisch liegen. Der Prosektor würde das wächserne Fleisch mit seinem scharfen Skalpell aufschneiden, der Pathologe nach dem versteckten Tumor oder der Infektion suchen, die seinen inneren Thermostat derart durcheinandergebracht und das extreme Fieber verursacht hatte.

Ich schob diesen grausigen Tagtraum beiseite und konzentrierte mich wieder auf das Bild des lebenden Alex, wenn auch abgezehrt und schwach. Es war, als wollte mir die Krankheit höhnisch zu verstehen geben, daß ich nie herausfinden würde, was mit ihm los war, ihn nie würde wirksam behandeln, ihm nie die frühere Lebensqualität würde wiedergeben können.

Mir half auch die nüchterne Feststellung nichts, daß der neue Proteasehemmer Alex zwar eine Atempause verschaffte, er aber trotzdem Aids hatte, daß es keine Heilung gab, daß ein paar Wochen oder Monate letztlich nicht zählten. Keiner würde innerlich zur Ruhe kommen, Alex nicht, Andrew nicht und ich auch nicht, wenn er starb, ohne daß wir die Ursache gefunden hatten. Nicht jede Krankheit ist behandelbar oder heilbar, aber ich bin der Ansicht, daß jede Krankheit feststellbar sein sollte.

Als Alex am Ende der fünften Woche mit Fieber wieder einen Termin bei mir hatte, fiel mir eine kleine Veränderung in seinem eingefallenen Gesicht auf. Die linke Wange war etwas schlaffer, und das linke Augenlid hing leicht herunter. Ich testete die Hirnnerven, die mit den Muskeln von Kopf und Hals in Verbindung stehen, und glaubte, endlich etwas gefunden zu haben. Der fünfte und siebte Hirnnerv waren in ihrer Funktion beeinträchtigt. Hatte sich an diesen Nerven womöglich ein Abszeß gebildet? Oder machte sich jetzt ein Gehirntumor bemerkbar, der auf den Tomogrammen nicht zu erkennen gewesen war?

Ich erklärte Alex, daß wir ein neues Kernspintomogramm des Gehirns machen würden und anschließend eine Lumbalpunktion, um die Gehirn-Rückenmarks-Flüssigkeit auf verschiedene Erreger und Krebszellen zu untersuchen. Er schloß mit einem Ausdruck der Erschöpfung die Augen und nickte dann zustimmend. Andrew stützte Alex auf der einen Seite, ich auf der anderen, und so brachten wir ihn zur Tomographie. Im Gehirn oder entlang der Hirnnerven war keine Auffälligkeit zu erkennen. Dann gingen wir in die Notaufnahme, und dort stellte sich heraus, daß der schlimmste aller Fälle eingetreten war. Aus der Nadel in seiner Wirbelsäule tropfte langsam eine dicke, zähe Flüssigkeit. Unter dem Mikroskop sah ich, daß sie voller Krebszellen war.

Ich stand stumm an Alex' Bett und hatte das Gefühl, als würden sich vier Jahre in diesem einzigen Moment verdichten. Ich drückte Alex' fiebrige Hand, Andrew streichelte sanft die andere. Schließlich war ich soweit, daß ich Alex das Ergebnis der Untersuchung sagen konnte, nämlich daß er eine durch ein Lymphom verursachte kanzeröse Meningitis hatte; sein Gehirn und Rückenmark waren von Zellen dieses aggressiven Krebses überschwemmt, und diese setzten Gifte frei, die zu dem hohen Fieber geführt hatten. Und weil die Krebszellen durch das Nervensystem schwammen und noch keine Tumoren gebildet hatten, waren sie auf den Kernspintomogrammen auch nicht zu sehen gewesen.

»Alex, Sie haben immer gewollt, daß ich ehrlich mit Ihnen bin, egal um was es geht. Dieser Krebs ist unheilbar.«

Andrew begann zu weinen, und bald war das lange, schmale Gesicht feucht von Tränen. Alex schaute mit seinen großen, strahlend blauen Augen zu ihm auf, lächelte ihn zärtlich und tröstend an.

»Wein doch nicht, mein Schatz. Nicht weinen, Andrew. Es ist alles gut.«

Ich wartete, bis Andrew sich wieder einigermaßen gefaßt hatte, und schlug dann eine Palliativbehandlung vor: zuerst fiebersenkende Medikamente, auch Steroide, die vorübergehend vielleicht sogar das Lymphom günstig beeinflussen würden, und dann, sofern notwendig, schmerzlindernde Mittel. Ich ging davon aus, daß Alex bald auf unsere »Abmachung« zurückkommen würde, und war jederzeit bereit, ihm einen möglichst schmerzfreien Tod zu ermöglichen.

»Kann man eine lymphomatöse Meningitis denn überhaupt nicht behandeln, auch nicht mit Chemotherapie?« fragte Alex.

Ich erklärte ihm, daß man zwar Chemotherapeutika geben könne – direkt in die Rückenmarksflüssigkeit am Gehirn –, daß sie
aber schwere Nebenwirkungen hätten und in Fällen wie dem seinen minimale Erfolge brächten. Ich wiederholte noch einmal, daß
eine lymphomatöse Meningitis bei Aids unheilbar sei und in der
Regel zu Lähmungen führe, weil der Tumor die zu Armen und
Beinen führenden Nerven abquetsche.
Aber Alex ließ nicht locker. Ob die Behandlung nicht doch schon
einmal gut angeschlagen habe? Ob man dadurch Zeit gewinnen
könne?
Ich antwortete, daß Erfolge sehr selten seien und man bestenfalls
einige wenige Wochen oder Monate gewinnen könne.
Alex hörte mir gefaßt zu, den Blick nach innen gerichtet. Und
dann erklärte er mit klarer und fester Stimme: »Ich möchte behandelt werden. Ich entscheide mich für das Leben.«

Endlich bekamen Andrew und ich einen kleinen Ecktisch in Rebecca's Café. Das Lokal war brechend voll mit Gästen aus den
umliegenden Kliniken – Studenten, Schwestern, Patienten und
Angehörigen –, denen das Krankenhausessen zu eintönig war
und die deshalb hier zu Mittag aßen. Es war unser erstes Treffen, seit Andrew aus der Schweiz zurückgekommen war, wo er
Alex' Asche in einen See im Engadin gestreut hatte – eine Landschaft, die Alex ganz besonders geliebt hatte. Andrews tiefblaue
Augen waren von Müdigkeit umschattet. Er war in den langen,
schrecklichen Wochen in der Klinik, als Alex während der Chemotherapie um sein Leben kämpfte, keinen Augenblick von seiner Seite gewichen. Ich hatte Alex vor jedem Behandlungsschritt
die Nebenwirkungen der Medikamente klargemacht und auf die
äußerst geringe Erfolgschance hingewiesen, aber er hatte immer
wieder mit großem Nachdruck erklärt, daß er eine aggressive
Behandlung wolle, um trotz der Schmerzen so lange wie möglich zu leben.
»Früher hat er so oft gesagt, man soll ihm einfach etwas geben,
damit er einschläft, damit er das entwürdigende Endstadium sei-

ner Krankheit nicht erleben muß«, fuhr Andrew fort. »Aber er hat sich anders entschieden. Und anscheinend nicht aus Angst.«

»Er hatte keine Angst vor dem Sterben«, bestätigte ich. Ich wußte es, denn ich hatte Alex einmal ganz offen danach gefragt aus Sorge, diese sehr häufige Angst könnte der Grund sein, daß er so hartnäckig auf einer aggressiven Behandlung bestand.

»Ich hätte nie gedacht, daß er das alles auf sich nehmen würde«, fügte Andrew hinzu. »Und er hat sich nie beklagt, ist nie ungeduldig geworden. Obwohl es ihm so schlechtging, wollte er nur mich immer trösten und auch Sie. Er hat Sie geliebt wie einen Bruder, Jerry.«

Mein Herz zog sich zusammen, als ich das hörte, und Tränen stiegen mir in die Augen.

Ich hatte noch das Bild vor mir, wie Andrew an Alex' Bett saß, ihm sanft über den knochigen, durch die Chemotherapie völlig kahl gewordenen Schädel strich und ihm zärtliche Worte ins Ohr flüsterte.

»Ich bin da, Alex. Ich bin bei dir. Ich werde immer bei dir sein. Und du bei mir.«

Ich erinnerte mich auch an Andrews Klagen, daß wir Alex mit unseren Therapien quälten, was er mir aber nur unter vier Augen sagte. Er hatte große Bedenken, ob es vernünftig war, den von Alex gewählten Weg weiterzugehen. Auch ich war im Zwiespalt, denn ich wußte, daß die Erfolgschance nur sehr gering, die Wahrscheinlichkeit schwerer Nebenwirkungen und noch schlimmerer Schmerzen jedoch groß war. Aber Alex war bei klarem Verstand gewesen und hatte seinen Willen unmißverständlich geäußert, und ich erklärte Andrew, daß, solange nicht die Bedingungen für unsere »Abmachung« gegeben waren, wir seine Entscheidungen zu respektieren hatten.

Ich schob die Gedanken an die Vergangenheit beiseite und fragte Andrew, ob er sich schon überlegt habe, wie es jetzt bei ihm weitergehen solle.

Er senkte den Kopf und sagte leise, er brauche noch einige Zeit, um sein Leben wieder in die Reihe zu bekommen. Er habe ja sein

Studium abgebrochen, um ganz für Alex dazusein. Als Alex die Proteasehemmer bekam, habe er wieder Hoffnung geschöpft und konkrete Pläne für die Zukunft gemacht. Jetzt sei die Situation wieder ganz anders.

Andrew war sehr mitgenommen, nicht nur von Alex' schwerer Krankheit und seinem Tod, sondern auch weil dessen Angehörige in der Schweiz ihn unter Druck setzten. Sie waren empört über die Adoption und hatten bereits Schritte eingeleitet, um das Testament anzufechten. Es kostete Andrew viel Kraft, daß er sich jetzt, wo er um seinen Freund trauerte und sich ein neues Leben aufbauen mußte, auch noch gegen die persönlichen und rechtlichen Angriffe von Alex' Vater und Geschwistern zur Wehr setzen mußte.

Wenn Andrew wirklich Alex' Frau gewesen wäre, wie er ihn im Scherz genannt hatte, würde die Familie sicher keine Schwierigkeiten machen, dachte ich.

Über die letzte Zeit mit Alex und die momentanen Probleme mit dessen Familie zu sprechen ging Andrew doch sehr nahe, und so redeten wir lieber über andere Dinge. Trotzdem blieb Alex die ganze Zeit gegenwärtig, und wir hatten beide noch seine energische Stimme im Ohr.

Ich dachte daran, wie ich mich nach jener Nacht vor vier Jahren gefragt hatte, warum Alex unbedingt sterben wollte. Jetzt, als ich Andrew zuhörte, war mir klar, warum er, den Tod vor Augen, so verzweifelt um sein Leben gekämpft hatte.

Elizabeth

Was ist denn jetzt schon wieder? dachte ich ärgerlich, als ich Elizabeths Brief öffnete. Ich kann wirklich von mir sagen, daß ich für meine Patienten nicht nur Arzt, sondern auch Freund bin – ein Partner, der mit ihnen auf ein gemeinsames Ziel hinarbeitet. Aber Elizabeth gab mir immer das Gefühl, daß ich ihr schärfster Konkurrent bei einem Langstreckenlauf bin, egal, ob sie mir schrieb, anrief oder mich persönlich aufsuchte. Sie versuchte meine Stärken und Schwächen herauszufinden, sich einen Vorteil zu verschaffen und mich dann unter Druck zu setzen, damit sie die Oberhand behielt.

Und heute war Dienstag, ein langer und anstrengender Tag wie fast jeder Dienstag, denn dieser Wochentag war für meine Arbeit in der Klinik reserviert. Vormittags betreute ich Aids-Kranke, nachmittags Patienten mit Krebs oder Blutkrankheiten. In der Regel sah ich im Laufe des Tages fünfzehn Patienten oder mehr und hatte kaum Zeit für ein schnelles Mittagessen oder irgend etwas anderes.

Ich schaute hinaus auf die Skyline von Boston, wo eben die glühende Augustsonne unterging und die Stadt in seidiges, sanftes rosa Licht tauchte. Ich war schon spät dran zur abendlichen Besprechung in meinem Labor und mußte jetzt noch ihren Brief lesen.

Seever Estates
Edgartown, Martha's Vineyard
22. August 1987

Lieber Jerome,
ich will hoffen, daß Ihnen diese schreckliche Hitze nicht
allzusehr zu schaffen macht. Dieses ganze Gezeter im
Globe, daß Boston durch die globale Erwärmung noch zum
Treibhaus wird! Wenn es soweit ist, überlasse ich meine
lieben Mitbürger in der Stadt ihrem Schicksal und ziehe
mich in mein Refugium hier auf der Insel zurück.
Der Sommer war wieder einmal wenig aufregend. Ich habe
endlich entdeckt, was mir fehlt, und es sind nicht nur Blutzellen. Aber die allein interessieren Sie ja. Überlegen Sie
jetzt, ob ich ein braves Mädchen war und immer schön zu
meinen Transfusionen ins Vineyard Hospital gegangen
bin?
*War sie da? Wenn nicht, ist sie schon mehr als zwei Wochen
über den Termin und könnte eine bedrohliche Anämie entwickelt
haben.*
Leider kann ich in meinem Alter nur noch sechs der sieben
Todsünden frönen! Die Diners, die Teegesellschaften und
die Gartenpartys bieten reichlich Gelegenheit für Eitelkeit,
Neid, Zorn, Habgier, Müßiggang und natürlich Völlerei.
Letzteres gilt in meinen Kreisen als besonders empörend.
Mir ist es jedoch bei meinem Zustand herzlich egal, ob je-
mand die Stirn runzelt, wenn ich noch einmal vom Nach-
tisch haben möchte. Ich muß gestehen, daß ich mindestens
sechs Pfund zugenommen habe, seit ich im Juni bei Ihnen
war. Werden Sie bei unserem nächsten Termin mit mir
schimpfen?
*Anmerkung am Rand des Briefes von mir: 6 Pfd. zugenommen.
Offenbar keine Beeinträchtigung des Stoffwechsels durch die
Krankheit, z. B. Appetitmangel oder Gewichtsverlust.*
Vielleicht wäre der Sommer weniger langweilig und ich

schlanker, wenn die Wollust, die siebte Sünde, dazukäme. Aber das werde ich wohl nicht mehr erleben.

Kommen Sie endlich zum Punkt, Elizabeth. Waren Sie zur Transfusion oder nicht? Was es mich Zeit gekostet hat, während Ihres Aufenthalts passende Termine im Vineyard Hospital zu bekommen!

Letzte Woche habe ich Reverend George Brooks, unseren Pfarrer aus Boston, auf einer Cocktailparty getroffen. Er sagte, er sei vor der Hitze geflüchtet, aber ich kenne den wahren Grund.

Ich wußte natürlich von vornherein, daß er Spenden für sein Lieblingsprojekt sammeln wollte, das Obdachlosenheim unserer Kirchengemeinde an der Tremont Street. Wenn es um Geld geht, ist unser Pfarrer wie eine wärmegesteuerte Rakete. Und *diese* Wärme findet man im Sommer auf Vineyard immer, trotz der kühlen Meeresbrise. Die meisten meiner Freunde sind bereits angesprochen worden. Die Seever Foundation wird natürlich ihren Beitrag leisten, denn zum einen steht es in unserer Satzung, daß wir die Congregational Church unterstützen, zum anderen ist er wirklich ein reizender Mensch, wenn auch etwas geistlos.

Wieder ein Bittsteller, nach dem Präsidenten des Smith College und dem Kurator des Museum of Fine Arts, der Elizabeth bearbeitet und Männchen macht, damit er von der Seever Foundation eine Unterstützung bekommt.

Das von meinem Vater ererbte Vermögen wächst unter den geschickten Händen der klugen Herren in der State Street wie eine tropische Pflanze.

Mein Vater hat einmal gesagt, daß von Menschen wie uns immer jeder etwas will. Und mein Vater hatte *immer* recht.

Wie oft habe ich diesen Satz schon gehört? Was will ich in diesem Moment von Elizabeth? Nur wissen, ob sie wie vereinbart zur Transfusion gegangen ist.

Sie ist so lästig, diese Myelofibrose. Manche meiner Freunde wissen immer noch nicht, was das ist, und ich erkläre ihnen dann, daß meine sarkastische Art sich auf das Knochenmark geschlagen hat, so daß es nicht mehr genug Blut bildet. Sie, lieber Doktor, bestreiten das ja und behaupten, eine Erkrankung des Knochenmarks habe nichts mit der Persönlichkeit zu tun. Aber Sie wissen auch nicht, woher sie in meinem Fall kommt, nicht wahr? Also kann ich genausogut recht haben wie Sie!

Da ist sie wieder bei ihrem Lieblingsthema: daß kein Arzt weiß, warum sie diese seltene Knochenmarkserkrankung bekommen hat, und daß wir nicht so klug sind, wie wir meinen.

Aber kommen wir nun zur Sache. Meine Sekretärin wird Ihre kleine Youngsun nach dem Labour Day anrufen und meinen Untersuchungstermin für den Herbst vereinbaren. Eines müssen wir bei meinem Besuch in jedem Fall besprechen: Ich habe in letzter Zeit etwas Kreuzschmerzen. Nicht jeden Tag, aber doch oft genug, daß es mir lästig ist. Wahrscheinlich ist es nur Arthritis, oder vielleicht belasten mich auch meine neu erworbenen Pfündchen. Aber erinnern Sie mich daran, falls ich es vergessen sollte.

Auf bald
Elizabeth

Wieder eine bewußte Provokation, und dazu eine recht deutliche. Elizabeth verschwieg absichtlich, ob sie ihre Transfusionen bekommen hatte. Jetzt machte ich mir Sorgen und war gezwungen, es selbst festzustellen. Youngsun schrieb gerade ihren letzten Brief fertig, und ich bat sie, Elizabeth in Edgartown anzurufen und zu fragen, ob sie ihre drei Einheiten Blut im Vineyard Hospital bekommen habe. Wenn Youngsun mir den Anruf abnahm, bekam ich das Wichtigste bei unserer Laborbesprechung noch mit.

Eine gute halbe Stunde später wurde ich im Labor angepiepst. Youngsun hatte Elizabeth erreicht, aber die hatte sie barsch abgefertigt: »Sagen Sie dem lieben Dr. Groopman, daß ich die Details meines gesundheitlichen Zustandes nicht mit einer Sekretärin bespreche. Er kann sich ruhig ein bißchen Zeit nehmen und mich selbst anrufen, wenn er es unbedingt wissen will.«

Zwei Jahre zuvor war Elizabeth zum ersten Mal bei mir gewesen. Sie hatte selbst wegen eines Termins angerufen und gesagt, es sei eine schlimme Blutkrankheit bei ihr diagnostiziert worden und ich müsse sie mir »sofort« ansehen. Ich gab ihr einen Termin für den nächsten Tag, weil ich annahm, die Sache sei dringend, und erwartete, vorher ein Fax oder einen Anruf von ihrem behandelnden Arzt zu bekommen.

Sie stellte sich mir als Elizabeth Seever vor und erklärte, ich solle ihren Ehenamen »Pierce« weglassen, da ihr Mann tot sei und sie ihn so sehr nun auch wieder nicht geliebt habe. Elizabeth war eine hochgewachsene, füllige Frau von vierundsechzig Jahren mit kalten blauen Augen, einem dünnen Lächeln und sorgfältig toupierten silbergrauen Haaren. Sie war immer sehr gut angezogen und trug perfekt geschnittene Kleider, die ihrer üppigen Figur schmeichelten. Die doppelreihige Perlenkette und die Smaragdohrringe waren geschmackvoll, sollten aber durchaus auch Eindruck machen.

Da ich weder Unterlagen noch von ihrem Arzt gehört hatte, fragte ich sie, wer sie an mich verwiesen habe. Elizabeth antwortete, es sei *nicht* Walter Page, ihr Internist in Cambridge, sondern ein *ganz, ganz* wichtiger Mann von der Harvard Medical School, der gemeint habe, ich sei Experte für ihre seltene Krankheit, Myelofibrose.

»Was den Namen betrifft, scheint mir eine gewisse Diskretion angebracht.«

Ich fand diese Geheimnistuerei zwar überflüssig, aber Elizabeth gab mir das Gefühl, daß es äußerst unhöflich wäre nachzufragen. Dann meinte sie, bevor sie mich in ihre Krankengeschichte einweihe, wolle sie doch erst etwas über mich erfahren: An welcher Universität ich studiert hätte, wo ich mein Praktikum und meine Assistenzzeit abgeleistet, wo meine Fachausbildung gemacht, welche Stellung an der Fakultät in Harvard ich hätte. Sie hörte sehr aufmerksam zu: Studium am Columbia College of Physicians and Surgeons; Praktikum und Assistenzzeit am Massachusetts General Hospital; Fachausbildung in Hämatologie und Onkologie an der University of California in Los Angeles, am Boston Children's Hospital und am Dana-Farber Cancer Institute; derzeit Dozent und Leiter der Abteilung für Blutkrankheiten und Krebs an der Universitätsklinik. Elizabeth entgegnete, sie sei »erfreut«, daß mein beruflicher Hintergrund »wie angekündigt« sei, wolle aber doch auch etwas über meine »Herkunft« wissen.

»Groopman ist ein recht ungewöhnlicher Name. Kommt er aus Holland? Lebt Ihre Familie schon lange hier?«

»Er kommt aus Holland, und er ist tatsächlich selten«, antwortete ich höflich. »Soviel ich weiß, sind wir sogar die einzige Familie in den USA mit diesem Namen. Wir sind Juden. Mein Großvater stammte aus Kiew, damals Rußland. Er konnte während eines Pogroms in den 1880er Jahren flüchten und schlug sich nach Amsterdam durch. Dort nahm er den Namen ›Groopman‹ an. Anfang dieses Jahrhunderts ging er dann nach Amerika.«

»Was für eine bezaubernde Geschichte! Wir Bostoner sagen ja, der Bürgermeister sollte Ire sein, der Friseur Italiener und der Doktor ein Jude. Nun, wir werden sehen, nicht wahr?«

Ich saß sprachlos da und wußte nicht, wie ich reagieren sollte. Wir hatten uns eben erst kennengelernt, sie die Patientin, die Hilfe brauchte, ich der Arzt, den sie aufgesucht hatte. Sollte das eine Kostprobe gönnerhaften Upperclass-Humors sein oder schlicht eine Provokation?

Ging ich nicht darauf ein, konnte es als Zeichen von Schwäche ausgelegt werden – oder daß ich mich meiner Identität schäme. Reagierte ich schroff darauf, würde es vom Zweck ihres Besuches ablenken, und ich würde meiner Rolle als Arzt nicht gerecht.

Neben meinem Schreibtisch hängt ein Bild von einem Mann mit schwarzem Vollbart und einem weißen Turban auf dem Kopf; er sitzt in einem prunkvollen Palast. Sein Stuhl ruht auf zwei Säulen mit einer Inschrift in Hebräisch und Englisch. Ich machte Elizabeth auf das Bild aufmerksam:

»Dieser Mann ist Moses Maimonides, ein Arzt und Rabbi, der im 12. Jahrhundert gelebt hat. Tagsüber war er am Hof des Sultans in Kairo, und nachts kümmerte er sich um die Armen der Stadt. Seine Bücher über Wissenschaft und Glauben haben Generationen von Denkern beeinflußt, darunter den heiligen Thomas von Aquin und islamische Theologen. Er begann jeden Tag mit dem Gebet, das auf den zwei Säulen steht:

Erachte mich würdig,
im Leidenden,
der meinen Rat sucht,
einen Menschen zu sehen:

Weder reich noch arm,
Freund noch Feind,
gut noch böse.
Laß mich nur den Menschen sehen.

Ich denke, Maimonides würde sich mehr für das Können und nicht die Religion oder Herkunft seines Bürgermeisters, Friseurs oder Arztkollegen interessieren.«

Elizabeth lächelte kühl und bemerkte, das sei »ein hübscher Gedanke«. Ich nickte zustimmend und überlegte, ob ich mich in ihrem Fall wohl an dieses Gebet würde halten können und was ich am Ende sehen würde.

Elizabeth litt an einer relativ seltenen Blutkrankheit, bei der sich die Fibroblasten – das sind Zellen, die für die Bildung von Bindegewebe und Narben zuständig sind – im Knochenmark übermäßig vermehren. Anstatt in der Markhöhle ein Nest für die sich entwickelnden Blutzellen zu bilden, werden die Fibroblasten zu einer erdrückenden Decke, unter der sich kaum noch neue Zellen entwickeln können. Das führt in der Regel zu einer Anämie, einer starken Verminderung der roten Blutkörperchen, die den Sauerstoff transportieren. Die Patienten sind dann wegen des zu niedrigen Sauerstoffgehalts oft sehr müde, schwindelig und kurzatmig. Auch die Zahl der Blutplättchen kann verringert sein, was eine erhöhte Neigung zu Blutungen nach sich zieht, denn die Blutplättchen sind wichtig für die Blutgerinnung. Ebenso kann die Zahl der Leukozyten (der weißen Blutkörperchen) zu niedrig sein, und das erhöht die Anfälligkeit für Infektionen. Abgesehen von einer Anämie, die zur Vorbeugung von Symptomen regelmäßige Bluttransfusionen erforderlich machte, war die Zahl der Leukozyten und Blutplättchen bei Elizabeth zwar niedrig, aber zum Glück stabil, so daß kein erhöhtes Risiko für Infektionen oder Blutungen bestand.

Da die Fibroblasten zunehmend weniger Platz im Knochenmark lassen, werden die sich entwickelnden Blutzellen zur Flucht gezwungen wie Menschen, deren Heimat von feindlichen Truppen erobert wird. Diese vertriebenen Zellen gehen in den Blutkreislauf und versuchen, irgendwo anders Unterschlupf zu finden. Die meisten lassen sich in der Milz nieder und gründen dort, am falschen Ort, neue »Siedlungen« zur Blutbildung, wodurch die Milz sich massiv vergrößert. Bei den meisten Patienten ist die Milz irgendwann so »überbevölkert«, daß die Blutbildung hier nicht mehr möglich ist. Also müssen neue Siedlungen in der Leber und den Lymphknoten gegründet werden. Bis es schließlich auch in diesen Geweben »zu eng« wird.

Manchmal führt auch der ständige Kontakt mit Lösungsmitteln wie Benzol oder Toluol zu einer Myelofibrose. Elizabeth erzählte mir, sie habe am Smith College Kunst als Hauptfach gehabt, sei aber mit diesen Lösungsmitteln kaum in Berührung gekommen. Sie habe lieber mit Wasser- als mit Ölfarben gemalt und ohnehin kurz nach dem College mit dem Malen aufgehört, weil sie sich nicht talentiert genug fand. Derzeit bestehe ihr einziger Kontakt zur Kunst darin, informierte sie mich trocken, daß sie ihre bereits recht ansehnliche Sammlung mit Neuerwerbungen bereichere.

Als weitere Ursache für die bindegewebige Verödung des Knochenmarks kommt eine Strahlenexposition in Frage, aber auch das war bei Elizabeth nicht der Fall. Sie hatte auch nie Thorotrast injiziert bekommen, ein für Röntgenaufnahmen verwendetes radioaktives Kontrastmittel, bei dem man in den fünfziger Jahren festgestellt hat, daß es das Knochenmark schädigt und zu einer ungehemmten Vermehrung der Fibroblasten führt.

Bestimmte ernährungsbedingte Mangelerscheinungen, wie zum Beispiel ein Mangel an Vitamin D, und Infektionskrankheiten wie Tuberkulose können ebenfalls eine Myelofibrose verursachen. Elizabeth entgegnete schroff, sie sei doch wohl kein »schwindsüchtiges Kind« und habe von klein an jeden Tag ein ganzes Glas Vollmilch zum Frühstück getrunken.

Meistens sind jedoch weder Umwelteinflüsse, Ernährungsmängel oder Infektionen die Ursache einer Myelofibrose, sondern sie entwickelt sich aufgrund des Fehlverhaltens einer bestimmten Blutzellenpopulation, die mutiert und die Kontrolle über ihr genetisches Programm verloren hat und ungehemmt als »Wachstumsfaktoren« bezeichnete Proteine freisetzt. Diese Wachstumsfaktoren regen die benachbarten Fibroblasten zur Bildung von dichtem Bindegewebe an.

Diese entarteten Blutzellen lösen häufig eine akute Leukämie aus. In diesem Fall gerät das ganze Knochenmarksystem durcheinander, die Fibroblasten bilden noch dichteres Bindegewebe, und die bösartigen weißen Blutzellen vermehren sich ungehemmt. Die Behandlung einer akuten Leukämie in Verbindung mit einer Myelofibrose bringt erfahrungsgemäß keinen Erfolg. Selbst wenn es gelingt, die Leukämie durch eine Chemotherapie zu besiegen, ist damit nichts gewonnen: Es bleibt ein völlig verödetes Knochenmark zurück, das praktisch überhaupt keine Blutzellen mehr bildet.

Ich habe Ende der siebziger Jahre mehrere Artikel über Myelofibrose veröffentlicht. Ich hatte beschrieben, welche Wachstumsfaktoren von den leukämischen Zellen produziert werden und welche biochemischen Abläufe zu dieser destruktiven Orgie im Knochenmark führen. Die Forschungsarbeit hatte unter den Hämatologen große Beachtung gefunden, und ich vermutete, daß es diese frühe Arbeit war, die den »*ganz, ganz* wichtigen Mann von der Harvard Medical School« zu der Empfehlung veranlaßt hatte, Elizabeth solle mich aufsuchen.

Erst als ich mit ihrer Krankengeschichte durch war, zog Elizabeth die Fotokopie eines Briefes von Robert MacPhearson heraus, einem anerkannten älteren Hämatologen am Mount Auburn Hospital in Boston. Es sei bei ihr, hieß es darin, nach umfassender Untersuchung eine »idiopathische Myelofibrose oder Verödung des Knochenmarks ohne erkennbare Ursache diagnostiziert worden«. Und es hieß weiter, sie sei über das Risiko, daß sich eine akute Leukämie entwickeln könne, informiert worden. Sie müsse unter ständiger ärztlicher Beobachtung bleiben.

»Ich mag MacPhearson nicht«, bemerkte Elizabeth, als ich den Brief fertiggelesen hatte, »obwohl wir in denselben Kreisen verkehren. Er ist einfach zu alt und zu phantasielos, um herauszufinden, warum ich diese alberne Krankheit habe. Und er ist autoritär – ein Arzt vom alten Schlag.«

Ich widersprach ihr in sorgfältig gewählten Worten. »Er ist trotz seines Alters ein ausgezeichneter Diagnostiker mit enormer klinischer Erfahrung.«

Ich konnte mir schon denken, warum Elizabeth ihn nicht mochte, und umgekehrt. Er war ein vielbeschäftigter alter Herr, der unumwunden seine Meinung sagte und sich ein solches Verhalten, wie ich es gerade erlebt hatte, sicher nicht gefallen ließ.

Das Ergebnis der körperlichen Untersuchung war, wie bei einem Patienten mit Myelofibrose, zu erwarten. Die Konjunktiva, die Bindehaut innen an den Augenlidern, zeigte bei Elizabeth wegen der erheblich verringerten roten Blutkörperchen nicht das normale kräftige Hellrot, sondern ein blasses Lachsrosa. Die vergrößerte Milz war noch etwa acht Zentimeter unter den Rippen zu tasten. Normalerweise ist die Milz faustgroß und liegt gut geschützt hinter den unteren Rippen. Auch die Leber war vergrößert und reichte bis in den Mittelbauch hinein. Aber es gab keine Anzeichen für Blutungen, keine Blutbläschen im Mund oder Blutergüsse auf der Haut.

Ich erklärte Elizabeth, um sie zu beruhigen, daß sich aus ihrer

Krankengeschichte, dem körperlichen Befund und den in Dr. MacPhearsons Brief zusammengefaßten Ergebnissen der Bluttests kein Hinweis ergebe, daß sich ihre Krankheit zu einer akuten Leukämie entwickle und daß abgesehen von ihrer Anämie keine größeren Komplikationen festzustellen seien.

Ich hatte eigentlich erwartet, daß Elizabeth sich über meine positive Einschätzung freute, weil das hieß, daß sie nur gelegentliche Transfusionen brauchte, um die Zahl der roten Blutkörperchen zu stabilisieren, sowie Vitamine der B-Gruppe, damit die blutbildenden Organe ausreichend ernährt wurden. Ich würde den Verlauf der Krankheit genauestes beobachten, was wir im Ärztejargon manchmal als »wachsames Abwarten« bezeichnen.

»Nur Vitamine und Transfusionen gegen die Anämie, wie der alte MacPhearson gesagt hat? Nur ›wachsames Abwarten‹, wie Sie es nennen? Das ist keine sonderlich befriedigende Antwort. Keine raffinierte Pille, damit diese lästigen Fibroblasten nicht mehr weiterwachsen? ›Wachsames Abwarten‹, tatsächlich! Wir Seevers pflegen nicht *abzuwarten*, wir *handeln*.«

Elizabeth stand abrupt auf.

»Guten Tag, Dr. Groopman. Ich werde einen Spezialisten finden müssen, der mehr tut, als nur abzuwarten.«

Mit diesen Worten verließ sie hocherhobenen Hauptes das Zimmer.

Ich muß zugeben, daß ich erleichtert war. Sie würde einen anderen Arzt finden, den sie vielleicht so weit brachte, daß er ihr irgendein Mittel verschrieb, selbst wenn es überhaupt keinen Einfluß auf ihre Krankheit hatte. Ich hatte viele Patienten zu betreuen, mein Labor zu leiten, Vorlesungen zu halten und zahllose andere Verpflichtungen. Elizabeth würde mir sehr viel Zeit und Energie abverlangen, und beides hatte ich nicht im Überfluß.

Drei Wochen später jedoch kam sie wieder, denn zwei andere Hämatologen hatten ihr ebenfalls »wachsames Abwarten« empfohlen. Da sie inzwischen von vier Ärzten das gleiche gehört hatte, war sie endlich überzeugt, daß nur ein Scharlatan ihr eine »Heilung« versprechen würde.

»Ich bin nicht so dumm, daß ich mich in die Hände eines Schamanen begebe«, erklärte sie. »Deshalb sitze ich nun wieder hier.«
Diesmal entschloß ich mich, Elizabeths Verhalten zu ihren Gunsten auszulegen, und hoffte, die Spannungen zwischen uns bei ihrem ersten Besuch seien nur Ausdruck ihrer Angst gewesen, weil der weitere Verlauf ihrer Krankheit so ungewiß war und es keine spezifische Therapie gab. Und es gab auch Momente, wo ich ihre Gesellschaft genoß. Sie war ungemein bewandert in Kunst und Literatur und konnte sehr geistreich über die unterschiedlichsten Maler und Schriftsteller reden. Ihr besonderes Interesse galt Degas, und die Skizzen seiner Tänzer waren das Glanzstück ihrer Sammlung. Sie erzählte mir im Vertrauen, sie habe schon als kleines Mädchen davon geträumt, einmal eine große Ballerina zu sein.

»Ich habe es mit Ballett versucht, aber leider bin ich sehr nach meinem Vater geraten, genauso groß und grobknochig. Jetzt sitze ich in meinem Studio und schaue stundenlang meine Bilder an. Ich stelle mir vor, ich wäre eine von Degas' Balletttänzerinnen, mit dieser vollkommenen Beherrschung von Geist und Körper, diesem vollkommenen Gleichklang in der Bewegung.«

Häufiger als solche erfreulichen Momente waren jedoch die Schwierigkeiten, denn Elizabeth kam des öfteren gar nicht zu den Blutuntersuchungen und Transfusionen, und wenn, dann grundsätzlich zu spät. Ich bat sie jedesmal höflich, aber bestimmt, sie solle doch bitte ihre Termine einhalten und mehr Rücksicht auf unseren engen Zeitplan nehmen.

»Es tut mir schrecklich leid, Jerome, aber es kommt einfach immer so vieles dazwischen.«

Solchen halbherzigen Entschuldigungen folgte jedoch meist ein ganzer Schwall von Kritik an den Schwestern und der Hämatologiestation überhaupt. Nichts paßte ihr: wie die Kanüle zur Blutabnahme oder Transfusion gelegt wurde; daß es etwas dauerte, bis ihr Blutbild gemacht und die benötigte Menge an Einheiten bestellt war; wie ihre Vitalfunktionen – also Puls, Blutdruck und Temperatur – vor und nach der Transfusion überprüft wurden. Elizabeth ließ nicht nur mich ihren Unmut spüren, sondern kritisierte auch meine Mitarbeiter auf ziemlich aggressive Weise. Ich fand, daß es nicht mehr so weitergehen konnte, daß ich etwas tun mußte.

»Elizabeth«, begann ich das Gespräch bei einem Routinebesuch im Frühherbst 1992 in ernstem Ton, »wir müssen uns über eine schwierige, aber wichtige Sache unterhalten.«

»Ist denn nun eingetreten, womit wir alle gerechnet haben, Jerome? Daß ich Leukämie habe und einen schrecklichen Tod sterben werde? Was werden sich mein Sohn und meine Tochter freuen! Wenn sie an die Seever Trusts herankommen, werden sie endlich ihre goldenen Handschellen los.«

»Zum Glück, Elizabeth, haben Sie keine Leukämie. Das Problem ist, daß viele meiner Mitarbeiter es zunehmend schwierig finden, Sie zu betreuen.«

Elizabeth fuhr empört von ihrem Stuhl hoch.

»Schwierig? Ich *bin* schwierig, mein lieber Doktor. Ich bin seit meiner Geburt schwierig. Aber es ist ihr *Job*, sich um mich zu kümmern. Dafür bekommen sie gutes Geld.«

»Es ist ihr Job, sich um Sie zu kümmern, wie um jeden anderen Patienten. Aber es ist nicht ihr Job ...«, ich zögerte und suchte nach der richtigen Formulierung, beschloß dann aber, es einfach so zu sagen, wie es war. »Es wird Ihnen nicht gefallen, was ich Ihnen jetzt sage, aber es ist nur zu Ihrem Besten.«

»Ach, wie überaus fürsorglich von Ihnen, Jerome.« Ihr Blick wurde eisig und die näselnde Stimme noch einen Ton höher.

»Das hat nichts mit Fürsorglichkeit zu tun«, entgegnete ich gelassen. »Es ist nur so, daß manches, was Sie vielleicht unabsichtlich tun, anders verstanden werden kann.«

»Tun Sie doch nicht so, als wäre ich die Güte in Person. Nur heraus damit.«

»Sie können meine Mitarbeiter nicht wie Dienstboten behandeln. Sie müssen auch ihre Empfindlichkeiten und Bedürfnisse respektieren. Daß Sie überhaupt keine Rücksicht auf ihren Zeitplan nehmen und sie ständig kritisieren, behindert sie in ihrer Arbeit.«

»Ich verstehe.«

Elizabeth schwieg und ließ ihren Blick durchs Zimmer schweifen. Sie begutachtete alles, zuerst die Bücher in den Regalen, dann die Zeichnungen meiner Kinder, aus der Kindergartenzeit gerettet und »Daddy« gewidmet, die an der Wand hingen, und schließlich die Familienfotos auf meinem Schreibtisch. Eines davon, ein Foto von meiner Frau, den Söhnen und der neugeborenen Tochter in einem kleinen Silberrahmen, nahm sie in die Hand.

»Entzückende Familie. Hübsche kleine Frau. Sind Sie denn auch eine liebevoller Vater und treuer Gatte?«

Ich bemühte mich, den Ärger zu unterdrücken, der in mir hochstieg, denn ich wußte, daß wir sonst keine Gesprächsbasis mehr finden würden.

»Worauf wollen Sie hinaus, Elizabeth? Meine Rolle als Ehemann und Vater hat nichts mit dem Problem zu tun, über das wir gerade gesprochen haben.«

Sie reagierte mit einem kalten, herablassenden Lächeln.

»Ach, wirklich? Im Gegenteil, sie hat eine ganze Menge damit zu tun. Als Arzt haben Sie doch auch eine Art Vaterrolle. Und wir Patienten sind Ihre ängstlichen Kinder. Sie sagen uns, was wir tun müssen, wie und wann. Dieser Bluttest, jene Röntgenaufnahme, diese Transfusion, jenes Medikament. Und Gott bewahre, wenn wir vor Daddy unsere Manieren vergessen!«

Ich hatte Elizabeth gründlich satt, ihren Sarkasmus, ihre Hochnäsigkeit, ihre Mißachtung gegenüber meinen Mitarbeitern und mir. Ich versuchte, mich zu beruhigen, atmete tief und langsam, um nicht vor lauter Zorn doch noch die Beherrschung zu verlieren. Meine Stimme zitterte, als ich nach den richtigen Worten suchte, um vernünftig und sachlich zu reagieren.

»Ich weiß, es ist bitter, krank zu sein, und frustrierend. Aber das gibt Ihnen nicht das Recht, sich derart rüde zu benehmen. Es geht überhaupt nicht darum, ob ich hier der ›Daddy‹ bin. Es geht darum, daß Sie engagierten Menschen, die hart arbeiten, mit ein bißchen Respekt und Wertschätzung begegnen sollten.«

»Nein, es geht um Macht und um Kontrolle. Geben Sie's doch

zu! Ihr Ärzte seid doch alle gleich. Mit jedem Wort und allem, was Sie tun, wollen Sie den Patienten manipulieren. Selbst jetzt denken Sie nur daran, was *Sie* mir sagen wollen, und formulieren es in einer Weise, die *Sie* für richtig halten. Daddy weiß es am besten, das ist doch Ihr Spielchen, oder nicht?«

Ich öffnete den Mund, um etwas zu sagen, aber Elizabeth bedeutete mir mit einer herrischen Handbewegung, daß sie noch nicht zu Ende war.

»Ich bin kein Mensch, der sich seine Macht nehmen läßt. Ich genieße sie viel zu sehr. Ich habe Macht, weil ich Geld habe, eine Menge Geld. Meine Familie lebt in Neuengland, seit es diesen Namen hat. Wichtige Leute klopfen an *meine* Tür, jeden Tag, und bitten um *meine* Unterstützung. Smith möchte eine Schenkung für die schönen Künste. Mein Pfarrer möchte, daß ich Seelen rette, indem ich leere Mägen fülle. Das Museum of Fine Arts möchte meine Degas-Sammlung. Und so weiter und so fort.«

Wieder versuchte ich etwas zu sagen, aber Elizabeth war immer noch nicht fertig, sondern fuhr mit erhobenem Zeigefinger fort: »Und ich möchte darauf hinweisen, daß die Seever Foundation Ihre geschätzte Klinik und die Harvard Medical School mit großzügigen Spenden unterstützt. Haben Sie das gewußt, junger Mann?«

»Ja. Dennoch, Elizabeth ...«

»Dennoch was? ›Die Mitarbeiter wie Dienstboten behandeln.‹ Das *sind* sie doch im Grunde auch. Ich bin Dienstboten gewohnt. Ich kann mir offen gestanden gar nicht vorstellen, wie ich ohne sie auskäme.«

Elizabeth schüttelte den Kopf, wie um diesen letzten Satz zu unterstreichen. Sie hatte mich wie ein Schnellzug überfahren und jetzt, mit ihrer Bemerkung über die Dienstboten, sozusagen mit quietschenden Bremsen gestoppt.

Ich zwang mich, nichts darauf zu sagen, sondern mich erst einmal zu beruhigen und mir meine Antwort zu überlegen.

Sie würde mit ihrem Versuch, mir mit den Spenden der Seever Foundation als Druckmittel ihren Willen aufzuzwingen, keinen

Erfolg haben. Ich habe im Laufe der Jahre viele wichtige Menschen in Machtpositionen kennengelernt, Männer und Frauen mit großen Vermögen, mit hohen Positionen in Industrie, Regierung, Kunst und Wissenschaft. Sie kamen unter ganz besonderen Umständen in meine Welt, wenn sie sehr krank waren, oft verzweifelt, mit einem Leiden, das nicht leicht zu heilen war. Obwohl sie vom Verstand her sagen würden, daß es Dinge im Leben gibt – wie zum Beispiel Krankheit –, die außerhalb ihrer Kontrolle liegen, klammerten sich viele, die diese Erfahrung noch nie gemacht hatten, an die Illusion, daß ihr Fall anders sein würde, daß die Macht, die sie besaßen, ihnen auch hier zum Sieg verhelfen würde, wie sie es ja in praktisch allen anderen Bereichen zu tun schien.

»Ich gebe Ihnen zwei Millionen Dollar, wenn Sie mich von Aids heilen«, hatte ganz zu Beginn der Epidemie ein Immobilienmagnat aus Philadelphia zu mir gesagt. Als ich seinen Fall mit Kollegen besprach, bei denen er ebenfalls schon gewesen war – denn er hatte alle HIV-Experten in den USA aufgesucht –, erzählten sie mir, daß er ihnen das gleiche Angebot gemacht hatte. Es war eine ergreifende, pathetische Geste, als gäbe es nur diese eine Währung im Leben und man könnte sich alles damit kaufen.

Viele solcher VIPs bekommen oft eine erstaunlich schlechte medizinische Betreuung. Man möchte meinen, daß sie sich mit ihrem Geld stets das Beste verschaffen, aber häufig bewirken mehrere destruktive Faktoren genau das Gegenteil. Gewohnt, immer alles unter Kontrolle zu haben, und überzeugt, alles zu wissen, werden sie Opfer ihrer Egozentrik und Arroganz. Aber sie werden auch das Opfer von anderen, und das ist die häßliche Seite der Medizin. Ärzte und Kliniken konkurrieren um solche Patienten, um das Prestige und das Geld, das sie ihnen bringen. Die Leute »wollen immer etwas von Menschen wie uns«, hatte Elizabeth gesagt, und in diesem Fall sind es Spenden und Publicity.

Ich mußte wieder an das Gebet von Maimonides denken, an sein hohes Ideal. Auf Reichtum oder Macht zu schauen heißt Götzen zu verehren, die Götzen des Materialismus und Egoismus. Den Menschen zu sehen heißt, die Seite des Menschen zu suchen, die nach dem Bilde Gottes geschaffen ist – jenen heiligen Funken, der in uns allen ist und allein übrigbleibt, wenn der Körper mit all seinem weltlichen Zierat und Putz nicht mehr ist.

Meine Sicht von Reichtum und Macht ist von einer Tradition geprägt, die nicht nur das schlichte Gebet von Maimonides hervorgebracht hat, sondern auch die feine Ironie und Lebensklugheit des Schtetl. Geld, wurde ich als Kind belehrt, ist ohne Zweifel nützlich und wichtig, aber es hat seine Grenzen. Laß dich von ihm niemals zu einem katzbuckelnden Narren machen. Diese Mahnung steckt auch in einem jiddischen Sprichwort, das ich von meiner Großmutter kenne: »*As men hot gelt, ist men klug, un schejn, un men kon gut singen.*« (Ein Mann mit Geld in der Tasche ist klug und schön und singt immer wunderbar.)

Aber ich konnte Elizabeths Angriffe nicht einfach als Gezeter einer herrschsüchtigen alten Frau abtun. In ihrem Vorwurf, daß Ärzte oft eine Vaterrolle einnehmen wollen, steckte schon ein Körnchen Wahrheit. Aber entscheidend war, welche Art von Vater ein Arzt sein sollte.

Ich erinnere mich, wie sehr ich mich nach meiner schweren Rückenoperation, als ich praktisch gelähmt dalag, nach einem Arzt sehnte, der mich wie ein liebevoller Vater auf dem Weg zur Gesundung hätte begleiten können. Ärzte, die erfahren und engagiert sind, die mit ihren Patienten fürsorglich und herzlich umgehen, geben ihnen Trost und Kraft.

Elizabeth herzliche Gefühle entgegenbringen? Der Gedanke schien absurd. Es war jedoch meine Pflicht, sie medizinisch zu betreuen *und* für ein möglichst entspanntes Verhältnis zwischen ihr und meinen Mitarbeitern zu sorgen.

»Betrachten Sie es doch ganz pragmatisch, Elizabeth. Sie haben doch nichts davon, wenn Sie Blutuntersuchungen und andere Termine nicht wahrnehmen. Sie haben nichts davon, wenn Sie meine Mitarbeiter mit Ihren Bemerkungen verärgern. Kommen Sie direkt zu mir, wenn Sie Probleme oder Klagen haben. Ich werde mich dann um eine Lösung bemühen. Denken Sie darüber nach, Elizabeth, ganz pragmatisch.«

Das Gespräch half nicht besonders viel. Sie begegnete den Leuten in der Klinik seit diesem Tag mit kühler Distanz und beschränkte sich auf ein Minimum an Höflichkeit: Guten Morgen. Ja, Sie haben die Infusion letztes Mal an diesem Arm gelegt. Vielen Dank und auf Wiedersehen. Mir gegenüber war sie weiterhin aggressiv, auch wenn sie mich nicht mehr persönlich angriff und die sensiblen Bereiche Religion und Familie mied.

Elizabeth suchte mich, wie in ihrem Brief angekündigt, Anfang September auf, kurz nach Labor Day. Ich hatte sie vom Labor aus angerufen und erfahren, daß sie die vereinbarten Transfusionstermine im Vineyard Hospital wahrgenommen hatte. Meine besorgte Nachfrage hatte sie leichthin damit beantwortet, sie hätte es »schlicht vergessen«, es mir in ihrem Brief mitzuteilen.

Sie erschien braungebrannt und perfekt frisiert, in einem cremefarbenen Kostüm mit einem blau und gold gemusterten Hermèsschal – seitlich gebunden, damit das breite Halsband aus massivem Gold nicht verdeckt wurde.

»Gefällt es Ihnen?« fragte sie.

»Was?« fragte ich zurück, weil ich nicht wußte, welches Teil ihrer Aufmachung mir hätte besonders auffallen sollen.

»Das Halsband. Es ist neu und etwas ganz Besonderes.«

»Es ist sehr hübsch«, entgegnete ich.

»Mehr fällt Ihnen dazu nicht ein? Mit Worten sind Sie ja nicht besonders kreativ. Bleiben Sie lieber bei Ihrer Forschung.«

»Warum ist es etwas Besonderes?«

»Ah, Sie wollen wissen, warum es etwas Besonderes ist? Ich helfe Ihnen ein bißchen auf die Sprünge. Ich habe nicht nur die sechs Pfund abgenommen, die ich Anfang des Sommers zugelegt hatte, sondern noch vier Pfund dazu. Zehn Pfund in den letzten drei Wochen. Nun?«

Ich hatte schon bemerkt, daß Elizabeths Gesicht schmaler geworden war.

»Aber Ihr Appetit ist weiterhin gut?« Bei Myelofibrose kommt es nach langen Phasen der Stabilität manchmal zu einer akuten

Vergrößerung von Milz und Leber. Die vergrößerten Organe drücken auf den Magen, was den Appetit und die Verdauung beeinträchtigt und damit zu Gewichtsverlust führt.

»Mein Gott, sind Sie begriffsstutzig! Ich habe einen sündhaft guten Appetit. Haben Sie denn meinen Brief nicht zu meiner Krankenakte gelegt, als Spickzettel?«

Ich nickte, denn das hatte ich natürlich getan.

»Dann schauen Sie doch mal hinein! Dort finden Sie die Antwort. Welche Sünde außer der Völlerei könnte mich richtig glücklich machen?«

Ich sah kurz in ihren Brief.

»Wollust?«

»Na, endlich. Aber genug der Albernheiten. Ich sag's Ihnen, denn Sie haben ja *wirklich* viel zu tun.«

Elizabeth legte eine kleine Kunstpause ein und verkündete dann stolz:

»Ich habe einen Verehrer. Ein 67jähriger Witwer, ein feiner Mensch. Und er weiß das Leben zu genießen. Er segelt und spielt Tennis, er trinkt und lacht gern. Aber er interessiert sich nicht nur für Sport. Solche Männer gibt es in meinen Kreisen zuhauf. Er kennt sich auch in Kunst und Literatur recht gut aus. Er sagt, er liebt meinen Witz, meine *Authentizität*. Ich habe ihn kennengelernt, kurz nachdem ich Ihnen geschrieben habe. Und ich gebe es nicht gerne zu, aber ich bin tatsächlich *glücklich*.«

»Warum sollten Sie denn nicht glücklich sein?« entgegnete ich und überlegte, worin ihre »Authentizität« wohl bestand.

»Weil ich mich, mein lieber Jerome, gar nicht mehr erinnern kann, wann ich das letzte Mal wirklich glücklich war. Es ist schon so schrecklich lange her. Und ganz bestimmt nicht, seit ich diese lästige Krankheit habe. Natürlich denke ich manchmal, es ist nur eine kleine Liebelei, und wir werden einander vielleicht bald überdrüssig. Aber wer weiß?«

Elizabeth öffnete ihre große Lacklederhandtasche und zog ein fein säuberlich zusammengefaltetes Blatt Papier heraus.

»Ich muß Ihnen, ehe wir uns dem langweiligen Thema meiner

Krankheit zuwenden, meine Reisedaten mitteilen. Wir gehen für eine Woche nach London, dann für ein paar Tage nach Paris und anschließend nach Venedig. Den Rückflug von Venedig habe ich offengelassen. Venedig ist die romantischste Stadt der Welt, finden Sie nicht auch?«

Ich antwortete, ich sei noch nicht da gewesen.

»Da haben Sie sich aber etwas entgehen lassen. Nach Rom werden wir wahrscheinlich nicht fahren. Zu überlaufen, zu schmutzig. Aber vielleicht fliegen wir über Nizza zurück.«

Sie sagte, sie wolle mich nicht mit allzu vielen Details langweilen, ließ mich aber wissen, der Name ihres Freundes sei Jedidiah Raines, Spitzname »Jed«, aus einer alteingesessenen Familie in Virginia – und sehr wohlhabend, seit jeher. Sie müsse keine Sorge haben, daß er sich nur ihres Geldes wegen für sie interessiere, denn davon habe er mehr als sie.

»Also hatte Ihr Vater unrecht?«

»Vater hatte *nie* unrecht, junger Mann. Vielleicht hatte er nicht immer ganz recht.« Sie lächelte vielsagend und fuhr fort: »Jeds Frau ist vor drei Jahren an Brustkrebs gestorben. Ich habe ihn bei einer Cocktailparty im Edgartown Yacht Club kennengelernt. Er gefiel mir auf Anhieb: ein bulliger Mann, breite Schultern, trinkt seinen Whiskey ohne Eis. Später habe ich erfahren, daß er in Yale im Footballteam war. Aber trotzdem hat er etwas im Kopf. Und er hat so etwas Sanftes an sich. Nicht, daß er ein Weichling wäre. Er ist Banker, und diese Männer wissen, was sie wollen. Ob Sie es glauben oder nicht, Ihre schwierige Patientin findet eine gewisse Sanftheit sehr anziehend.«

»Ich freue mich für Sie, Elizabeth.«

»Was meinen Sie, wie ich mich freue! Aber jetzt zur Sache. Glauben Sie, daß Wollust, oder soll ich sagen Liebe, mein Knochenmark wieder in Ordnung bringt?«

Das sei leider nicht der Fall, antwortete ich.

Dann besprachen wir die medizinischen Dinge. Vor den Transfusionen im Krankenhaus von Martha's Vineyard hatte sie unter Schwindel und Erschöpfung gelitten, was auf ihre Anämie zurückzuführen war; danach waren diese Symptome jedoch verschwunden. Sie würde vor ihrem Abflug sicher noch einmal zur Transfusion müssen und angesichts der Reisedauer auch in Europa.

Ein früherer Praktikant von mir, Jean Balieu, war inzwischen am Hôpital Saint-Louis in Paris. Ich würde ihn anrufen und bitten, ein Blutbild bei ihr zu machen und die entsprechende Menge an Einheiten zu transfundieren. Ich legte ihr ans Herz, die Transfusionstermine unbedingt einzuhalten und sich zu melden, falls während der Reise irgendwelche neuen Symptome auftraten.

»Gut. Ich werde brav sein und Sie nicht enttäuschen.«

Ich überflog noch einmal ihren Brief vom August und erkundigte mich nach ihren Rückenschmerzen.

Elizabeth beteuerte, es seien wirklich keine schlimmen Schmerzen, ganz unten im Kreuz. Sie kämen nur, wenn sie etwas Schweres hebe oder eine abrupte Drehbewegung mache, was sie deshalb tunlichst vermeide.

»Die siebte Sünde«, bemerkte Elizabeth mit einem anzüglichen Lächeln, »macht meinem Rücken aber keine Probleme. Ich vermute, es ist eine leichte Arthritis. Jedenfalls nichts, was mich von meiner Europatour mit Jed abhalten könnte, das kann ich Ihnen versichern.«

Die körperliche Untersuchung erbrachte eine gewisse Druckempfindlichkeit im Bereich der Lendenwirbel. Die Schmerzen nahmen zu, wenn sie auf dem Rücken lag und ich ihre gestreckten Beine nach oben drückte, strahlten jedoch nicht in die Beine aus. Die Reflexe waren normal; sie hatte keine Taubheitsgefühle, und eine Muskelschwäche war ebenfalls nicht festzustellen. Milz und Leber hatten sich nicht weiter vergrößert, waren für das Problem im Rücken also sehr wahrscheinlich nicht verantwortlich.

»Im Bereich der Lendenwirbel scheint ein pathologischer Prozeß im Gange zu sein, Elizabeth, denn Sie haben den Schmerz wieder gespürt, als ich Ihr gestrecktes Bein nach oben gedrückt habe.«

»Ein *pathologischer Prozeß*? Kommen Sie mir nicht mit Ihrem

Medizinerjargon, Jerome. Sagen Sie einfach, was los ist. Ist es Arthritis?«

»Möglicherweise. Oder eine Bandscheibe hat sich verlagert und drückt auf die Nerven. In Anbetracht Ihrer Myelofibrose könnten sich auch außerhalb der verödeten Bereiche im Knochenmark kleine Inseln von Blutzellen entwickeln, die umschriebene Ansammlungen in den Lymphknoten im Bauchraum bilden und auf die Wirbelsäule drücken.«

»Das klingt aber gar nicht gut.«

Ich erklärte Elizabeth, ich wolle ihr keine Angst machen, sondern nur die möglichen Ursachen ihrer Schmerzen erläutern. Umfangreiche Untersuchungen seien allerdings meiner Meinung nach nicht notwendig, da es offenbar nur leichte Schmerzen seien. Trotzdem sollten wir sie im Auge behalten. Ein alter Medizinerspruch sagt: »Wenn du Hufschläge hörst, denke an Pferde und nicht an Zebras.« Die alltäglichen Dinge sind auch die häufigsten. Leichte Rückenschmerzen seien bei einer Frau ihren Alters in der Regel auf eine Arthritis oder ein Bandscheibenproblem zurückzuführen. Wenn sich im Blutbild keine Veränderung zeige, Milz und Leber sich nicht weiter vergrößerten, wären Blutinseln im Bereich der Lendenwirbel sozusagen »ein Zebra«.

»Aha. Und welche Foltermethoden scheinen Ihnen geeignet, um der Sache auf den Grund zu gehen?«

Als erstes würden wir den unteren Teil der Wirbelsäule röntgen, sagte ich. Ich erinnerte sie daran, daß sie keines der Standardmedikamente gegen Arthritis wie Aspirin oder Motrin nehmen dürfe, denn diese scheinbar harmlosen Medikamente beeinträchtigten die Blutplättchenfunktion, und das könne bei ihrer niedrigen Zahl eine erhöhte Anfälligkeit zu Blutungen bewirken. Schon eine Aspirin-Tablette könne bei ihr alle Blutplättchen außer Gefecht setzen.

»Ich verstehe. Nun, die Schmerzen kann ich aushalten. Aber mit blauen Flecken herumlaufen ...«

Elizabeth brach mitten im Satz ab.

»Mir fällt gerade etwas ein, Jerome, aber wahrscheinlich ist es

ganz belanglos. Ich habe diesen Sommer in der ersten Zeit etwas zuviel getrunken und Alka-Seltzer genommen, wenn ich einen Kater hatte. Das ist doch der gleiche Wirkstoff wie bei Aspirin.«
»Haben Sie denn den Beipackzettel nicht gelesen, bevor Sie sie genommen haben?«
»Jetzt werden Sie nicht gleich ärgerlich. Ich weiß ja, daß ich immer erst nachlesen soll, was drin ist, bevor ich etwas nehme. Aber Alka-Seltzer ist auch kein richtiges Medikament, mehr etwas zum Munterwerden. Ich habe erst hinterher einmal nachgesehen.«
Ich fragte sie, ob es bei leichten Verletzungen, zum Beispiel einer kleinen Schnittwunde oder beim Zähneputzen, zu einer auffälligen Blutung gekommen sei.
»Nur einmal. Ich hatte einen großen blauen Fleck am Oberschenkel, aber da war ich reiten gewesen und dachte, ich hätte die Beine zu fest gegen den Sattel gedrückt.«
»Sie waren trotz Ihrer Rückenschmerzen beim Reiten?«
»Nein, natürlich nicht! Ich habe sofort damit aufgehört, als die Schmerzen kamen, denn die ständigen Erschütterungen schienen sie zu verschlimmern. Und Sie werden mit Freude hören, daß ich weniger trinke, seit ich Jed kennengelernt habe. Eine ehrbare Dame möchte doch nicht, daß ein Mann ihren kleinen Schwips womöglich ausnützt, nicht wahr?«
Elizabeth hob vielsagend die Augenbrauen und kicherte verschämt wie ein junges Mädchen.
Es schien jedoch, als hätte das Alka-Seltzer nicht weiter geschadet. Ich empfahl ihr, überhaupt keinen Alkohol mehr zu trinken, da er die Bildung der Blutplättchen beeinträchtigen könne.
»Mein Gott! Sie sind ja noch strenger als Reverend Brooks, unser alter Puritaner.«
Das Röntgenbild der Lendenwirbelsäule zeigte leichte, aber altersgemäße arthritische Veränderungen. Die Abstände zwischen den Wirbelkörpern waren nicht verkleinert, was auf ein Problem mit einem Lendenwirbel hingewiesen hätte. Die Konturen der stützenden Muskeln in diesem Bereich waren scharf abgegrenzt; es gab keinen Hinweis auf irgendeine Geschwulst. Ich empfahl

ihr, zur Entspannung der Rückenmuskeln feuchtwarme Umschläge zu machen, keine schweren Dinge zu heben, Drehbewegungen zu vermeiden und mich die nächsten Wochen über ihre Symptome auf dem laufenden zu halten. Elizabeth war sehr erleichtert über diesen Befund. Ich betonte jedoch noch einmal, daß wir ihre Symptome genau im Auge behalten müßten und manche subtilen Veränderungen mit einer einfachen Röntgenaufnahme nicht feststellbar seien. Elizabeth versicherte mir, sie würde »ein braves Mädchen sein« und sich sofort melden, wenn sie irgendwelche Probleme habe.

Piep! Piep! Piep! Piep!

Es war kurz nach 8.30 Uhr am letzten Dienstag im September, als mein Piepser sich durchdringend meldete. Ich war eben erst in die Klinik gekommen und sah gerade die Liste der für diesen Tag bestellten Patienten durch. Ich meldete mich sofort bei der Zentrale.

»Dr. Groopman?« fragte die Telefonistin nach.

»Ja.«

»Hier ist ein Notruf für Sie.«

Ein schwaches, metallisches Klicken, für den Bruchteil einer Sekunde Stille, und dann hörte ich eine gepreßte, ängstliche Stimme, die ich sofort als die von Elizabeth erkannte.

»Jerome? Jerome?«

»Ja, Elizabeth.«

»Ich kann nicht mehr gehen, ich bin gelähmt.«

Gelähmt. Das Wort hallte in meinem Kopf wider. Was war passiert? Hatte ich bei der Untersuchung etwas übersehen? Hätte ich doch ein Kernspintomogramm machen sollen? Aber für diese Überlegungen war jetzt keine Zeit.

»Seit wann?«

»Seit gestern abend.«

»Warum haben Sie nicht sofort angerufen?«

»Weil ich mit Jed verabredet war. Irgend etwas hat sich in meinem Rücken verkrampft ... beim Abendessen. Ich dachte, es gibt

252

sich wieder. Ich ging nach Hause. Canela, mein Hausmädchen, ließ mir ein heißes Bad ein. Es wurde besser. Ich war etwas wackelig auf den Beinen ... als ich in die Wanne stieg. Aber ich dachte, das war ... weil ... ich drei Drinks genommen hatte. Jed ist nicht über Nacht geblieben. Er hat heute Besprechungen in New York.« Elizabeth machte eine Pause, rang nach Luft und versuchte, langsamer zu sprechen.

»Gegen fünf wachte ich auf ... und spürte meine Beine nicht. Als wären sie eingeschlafen. Ich mußte dringend ...« Sie begann zu schluchzen. »Ich mußte ... auf die ... Toilette ... aber ich ... ich konnte nicht aufstehen. Ich habe mich ... naß gemacht. Canela mußte mich ... *so* ... ins Bad tragen. Es war schrecklich ... entwürdigend. Jerome ...«

»Elizabeth«, sagte ich mit fester, ruhiger Stimme, »Sie müssen sofort in die Klinik kommen. Ich schicke Ihnen einen Krankenwagen und warte in der Notaufnahme auf Sie. Soll ich Jed oder Ihre Kinder informieren?«

Elizabeth schwieg einen Moment, ehe sie antwortete.

»Nein, lieber nicht«, sagte sie und wirkte jetzt etwas ruhiger. »Ich möchte nicht, daß sie erfahren, was passiert ist, bevor ich weiß, *warum* es passiert ist.«

»Ich verstehe. Ich warte auf Sie.«

Bald darauf schoben zwei Krankenpfleger Elizabeth auf einer Trage im Laufschritt in die Notaufnahme herein. Sie lag auf dem Rücken, ein kleines blaues, besticktes Kissen unter den Knien. Vermutlich hatte sie das gemacht, um die Beine in einer abgewinkelten Position zu halten – bei gestreckten Beinen werden Rückenschmerzen normalerweise schlimmer. Elizabeths Gesicht war blaß und abgespannt, ihr sonst so sorgfältig hochfrisiertes silbergraues Haar lag nun flach und glanzlos am Kopf an wie eine Haube. Sie war ungeschminkt und trug keinen Schmuck.

Sie sah zu mir auf, stumm, mit angstgeweiteten Augen. Ich nahm ihre Hand in die meine. Sie fühlte sich feucht und kalt an.

»Hebt sie von der Trage auf das Bett«, wies ich die bereitstehenden Schwestern an, die dieses Manöver schon hundertmal ausgeführt und bereits eine harte Unterlage unter Elizabeths Rücken geschoben hatten, um die Wirbelsäule für das Umlagern zu stabilisieren.

Dann faßte jede eine Ecke des Lakens auf der Trage, und gemeinsam hoben sie Elizabeth langsam hoch wie ein Baby in Windeln und legten sie vorsichtig auf das Bett.

»Laßt das Kissen unter den Knien, damit die Beine angewinkelt bleiben und kein Druck auf die Lendenwirbelsäule ausgeübt wird.«

Cathy O'Donnell, die Elizabeth weiter betreuen sollte, nickte zustimmend und legte schon die Manschette zum Blutdruckmessen um Elizabeths fleischigen Oberarm.

»Elizabeth, Cathy wird jetzt Ihren Blutdruck, die Temperatur und den Puls messen, und ich untersuche inzwischen Ihre Beine.«

Elizabeth ließ die Untersuchung stumm über sich ergehen. Bei Zehen, Waden und Oberschenkeln war praktisch keine Muskelkraft mehr vorhanden. An Fußknöcheln, Knien und Hüfte waren keine Reflexe mehr festzustellen. Sie spürte weder einen Nadelstich noch die leise Berührung mit einem Wattebausch. Der Tonus des Afterschließmuskels war herabgesetzt. Dieser neurologische Befund ließ auf eine akute Rückenmarkskompression auf Höhe der oberen Lendenwirbel schließen, und diese war verantwortlich für die starken Rückenschmerzen, die Lähmungserscheinungen an den Beinen und ihre Inkontinenz.

»Warum kann ich meine Beine nicht mehr bewegen?« flüsterte Elizabeth, als ich mit der Untersuchung fertig war.

»Ich weiß es noch nicht, Elizabeth. Die plötzlichen Rückenschmerzen, der Verlust von Muskelkraft und Empfindung in den Beinen weisen darauf hin, daß etwas auf die unteren Rückenmarksnerven drückt. Ich habe schon alles für ein Kernspintomogramm der Wirbelsäule vorbereiten lassen. Das sollte uns Aufschluß geben über den Grund der Lähmung.«

»So kann ich nicht leben. Gelähmt kann ich nicht leben, will ich nicht leben.«

Sie begann zu weinen, die faltigen Wangen waren bald feucht von Tränen. Ich nahm ihre kalte, zitternde Hand in die meine und ließ die andere leicht auf ihrer Schulter ruhen.

»Wir können nur einen Schritt nach dem anderen tun, Elizabeth. Wir werden jetzt feststellen, was passiert ist, und dann sehen, wie wir es wieder in Ordnung bringen. Denken Sie nicht gleich an das Schlimmste. Wenn wir die Nerven schnell entlasten können, haben wir gute Chancen, daß die Beine wieder funktionsfähig werden.«

Cathy gab Elizabeth ein Taschentuch, damit sie sich die Tränen trocknen konnte. Sie sah zu mir auf und zwang sich zu einem tapferen Lächeln.

Das Kernspintomogramm zeigte ein eigroßes Objekt zwischen 4 und 6 Zentimeter Länge im sogenannten »Epiduralraum«. Das Rückenmark ist von einer dicken Hülle umgeben, der »Dura«, die die empfindlichen Rückenmarksnerven schützt wie die Isolierung um ein Elektrokabel. Das Objekt saß auf der Oberfläche der Dura, drückte nach innen und quetschte dadurch die Nerven im unteren Bereich des Rückenmarks. Die Konsistenz ließ sich am Kernspintomogramm ebenfalls erkennen: eine Mischung aus einem alten Blutgerinnsel und frischem, nicht geronnenem Blut. Elizabeth hatte irgendwann in den vergangenen Wochen oder Monaten eine kleine Blutung im Epiduralraum gehabt und in der vergangenen Nacht eine massive frische Blutung. Ich hatte die Rückenmarkskompression nicht übersehen; sie war erst mit der zweiten Blutung am Abend zuvor eingetreten. Ich spürte, wie eine große Spannung von mir abfiel, als die Befürchtung, ich hätte einen Fehler gemacht und einem Patienten Schaden zugefügt, sich als unzutreffend erwies. Aber ich dachte nicht weiter darüber nach, sondern konzentrierte mich auf meine Aufgabe als Arzt.

Ich erklärte Elizabeth, daß wir das Blutgerinnsel möglichst schnell operativ entfernen müßten, und piepste gleich Edwin Bass an, ein erfahrener Neurochirurg. Er kam sofort, ging Elizabeths Krankengeschichte durch, schaute sich das Kernspintomogramm an und meinte, sie würde wahrscheinlich wieder vollständig genesen.

Und Elizabeth war gleich wieder die alte, als hätte ein Zauberstab sie berührt.

»›Wahrscheinlich‹, Jerome? Das ist aber nicht besonders befriedigend. Sie müssen mir garantieren, daß ich wieder gesund werde.«

»Das kann ich leider nicht. Aber Ed Bass ist wirklich hervorragend.«

»Das will ich doch hoffen. Und woher ist dieses Blut nun gekommen? Ich bin nicht hingefallen, und gestoßen habe ich mich auch nicht im Rücken.«

Ich sagte, ich sei nicht sicher. Möglicherweise liege eine angeborene Schädigung der Blutgefäße im Bereich des Rückenmarks vor und eines sei spontan geplatzt. Sie könne sich auch irgendwann eine leichte Verletzung an der Wirbelsäule zugezogen haben, an die sie sich gar nicht erinnere, und das könne bei ihrer niedrigen Blutplättchenzahl zu einer Blutung geführt haben. Die genaue Ursache würden wir erst während der Operation feststellen können.

»Nun, dann fangen wir doch am besten gleich an. Es war ja auch wirklich zu schön, um wahr zu sein, mein Leben in letzter Zeit.«

Ed Bass und sein Operationsteam brauchten fast den ganzen Vormittag, bis sie das Gerinnsel aus altem und frischem Blut entfernt und die Rückenmarksnerven entlastet hatten. Die nun freigelegten Nervenwurzeln waren weiß und schlaff, da die Blutversorgung inzwischen achtzehn Stunden unterbrochen gewesen war. Es konnte weder eine Vorschädigung der Blutgefäße noch eine Verletzung festgestellt werden, die die Blutung hätte erklären können. Auch die Blutplättchenzahl war stabil, wie die Blutuntersuchung in der Notaufnahme ergeben hatte, also konnte eine spontane Blutung aufgrund eines plötzlichen Rückgangs ebenfalls ausgeschlossen werden.

Was war dann die Ursache der Blutung? Vielleicht hatten die Alka-Seltzer zu einer Schädigung der Blutplättchen geführt, so daß es den Sommer über zu wiederholten kleineren Blutungen gekommen war. Das würde das alte Blutgerinnsel und die leichten chronischen Rückenschmerzen erklären. Die Ursache der letzten

Blutung und der nachfolgenden Rückenmarkskompression blieb unklar. Als einzig möglicher Faktor kam höchstens noch der erhöhte Alkoholkonsum in Frage.

Ich stand an Elizabeths Bett im Aufwachraum, als sie nach der Narkose langsam wieder zu sich kam. Man hatte sie seitlich gelagert, damit die frische Operationswunde am Rücken nicht belastet wurde. Über einen intravenösen Zugang bekam sie eine Dextrose-Kochsalz-Lösung infundiert; der Urin wurde über einen Blasenkatheter abgeleitet, und sie wurde noch über die Sauerstoffmaske beatmet. Der Monitor neben ihrem Bett zeigte einen schnellen, aber regelmäßigen Herzrhythmus und einen stabilen Blutdruck an.

»Ich ... ich bin ... wohl noch ... auf der Erde«, preßte Elizabeth mühsam hervor, während ihre Augen sich langsam auf mein Gesicht konzentrierten.

Ich nahm ihre blasse Hand in die meine, drückte sie lange und fest.

»Ja, Elizabeth, ganz eindeutig. Das Blutgerinnsel, das auf das Rückenmark gedrückt hat, haben wir entfernt. Ein beschädigtes Blutgefäß oder eine Verletzung haben wir nicht gefunden.«

Sie nahm diese Information auf und schüttelte dann langsam den Kopf.

»Aber warum ... dann die Blutung?«

»Ich bin nicht sicher. Vielleicht haben die Alka-Seltzer und der Alkohol im Sommer Ihre Blutplättchen geschädigt. Das würde das alte Blutgerinnsel erklären. Warum es gestern abend wieder zu einer Blutung kam, wissen wir nicht. Vielleicht auch durch Alkohol, aber ich weiß es wirklich nicht.«

Elizabeth verzog ärgerlich das Gesicht. »Ich bin gelähmt ... wegen ein paar Alka-Seltzer ... und Wodka-Martinis? Ach, Shakespeare hatte schon recht: ›Was Fliegen sind den müß'gen Knaben, das sind wir den Göttern; sie töten uns zum Spaß.‹«

Ich drückte ihr wieder beruhigend die Hand.

»Sie sind nicht tot, Elizabeth. Die Chancen stehen gut, daß Sie wieder auf die Beine kommen, im wahrsten Sinn des Wortes.«

Ihre Augen schlossen sich langsam, die schweren Lider senkten sich herab wie der Vorhang nach dem letzten Akt eines Theaterstücks.

»Elizabeth?«

»Ich will ... meine Augen ... nicht aufmachen.«

»Stört Sie das Licht? Ist Ihnen übel von der Narkose?«

Sie schüttelte den Kopf.

»Haben Sie Schmerzen?«

»Nein. Ich bin ja noch halb betäubt.«

Ich wartete, bis sie weitersprach. Die Schweißperlen auf ihrer Stirn funkelten im hellen Neonlicht wie ein Diadem aus Diamanten.

»Ich ... ich möchte meine Beine nicht sehen. Sie sind tot.«

»Ihre Beine sind nicht ›tot‹. Es dauert, bis Muskelgefühl und Kraft wiederkommen. Die Nerven sind noch wie unter einem Schock.«

Sie öffnete die Augen und sah mich an.

»Hören Sie, Jerome. Hören Sie gut zu«, sagte sie dann mit brüchiger, gebieterischer Stimme. »Ich ... ich weiß, was ich sage ... und ich bin ganz klar im Kopf. Ich will nicht als ... Krüppel leben ... im Rollstuhl herumgeschoben werden wie ein Stück ... und bemitleidet. Ich ... kenne meinen Körper. Ich ... ich *spüre* es ... die Nerven sind tot ...«

Ich schüttelte bedächtig den Kopf.

»Elizabeth, man kann unmöglich jetzt schon sagen, wie weit Sie sich wieder erholen. Wir haben das Blutgerinnsel eben erst entfernt. Heilung braucht Zeit.«

Sie schüttelte kraftlos den Kopf, schloß die Augen und versank in einen erschöpften, tiefen Schlaf.

Eine Woche später wurde Elizabeth entlassen. Sie hatte Steroide bekommen, damit die durch den Druck auf die Nerven verursachte Entzündung und Schwellung zurückging, und sollte zu Hause mit einer schrittweise aufbauenden Physiotherapie beginnen. Da es schwierig gewesen wäre, zur Nachsorge jedesmal in die Klinik zu kommen, besorgten wir Elizabeth eine Hauspflegeschwester, die auch Blut abnahm und die Einnahme der Medikamente überwachte, bis sie sich richtig erholt hatte.

In den folgenden Wochen blieb ich mit Elizabeth telefonisch in Kontakt. Unsere Gespräche waren kurz. Elizabeth war höflich, wollte aber nicht viel über ihre Symptome oder ihren Zustand im allgemeinen sprechen.

Zwei Monate später, Ende November, kurz nach Thanksgiving, kam Elizabeth zu ihrem ersten Termin bei mir in der Klinik. Ihr Rollstuhl ging gerade eben durch die Tür meines Sprechzimmers. Beine und Füße waren unter einer schwarz-roten, gehäkelten Patchworkdecke versteckt. Ihr Gesicht war eingefallen und blaß. Sie trug kein Make-up und auch keinen Schmuck. Canela schob den Rollstuhl an meinen Schreibtisch heran und ging hinaus, die Tür leise hinter sich zuziehend.

»Hallo, Elizabeth. Haben Sie Thanksgiving mit den Kindern und Jed gefeiert?«

»Sind Sie jetzt bereit, Ihre Niederlage einzugestehen, Jerome?« entgegnete sie, ohne meinen Gruß zu erwidern.

»Wir sind noch nicht geschlagen. Das ist ein langer Kampf, in dem noch viele Schlachten zu bestehen sind.«

»Lassen Sie doch diese dummen Klischees«, stieß sie hervor und verzog verächtlich den Mund.

Wir saßen eine Zeitlang schweigend da, und jeder wartete, daß der andere etwas sagte.

»Keine Antwort, Jerome?«

»Das sind keine dummen Klischees. Es gibt noch viel zu tun. Ich habe gehört, daß Sie mit der Physiotherapie aufhören wollen.«

»Sie sind gut informiert. Ich habe dieses nette junge Mädchen fast zwei Monate viermal die Woche kommen lassen. Jedesmal zwei Stunden. Ich habe ertragen, daß sie an meinen toten Beinen herumgearbeitet hat, und ich habe auch ihr berufsmäßig-aufmunterndes Geplauder über mich ergehen lassen. Ich habe diese gräßlichen Steroide gegen die Entzündung genommen. Ich habe alles gemacht, wie Sie es gesagt haben. Ich habe mich wirklich bemüht. Und was ist das Ergebnis?«

»Elizabeth, ich glaube, Sie ...«

»Antworten Sie. Weichen Sie mir nicht aus.« Ihre Stimme wurde schärfer und lauter. »Ich will eine Antwort, *sofort*.«

Ich sah ihr fest in die Augen, hielt ihrem eisigblauen Blick stand.

»Ich werde Ihnen antworten, aber dann hören Sie mir zu.«

Sie zuckte kurz zusammen, hatte sich aber sofort wieder in der Gewalt.

»Das Ergebnis *bis jetzt* ist, daß als einziges die Schmerzempfindung wieder da ist und daß Sie noch gelähmt sind.«

Elizabeth nickte und lächelte triumphierend.

»Und ich weiß genau, wie Sie sich fühlen, Elizabeth.«

Das Lächeln verschwand, und sie neigte skeptisch den Kopf. Sie öffnete den Mund, um etwas zu sagen, aber ich unterbrach sie mit einer Handbewegung.

»Ja, ich weiß genau, wie es Ihnen geht, Elizabeth. Ich kenne das alles. Der Schmerz, der im Rücken explodiert und dann die Beine entlangrast. Die Angst, nie wieder gehen zu können. Ich kenne den Zorn, der einen nicht mehr losläßt von dem Moment an, wo man aufwacht. Und ich kenne die Verzweiflung, die einem alles sinnlos erscheinen läßt.«

»Und woher diese intime Kenntnis?«

»Ich war einmal Langstreckenläufer ...«

»Muß ich mir jetzt ein Märchen anhören?«

»Sie müssen nicht, wenn Sie nicht wollen, Elizabeth.«

Sie verschränkte brav die Hände, wie eine Erstkläßlerin, und sah mich mit ausdruckslosem Gesicht an.

»Ich habe mir beim Training für einen Marathonlauf eine Verletzung im Rücken zugezogen. Die Kernspintomographie gab es damals noch nicht. Die Röntgenaufnahmen wiesen auf einen Bandscheibenvorfall hin. Ich wurde operiert. Der Neurochirurg entfernte die Bandscheibe und versteifte die Wirbelkörper im Lendenbereich. Er sagte, in drei Wochen könne ich wieder laufen. Als ich aufwachte, waren meine Beine wie gelähmt, und ich hatte entsetzliche Schmerzen. Die kleinste Bewegung war eine Qual. Der Chirurg wußte nicht, was schiefgegangen war. Es war offenbar während der Operation zu einer Blutung an den Wurzeln der Rückenmarksnerven gekommen.«

Elizabeth löste ihre Hände und legte sie parallel zueinander auf die Oberschenkel.

»Das Medikament, das sie mir gegen die Schmerzen und Krämpfe im Rücken gaben, machte mich benommen, und mir war ständig übel, aber die Schmerzen waren trotzdem nicht ganz weg. Ich mußte auf eisgefüllten Plastikbeuteln liegen, damit Wirbelsäule und Hüfte betäubt wurden, das brachte etwas Linderung. Ich konnte kaum schlafen. Pam, meine Frau, mußte mir auf den Nachtstuhl helfen. Ich war den ganzen Tag in meinem Zimmer gefangen, bis sie von der Arbeit nach Hause kam. Zum Abendessen kroch ich ins Eßzimmer und aß auf dem Boden liegend. Ich war jung, neunundzwanzig, hatte gerade als Assistent an der Universität angefangen. Wir waren noch nicht einmal ein Jahr verheiratet. Die Welt stürzte für mich ein. Ich konnte nicht arbeiten, ich konnte mich nicht bewegen, ich konnte kaum denken mit diesen grausamen Schmerzen. Und nach zwei Monaten sah es trotz Steroiden und Schmerzmitteln nicht so aus, als würde ich jemals wieder schmerzfrei gehen können.«

»Ist das wahr, oder übertreiben Sie nur, weil Sie mich manipulieren wollen?«

Ich sagte, es sei alles wahr.

Elizabeth verzog den Mund und sah mich mit harten Augen an.

»Wenn man nicht am Kreuz hängt, sondern auf dem Berg steht, läßt sich leicht predigen.«

»Ich predige nicht, Elizabeth, ich *erzähle* von mir.«

Ihr Gesichtsausdruck wurde kurz etwas freundlicher, und sie bat mich, weiterzuerzählen.

»Ich war sehr bedrückt. Ich würde nicht sagen depressiv, das ist ein klinischer Begriff. Ich war überzeugt, mein Leben würde so weitergehen, ich würde den Rest meiner Tage halb gelähmt und unter Schmerzen dahinvegetieren, unfähig zu irgendeiner produktiven Tätigkeit. Ich hatte schon alle Hoffnung aufgegeben.«

»Wie ich.«

»Wie Sie.«

»Und jetzt kommt die spirituelle Pointe, wie ich vermute? Ich weiß, daß Sie gläubig sind. Hat der Herr seine Hand ausgestreckt, an Ihre welken Glieder gerührt und sie heil gemacht, während ein Engel Sie von Ihrem Schmerzenslager emporhob?«

Ihr Gesicht war ganz rot, die Worte sprudelten nur so hervor.

»Warum so zynisch, Elizabeth? Sind Sie der einzige Mensch, der leidet und verzweifelt ist?«

»Mich interessiert nur, wie es *mir selber* geht.«

»Eines Abends kam Pam von der Arbeit nach Hause, und ich hatte wieder einmal den ganzen Tag auf meinen Eisbeuteln gelegen und die Risse in der Zimmerdecke angestarrt. Ich brachte nicht einmal die Energie auf, Musik zu hören oder in die Zeitung zu schauen. Ich tat mir unendlich leid. Ich hatte gegen Mittag ein paar Schmerztabletten genommen, und langsam ließ die Betäubung nach. Die Schmerzen in den Beinen wurden wieder stärker.«

Ich holte tief Luft, dankbar dafür, daß die Seele leidvolle Erlebnisse unterdrückt, so daß wir sie nicht mehr in ihrem ganzen Ausmaß spüren, sondern nur noch die flüchtige Erinnerung an das erlittene Leid bleibt.

»Pam fragte mich, wie mein Tag gewesen sei, und ich explodierte. Mein ganzer Zorn brach bei dieser beiläufigen Frage heraus. Pam hörte sich meine Tirade an und sagte dann: ›Hör mit den Schmerzmitteln auf. Hör auf, den ganzen Tag im Bett zu liegen. Zwing dich zum Gehen. Fang eine Physiotherapie an. Geh wieder ins Labor. Und wenn du auf einer Trage liegen mußt und von dort aus deine Anweisungen gibst: Geh wieder arbeiten.‹

Ich fand das völlig verrückt. Und das sagte ich ihr auch. Da setzte sie sich neben mich aufs Bett und umarmte mich ganz fest. Ich *spürte* etwas in der Wärme und Weichheit ihres Körpers, etwas anderes als Schmerzen, zum ersten Mal seit der Operation. Während sie das Abendessen vorbereitete, starrte ich wieder auf die Risse an der Zimmerdecke. Ich kannte jeden einzelnen. Ich hatte sie seit zwei Monaten jeden Tag gezählt. Ich hätte ihren Verlauf mit geschlossenen Augen nachzeichnen können. Und als ich auf die Risse an der Decke starrte, kam mir ein komischer Gedanke. Ich konnte wählen, welcher dieser Bahnen ich folgen wollte. Die einen waren mehr in der Mitte der Decke, die anderen verliefen am Rand entlang oder diagonal. Da begriff ich, was Pam mir gesagt hatte: Ich hatte immer noch meinen Willen. Ich konnte immer noch entscheiden, welchen Weg ich nehmen wollte. Es stimmte gar nicht, daß mir jede Wahlmöglichkeit genommen war.«

Elizabeth sah mich nachdenklich an.

»Und Sie wurden wieder gesund.«

»Ja, wenn auch nicht hundertprozentig. Ich werde nie wieder laufen können, da bekomme ich sofort wieder Schmerzen. Die Nervenwurzeln sind durch die Operationsnarben nicht mehr flexibel, und die beim Laufen entstehende Spannung löst diese elektrisierenden Schmerzen aus. Aber ich kann schwimmen und sogar radfahren. Schwere Sachen heben kann ich nicht. Manchmal löst irgendeine harmlose Bewegung starke Schmerzen in Rücken und Beinen aus. Dann brauche ich ein paar Tage Bettruhe. Solche Vorfälle machen mir immer noch angst.

Aber ich habe wieder Kraft aufgebaut. Es hat Jahre gebraucht, wirklich Jahre. Ich ging zur Physiotherapie. Ich lernte wieder gehen. Ich übte zuerst an Barren im warmen Schwimmbecken, dann auf ebenem Boden und schließlich Treppen gehen. Ich habe mich immer wieder angetrieben, trotz meiner Schmerzen. Ich habe gelernt, einfache Dinge so zu tun, daß es nicht weh tut – von einem Stuhl aufstehen, den Oberkörper drehen, etwas aufheben. Elizabeth, ich war an dem gleichen Punkt, wo Sie heute sind. Ich war verbittert und verzweifelt und glaubte, mein Leben sei zu Ende. Das muß nicht sein. Wir können immer eine Wahl treffen, auch wenn die Umstände noch so schwierig sind.«

Wir saßen eine Weile schweigend da, dann streckte Elizabeth ihre Hände nach mir aus. Ich stand auf, ging auf sie zu und nahm sie in die meinen.

»Ich habe Jed seit der Operation nicht erlaubt, mich zu besuchen.

Er ruft immer wieder an. Manchmal spreche ich mit ihm, manchmal lasse ich ihm durch Canela ausrichten, ich sei indisponiert. Er versucht, mich zu trösten, aber ... aber ich verstehe einfach nicht, warum er sich immer noch meldet. Wer möchte schon mit einem Krüppel zusammensein?«

Ich sagte nichts auf diese rhetorische Frage, sondern wartete, daß sie weitersprach.

Elizabeth löste ihre Hände aus den meinen, zog ein weißes, spitzenbesetztes Taschentuch unter ihrer Decke hervor und wischte sich die Tränen aus den Augen.

»Ich habe immer eines bei der Hand«, sagte sie und faltete das feuchte Taschentuch wieder ordentlich zusammen. »Ich weine so viel, Jerome. Wenn ich allein bin, natürlich. Wir Seevers lassen nicht zu, daß uns jemand weinen sieht. Er könnte ja auf den Gedanken kommen, wir seien auch nur Menschen.«

Erneut füllten sich ihre Augen mit Tränen. Sie faßte wieder nach meinen Händen und drückte sie mit erstaunlicher Kraft.

1994 hatten wir einen sehr strengen Winter in Neuengland. Der Januar brachte Boston mehrere heftige Schneestürme, und da die Temperatur kaum über den Gefrierpunkt stieg, blieb meterhoch Schnee liegen. Die schmutziggrauen, an den Seiten aufgehäuften Schneewälle verengten selbst die Hauptstraßen auf eine schmale Fahrspur. Der Februar brachte uns Eisregen, der die schneeglatten Straßen in gefährliche Rutschbahnen verwandelte.

Der erste Dienstag im März bescherte uns Graupel gemischt mit Schneeregen, und es war draußen noch düsterer als sonst. Ich nahm an, Elizabeth würde ihren Termin unter diesen Umständen absagen, aber Youngsun informierte mich, daß sie angerufen und ihn bestätigt hatte. Sie lasse sich von dem bißchen Eis nicht abhalten, hatte sie gesagt.

Jemand klopfte energisch an die Tür meines Sprechzimmers.

»Herein«, rief ich.

Elizabeth kam in ihrem Rollstuhl hereingefahren, die Beine wie üblich in die schwarz-rote Häkeldecke gehüllt. Zum ersten Mal seit fast fünf Monaten hatte sie die Haare wieder sorgfältig hochtoupiert. Auf der eng anliegenden, cremefarbenen Satinbluse, die ihren üppigen Busen betonte, glänzte ihr »besonderes« Goldhalsband.

Die Hände, die ihren Rollstuhl geschickt durch die Tür manövrierten, waren jedoch nicht die von Canela, sondern groß und gerötet, mit dichten grauen und schwarzen Haarbüscheln. Ich schaute auf und sah einen großgewachsenen, breitschultrigen Mann mit vollen silbergrauen Haaren, Hornbrille und frischen Wangen vor mir, der freundlich lächelte. Er trug einen blauen, zweireihigen Blazer mit weißem Einstecktuch und Lederstiefel mit Gummisohle.

»Jed Raines. Ich freue mich, Sie kennenzulernen.« Seine Stimme war tief und vertrauenerweckend, mit einem kaum wahrnehmbaren Südstaatenakzent.

Er hatte Elizabeths Rollstuhl vor den Schreibtisch geschoben und kam nun mit ausgestreckter Hand auf mich zu.

»Sehr erfreut, Mr. Raines. Ich habe schon viel von Ihnen gehört.«

»Ich von Ihnen auch, Dr. Groopman.«

Sein Händedruck war fest und ließ vermuten, daß er sich so leicht nicht unterkriegen ließ.

»Fangt jetzt nur nicht an, euch mit Höflichkeiten zu überschütten.«

Jed machte kehrt, setzte sich neben Elizabeth auf einen Stuhl, strich seine graue Wollhose glatt und beugte sich, Aufmerksamkeit signalisierend, nach vorne.

»Ich bin überrascht, daß Sie an einem solchen Tag kommen. Die Straßen sind eisglatt, und wir bekommen wieder Sturm. Youngsun sagte, Sie wollten den Termin nicht auf nächste Woche verschieben.«

»Ja, Jerome. Jed hatte es so eingerichtet, daß er mitkommen konnte, und ich wollte nicht, daß er seine Termine noch einmal umwerfen muß.«

»Das hätte ich aber jederzeit getan, Betsy.«

»Es war nicht notwendig. Eine Seever läßt sich von ein bißchen

Eis auf den Straßen nicht abschrecken. Wie dem auch sei, ich wollte grünes Licht von Jerome. Und ich *hasse* es zu warten, wissen Sie.«

»Grünes Licht?« fragte ich und überlegte, um was es wohl ging.

»Also wirklich, Jerome, haben Sie doch ein *bißchen* Geduld, und lassen Sie mich ausreden.« Jed zog die schwarzgrau gesprenkelten Augenbrauen hoch und sagte:»Nicht einmal Dr. Groopman verschonst du mit deiner Herzlichkeit, Liebling?«

»Natürlich nicht. Und jetzt sei still! Ich möchte die Sache jetzt endlich regeln.«

Elizabeth griff in ihre Handtasche, die am Rollstuhl hing, und zog ein glänzendes Blatt Papier heraus.

»Das ist ein Fax von Donald Knowles. Donald ist Leiter der Abteilung für europäische Malerei am Metropolitan Museum of Art in New York. Er ist ein guter Freund von mir, seit vielen Jahren schon, und macht für mich die ganze ›Beinarbeit‹ in der Kunstwelt, wenn ich so sagen darf.« Elizabeth lachte leise in sich hinein.

»Ich habe beschlossen, dem Met meine Degas-Sammlung zu schenken.«

Elizabeth machte eine Pause und fuhr dann mit etwas zaghafter Stimme fort.

»Ein bißchen seltsam ist es schon, etwas wegzugeben, woran ich mein ganzes Leben lang so gehangen habe. Aber es macht mir auch Freude, und es ist eine Freude, wie ich sie sonst, wenn die Seever Foundation großzügige Geldspenden vergibt, nie gespürt habe. Es ist natürlich auch«, fuhr Elizabeth nun mit ihrer gewohnten kühlen Stimme fort, »ein überwältigendes, nie dagewesenes Ereignis. Wissen Sie, es wird demnächst eine internationale Degas-Ausstellung geben. Sie beginnt in Paris und geht dann nach Madrid und New York. Meine Sammlung wird der Glanzpunkt sein. Die Arbeiten sind vorher noch nie in der Öffentlichkeit gezeigt worden. Donald war hingerissen. Er hat all die lästigen Dinge übernommen, Versicherung, Verschiffung und so weiter. »Das Fax ist der Entwurf einer Pressemitteilung für nächsten Freitag. Die Eröffnung ist im Juni, am zwölften, um genau zu sein. Und ich möchte dabeisein, in Paris.«

Elizabeth lächelte nervös.

»Besser gesagt, *wir* möchten dabeisein. Jed will mit mir hinfahren. Donald hat uns wissen lassen, daß das Grand Palais für Rollstuhlfahrer zugänglich ist. Von Paris aus möchten wir nach Venedig fahren, und hoffentlich haben sie dort eine Gondel, die bei dem Gewicht von diesem Gefährt nicht sinkt!«

Jed nahm Elizabeths Hand und drückte sie liebevoll.

»Bitte keine Sentimentalitäten vor Jerome. Ich möchte nicht, daß er die Reise nur aus Mitleid mit einem späten Liebespaar erlaubt. Wir müssen sicher sein, daß die Reise für mich medizinisch unbedenklich ist. Ich habe noch den Namen von diesem französischen Arzt, der mein Blut untersuchen und meine ›Vorräte‹ auffüllen kann, wenn es nötig ist.«

Elizabeth hatte nach wie vor kaum Kraft in den Beinen. Die schmerzhaften Krämpfe im Rücken waren seltener geworden und auch die blitzartigen Schmerzen, die bis in die Beine ausstrahlten. Sie ließ dreimal die Woche eine Physiotherapeutin zu sich nach Beacon Hill kommen, aber bei dieser Therapie ging es darum, Elizabeths kraftlose Glieder geschmeidig zu halten. Es war unwahrscheinlich, daß sie je würde wieder gehen können.

»Und was wird mit Ihrer Physiotherapie, wenn Sie auf Reisen sind?«

»Ach, Jed kann meine Beine meisterhaft bewegen«, antwortete sie mit einem koketten Lächeln. »Er wird schon dafür sorgen, daß sie locker bleiben.«

Ich überlegte kurz, und da ich keinen Grund sah, Einwände zu erheben, sagte ich, ich würde Dr. Balieu in Paris anrufen und ihn bitten, die Blutuntersuchungen und Transfusionen zu machen.

Elizabeth verabschiedete sich mit einem herzlichen Lächeln und versprach, sich wegen der Termine im Hôpital Saint-Louis noch einmal bei Youngsun zu melden.

Es war das erste Mal, daß ich mich nicht gegen Angriffe von

Elizabeth hatte wehren müssen, aber trotzdem war mir nach diesem Besuch nicht ganz wohl. Ich merkte, daß mich ihre Euphorie irritierte, ihr munteres Geplauder, das den Eindruck vermittelte, als wäre alles wieder in Ordnung.

Ich erinnerte mich, daß ich ähnlich euphorisch war, als ich auf Pams dringenden Rat hin zum ersten Mal die Wohnung wieder verließ. Ich hatte mir vorgestellt, daß ich alle Probleme spielend bewältigen würde, wie im Film, daß ich ein von allen bewunderter, strahlender Held sein würde, der ohne jede Mühe alle Hürden nimmt. Die rauhe Wirklichkeit, die Welt draußen, war anders, und viele ganz alltägliche Dinge erforderten eine ungeheure Anstrengung oder waren für mich überhaupt nicht machbar. Es gab lange Phasen, in denen ich mich enttäuscht, verzweifelt und zornig zurückzog.

Ich mußte lernen, diese Gefühle auszuhalten und mein inneres Gleichgewicht zu finden, um weiterkämpfen zu können. Aber vor allem mußte ich meinen Stolz überwinden und ganz auf Pam, meine Ärzte und meine Freunde vertrauen, in praktischen Dingen wie auch psychisch. Ob Elizabeth bewußt war, daß es bei ihr wahrscheinlich nicht anders sein würde?

Ich überlegte, ob ich ihr das bei unserem nächsten Gespräch sagen sollte, als eine Art Vorwarnung, was demnächst vermutlich auf sie zukommen würde. Einen Moment lang sah ich die Szene richtig vor mir: Elizabeth wäre entrüstet, daß ich sie darauf ansprach, daß ich es wagte, ihren schönen Traum zu zerstören, daß ich wieder der allwissende Vater war, der ihr sagte, wie sie mit ihren Gefühlen umgehen, wie sie sich verhalten sollte.

Aber vielleicht sah ich alles zu negativ. Meine Einschätzung von Elizabeth war geprägt durch die Art, die sie früher, vor ihrer Lähmung, an den Tag gelegt hatte. Es ist durchaus nicht selten, daß Menschen durch eine schwere Erkrankung eine ganz andere Einstellung zu sich selbst, ihren irdischen Gütern und ihren Beziehungen bekommen.

Als Arzt mußte ich nicht nur sehen, was »der Mensch« war, sondern auch wie »der Mensch« werden konnte. Elizabeth hatte ihre

Schenkung als »überwältigendes, nie dagewesenes Ereignis« bezeichnet, und das könnte man durchaus als eine Art Selbsterhöhung verstehen. Aber sie trennte sich von wertvollen Dingen, die sie mit viel Aufwand erworben und wie ihren Augapfel gehütet hatte. Ich glaube, sie tat es nicht nur aus egoistischen Motiven heraus, sondern sie wollte auch anderen Menschen etwas geben, und das hat ihr eine nie gekannte Befriedigung gebracht. In Paris würde Elizabeth wieder auf die Bühne des Lebens zurückkehren, tragischerweise im Rollstuhl, umgeben von Degas' Ballettänzerinnen. Ich erinnerte mich, daß sie einmal eine von ihnen hatte sein wollen, ihr die Natur aber nicht den richtigen Körper dazu geschenkt hatte. Ich spürte, daß sie jetzt lernte, ihren großen Traum zu verwirklichen – diesmal mit dem Herzen.

Elliott

»JERRY, HIER IST Elliott. Aus Jerusalem. Ich weiß, es ist noch früh, aber ich brauche dich. Ein Notfall.«

Notfall. Ich spürte einen regelrechten Adrenalinstoß.

Es war noch dunkel im Schlafzimmer. Die roten Leuchtziffern am Wecker zeigten 5.03 Uhr an, also war es in Jerusalem kurz nach Mittag.

»Was ist los, Ell? Was kann ich für dich tun?«

Ich machte mich auf das Schlimmste gefaßt: Susan, Elliotts Frau, oder sein Sohn Benjamin, von einer Terroristenbombe oder bei einem Autounfall schwer verletzt.

»Ich habe vergrößerte Lymphknoten in der Brust und dadurch Probleme mit dem Atmen ... Mein Arzt hat mir vor ein paar Stunden gesagt, daß ich operiert werden muß ... Was soll ich machen?«

Elliott, einer meiner engsten und ältesten Freunde, wurde in meinem Kopf zu einem »Patienten«, dessen persönliche Daten ich nun in Gedanken notierte: ein 43jähriger, bislang gesunder Weißer, Nichtraucher, als Journalist im Nahen Osten tätig, mit vergrößerten Lymphknoten in der Brust, Operation empfohlen.

»Erzähl erst einmal, was passiert ist, Ell, von Anfang an«, antwortete ich mit ruhiger Stimme getreu dem Grundsatz, daß es am besten ist, wenn der Patient die Vorgeschichte seiner Krankheit mit eigenen Worten schildert. Auf diese Weise bleibt der Arzt für die ganze Bandbreite möglicher Diagnosen offen, ohne dem Patienten etwas zu suggerieren.

Daß etwas mit ihm nicht stimmte, hatte Elliott zum ersten Mal acht Wochen zuvor gemerkt, als er wie immer frühmorgens in den Hügeln zwischen West- und Ostjerusalem beim Joggen war. Es war ein milder Frühlingstag; die Sonne ging eben erst auf, und die Temperatur war durch die kühle Nachtluft aus der judäischen Wüste noch sehr angenehm. Elliott begann bei seinem Haus in der deutschen Kolonie, im gewohnten Tempo, um seine üblichen sechs Kilometer zu laufen. Aber schon als es das erste Mal bergauf ging, in der Bethlehem Road, mußte er stehenbleiben.

»Ich hatte so ein Engegefühl in der Brust, als würde ein großes Gewicht darauf drücken. Ich bekam nicht mehr genug Luft, konnte nicht mehr weiterlaufen. Wahrscheinlich bekomme ich eine Erkältung, dachte ich, und kehrte um.«

Ich fragte Elliott, ob er Fieber oder Schüttelfrost gehabt habe. Keines von beidem; er habe seine Temperatur gemessen, als er von dem abgebrochenen Morgenlauf zurück war – und seitdem noch ein paarmal. Husten oder Auswurf? Seit kurzem habe er einen trockenen Husten, aber ohne Schleim.

Ich ging in Gedanken verschiedene mögliche Diagnosen durch, während ich zuhörte; wie sonst auch immer begann ich mit der schlimmsten. Im Fall einer Lymphknotengeschwulst in der Brust wäre das Krebs.

Als erste Möglichkeit kam Lungenkrebs in Frage: Elliott hatte nie geraucht, soweit ich mich erinnerte. Aber Lungenkrebs kann auch durch Umweltgifte ausgelöst werden, beispielsweise durch Asbest, den man früher häufig als Isoliermaterial in Häusern eingesetzt hat. Mir fiel ein, daß Elliott und Susan ihr Haus in Jerusalem vor drei Jahren renoviert hatten. Da hätte Elliott mit Asbest in Kontakt gekommen sein können, aber die Zeitspanne zwischen Exposition und der Entwicklung von Lungenkrebs war normalerweise viel länger, zehn Jahre oder mehr. Als nächstes kam ein malignes Lymphom in Frage: sehr gut möglich, und oft ist der Brustraum betroffen. Lymphome werden in Hodgkin- und Nicht-Hodgkin-Lymphome eingeteilt, und beide Typen kommen, wenn sie in der Brust ihren Ausgang nehmen, vor allem bei Teenagern und jungen Erwachsenen vor. Dann ging ich die selteneren Krebsformen durch: ein Thymom oder Krebs der Thymusdrüse, oft in Verbindung mit einer Krankheit namens Myasthenia gravis, die die Muskelfunktion beeinträchtigt. Elliott würde nicht regelmäßig sechs Kilometer joggen, wenn er diese Krankheit hätte. Schilddrüsenkrebs: häufiger bei Frauen und in Verbindung mit einer Strahlenexposition – bei Elliotts Beruf als Journalist sehr unwahrscheinlich. Hodenkrebs: wird häufig nicht in Betracht gezogen, aber dennoch möglich, da die Hoden beim Embryo im oberen Brustraum liegen und sich im Laufe der fötalen Entwicklung in das Becken verlagern; im Thorax verbleibende Reste können beim Erwachsenen kanzerös werden.

»Du hast doch nie geraucht, Ell, oder? Und bist bei der Renovierung von eurem Haus nicht mit Asbest in Kontakt gekommen?«

»Ich habe nie geraucht, außer Gras natürlich. Und mit der Renovierung haben wir einen Bauunternehmer beauftragt und uns wegen Benjamin zusichern lassen, daß beim Austausch des Isoliermaterials alle Vorsichtsmaßnahmen eingehalten werden.«

Ich ging im Geiste die zweite Kategorie an Erkrankungen durch – die Infektionen. Tuberkulose: gut möglich bei jemand, der im Nahen Osten lebt und viel unterwegs ist. Pilzerkrankungen wie Kokzidioidomykose: verbreitetes Auftreten im Sacramento Valley in Kalifornien, wo Susans Eltern lebten und Elliott oft zu Besuch war. Toxoplasmose: parasitäre Infektionskrankheit – übertragen durch Katzen, die es ja überall gibt, die in der Regel aber wie eine Grippe verläuft. Bei allen dreien – TB, Pilzerkrankung und Toxoplasmose – wäre als wichtiges Symptom Fieber aufgetreten, und Elliott hatte versichert, daß er die ganze Zeit normale Temperatur gehabt hatte.

Als letztes kam die Kategorie »Verschiedenes« mit so seltenen Erkrankungen wie Sarkoidose, bei der der Körper eine Allergie gegen eigene Gewebe entwickelt, verbunden mit entzündeten Wucherungen der Lymphknoten in der Brust. Sie tritt vor allem bei Afroamerikanern auf. Es kommt zu Vernarbungen im Lungengewebe, und das würde man bei Röntgenaufnahmen feststellen.

Häufig bilden sich bei der Sarkoidose auch rote Knötchen auf der Haut, und es kommt zu Augenentzündungen.

»Hast du irgendeinen Hautausschlag festgestellt oder kleine Knötchen? Hast du eine Bindehautentzündung oder das Gefühl, du hättest Sand in den Augen?«

»Nein, Jerry. Ich bekomme nur einfach keine Luft. Und nicht nur, wenn ich zu laufen versuche. Schon wenn ich schnell gehe, spüre ich diese Enge in der Brust.«

Als das Engegefühl nach einer Woche immer noch nicht weg war, begann Elliott sich Sorgen zu machen und rief seinen Hausarzt an, Jeremy Levy. Der Arzt, ebenfalls von Amerika nach Israel ausgewandert, leistete jedoch gerade außerhalb der Stadt seinen Reservedienst ab. Sein Vertreter bestellte Elliott in die Praxis, untersuchte ihn aber nicht – nicht einmal den Brustkorb –, sondern drückte ihm lediglich ein Rezept für Erythromycin gegen die vermutete Bronchitis in die Hand.

»Obwohl du kein Fieber und keinen Auswurf hattest?«

»Richtig.«

Die Symptome blieben auch nach zweiwöchiger Behandlung mit dem Antibiotikum unverändert. Elliotts Hausarzt war immer noch nicht zurück. Diesmal hörte sein Vertreter die Lunge ab und stellte ein Pfeifgeräusch fest. Der Arzt meinte, er habe möglicherweise Asthma, und verschrieb ihm ein Mittel zum Inhalieren. Das brachte etwas Erleichterung, aber bergauf konnte er trotzdem nicht laufen, als er wieder zu joggen versuchte.

»Dann kam Dr. Levy endlich zurück. Er ordnete sofort eine Röntgenaufnahme an. Nachdem ich mich zwei Monate nur noch herumgeschleppt hatte.«

Ich war zornig und besorgt, bemühte mich jedoch, es mir nicht anmerken zu lassen. Mein Freund, ein absolut glaubwürdiger Mensch, der zwei Monate über ein Symptom geklagt hatte, war mangelhaft diagnostiziert worden. Möglicherweise war wertvolle Zeit vertan worden. Für einen kurzen Moment sah ich meinen Vater vor mir, wie er mit akutem Herzversagen um sein Leben kämpfte, an seinem Bett ein Allgemeinarzt, der nicht wußte, was er tun sollte. Wegen medizinischer Fehler hatten wir meinen Vater verloren. Bei der Erinnerung daran zog sich mir das Herz zusammen, und ich mußte mich zwingen, meine Aufmerksamkeit wieder Elliott zuzuwenden.

»Sind irgendwelche Blutuntersuchungen gemacht worden? Hat Dr. Levy dir erklärt, was er auf der Röntgenaufnahme gesehen hat?«

»Ich habe keine Anämie, und mit den weißen Blutkörperchen ist alles in Ordnung. Susan meinte, ich soll eine Kopie von dem Bericht anfordern. Da heißt es – ich übersetze aus dem Hebräischen, das dauert ein bißchen: ›Vergrößerte mediastinale Lymphknoten‹ – Was bedeutet mediastinal?«

»Das ist der medizinische Ausdruck für den mittleren Bereich der Brust unter dem Sternum, dem Brustbein.«

»Okay. ›Vergrößerte mediastinale Lymphknoten von maximal acht Zentimeter Durchmesser, die die Trachea umschließen und bis zur Aorta reichen. Kompression des rechten Bronchus. Lungenfelder ansonsten frei.‹«

Ich schwieg, um die Informationen gedanklich einzuordnen. Die Ausdehnung der Wucherungen, die Kompression der Luftwege, die Tatsache, daß das angrenzende Lungengewebe gesund war und er weder Fieber noch Auswurf hatte – all das deutete mit großer Wahrscheinlichkeit auf Krebs hin.

Ich wollte im Geiste noch einmal die Krebsformen durchgehen, die in Frage kamen, spürte aber, wie meine Konzentration nachließ. Nicht wegen der frühen Stunde oder weil ich aus dem Schlaf gerissen worden war. Vielmehr gingen mir Bilder durch den Kopf, Schnappschüsse von Erinnerungen – Elliott und ich, wie wir in seinem Apartment in Manhattan vor einem Becher Kaffee sitzen und über unsere beruflichen Ambitionen reden, er als Journalist für *Time*, ich als zukünftiger Arzt; Pam im Hochzeitskleid, ich im Smoking, in der Mitte Elliott, wie wir uns nach der Hochzeit umarmen; Elliott, wie er meinem erstgeborenen Sohn Steven ein paar Tropfen süßen Rotwein in den Mund träufelt, um ihn vor der rituellen Beschneidung zu »narkotisieren«.

Elliotts zitternde Stimme holte mich wieder in die Realität.
»Jerry, was soll ich tun?«

Ich schwieg einen Moment und sagte dann: »Hol Susan ans Telefon.«

Susan, eine Emigrantin aus Kalifornien, arbeitete als Unternehmensberaterin, war eine ausgezeichnete Organisatorin und behielt immer einen kühlen Kopf. Ihr angeborener amerikanischer Optimismus hatte sich mit einer typisch israelischen Zähigkeit gemischt, und so schaffte sie es immer, ihre Sachen auch in einem derart bürokratischen Land wie Israel schnell und reibungslos erledigt zu bekommen.

»Hallo, Jerry«, begrüßte mich Susan. »Wir wissen noch nicht, wo wir genau stehen. Ich habe schon mit dem Chirurgen am Hadassah Hospital gesprochen, den uns Dr. Levy empfohlen hat. Er soll gut sein. Und ich kenne dort genug wichtige Leute, damit Elliott wirklich bevorzugt behandelt wird. Aber wir wollen das Beste, das *Allerbeste*, deshalb ist es vielleicht am vernünftigsten, wenn wir nach Amerika zurückkehren.«

Das »Allerbeste« in klinischer Medizin bedeutet nicht nur hervorragende Fachärzte und ein Krankenhaus mit dem neuesten technischen Standard. Davon gibt es viele auf der Welt. Eine schwere Krankheit verlangt mehr. Sie verhält sich wie ein wilder Mustang beim Rodeo, bricht oft in eine ganz unerwartete Richtung aus, bäumt sich widerspenstig auf, um den Reiter abzuwerfen. Das »Allerbeste« erfordert eine feste und entschlossene Hand am Zügel. Jedes kleinste Detail in Diagnose und Behandlung muß beachtet werden. Selbst ein scheinbar kleiner Irrtum – ein falsch interpretiertes Computertomogramm, ein zu schnell verabreichtes Medikament oder das Fehlen eines bestimmten Katheters – kann dazu führen, daß die Situation außer Kontrolle gerät und in eine Katastrophe mündet. Wer könnte in Elliotts Fall diese ganze Arbeit leisten?

»Ich kann dir und Elliott die Entscheidung nicht abnehmen. Die medizinische Versorgung in Israel ist ziemlich gut, auch wenn viele neue Medikamente dort noch nicht verfügbar sind. Ihr müßt sicher sein können, daß der behandelnde Facharzt sich wirklich ganz auf Elliotts Fall konzentriert, daß er jeden Aspekt berücksichtigt. Ihr müßt auch die praktische Seite bedenken – eure Arbeit, eure Versicherung, Benjamins Schule und eine Menge anderer Dinge, die euch in Israel halten.« Susan überlegte nur einen winzigen Moment. »Aber dich haben wir hier nicht, Jerry. Wir kommen nach Boston. Geh davon aus, daß wir übermorgen da sind. Ich schaue, daß ich in der nächsten El-Al-Maschine zwei Plätze bekomme.«

Dann ging alles sehr schnell. Sie kamen am Dienstag morgen in der Frühe an, kurz nachdem meine beiden Söhne, Steven und Michael, in die Schule gegangen waren. Elliott wirkte angespannt und bedrückt, sehr erschöpft. Ich umarmte ihn fest und spürte, wie ein leichtes Zittern durch seinen Körper ging, als er die Umarmung zu erwidern versuchte.

Susan ging gleich die Sachen auspacken, im Spielzimmer im ersten Stock, wo Pam die Couch bereits zum Schlafsofa umgebaut hatte. Benjamin, ein pfiffiger Dreijähriger mit lackschwarzem Haar und den mandelbraunen Augen seiner Mutter, schlief nach dem fünfzehnstündigen Flug auf der Stelle ein.

Elliott und ich fuhren, schweigend unseren Gedanken nachhängend, was der Tag wohl bringen würde, in die Klinik. Ich hatte mich selbst als sein behandelnder Arzt eingeteilt, bereits Blutuntersuchung und ein Computertomogramm des Brustkorbs angeordnet und, in Vorbereitung auf die Operation am nächsten Tag, einen Termin mit Peter Draper gemacht, einem Thoraxchirurgen, und mit Tom Cramer, einem Anästhesisten. Aber bevor ich Elliott zu diesen Terminen losschickte, wollte ich ihn gründlich untersuchen. Ich strich Elliotts langes kastanienbraunes Haar im Nacken zur Seite, damit ich die Lymphknoten abtasten konnte. Er war noch der unkonventionelle Typ wie vor zwanzig Jahren, als wir uns kennengelernt hatten. Eine gemeinsame Freundin, Anne Albright, hatte uns zusammengebracht. Sie fand, wir seien uns ungeheuer ähnlich.

277

»Ihr könntet Brüder sein, beide so hochgewachsen – und diese seelenvollen Augen ...«, hatte Anne uns geneckt, als wir an einem Sonntagmorgen bei ihr zum Frühstück waren. Aber es gebe nicht nur diese äußerliche Ähnlichkeit, meinte Anne. Wir hätten auch vom Charakter her vieles gemeinsam – unseren Hunger nach Informationen, unseren Sinn für Humor, unsere Redelust. Elliott und ich waren bei soviel Lob rot geworden.

»Du siehst beunruhigt aus«, sagte Elliott, als ich fertig war.

Ich hatte knapp über dem Schlüsselbein eine harte, längliche Geschwulst ertastet, die sich nicht verschieben ließ. Sie wuchs jetzt nach oben, vom Mediastinum zur oberen Mitte des Thorax hin. Die Venen im Nacken waren leicht vorgewölbt, hatte ich bemerkt, und der Abfluß verlangsamt.

Ich zögerte mit der Antwort, weil ich ihm nicht sagen wollte, was ich festgestellt hatte. Aber ich wußte, daß ich von meinem Grundsatz der absoluten Ehrlichkeit mit einem Patienten nicht abgehen sollte, selbst wenn dieser Patient wie ein Bruder für mich war und es mir im Herzen weh tat, daß er leiden mußte. Wenn ich nicht immer die Wahrheit sagte, würde man mir im Zweifelsfall überhaupt nicht mehr glauben.

Ich erklärte Elliott, die Venen im Nacken seien erweitert, und das deute auf ein »Vena-cava-superior-Syndrom« hin. Die Vena cava, die große Hohlvene, die das Blut vom Oberkörper ableitet, wurde durch die vergrößerten Lymphknoten in der Brust zusammengedrückt, ehe das Blut in den rechten Herzvorhof gelangte. Dadurch staute sich das Blut ins Gehirn zurück, was zu einem erhöhten Hirndruck führte, der sich anfangs in Kopfschmerzen äußert.

»Ich habe die letzten Tage auch ständig Kopfschmerzen gehabt, dachte aber, es ist der Streß.«

Ich sagte, seine Kopfschmerzen könnten durchaus von Streß kommen, die Einengung der Vena cava trage sicher auch dazu bei. Am folgenden Tag würden wir feststellen, um welche Art von Geschwulst es sich handelte, und mit der Behandlung beginnen, die Vena cava also sofort entlasten.

Elliott sah mir wissend in die Augen und sagte dann mit der gleichen Offenheit wie zuvor ich:
»Jerry, laß mich nicht sterben.«
Mich überlief ein Schauer bei diesen Worten. Ich habe schon oft erlebt, daß Patienten ihren Tod intuitiv vorausgeahnt haben. Manchmal wußten es alle – der Patient, der Arzt, die Familie. Dann war die Krankheit weit fortgeschritten, die Behandlung erfolglos. Aber manchmal gab es aus medizinischer Sicht keinerlei Anzeichen für einen baldigen Tod. Ich gebe inzwischen sehr viel darauf, wie ein Patient seinen Körper empfindet, seine Signale deutet. Das intuitive Wissen eines Patienten um seinen nahen Tod hat sich, unabhängig von allen objektiven Befunden, Blutwerten, EKGs oder Computertomogrammen, schon oft bewahrheitet.

Ich faßte Elliott an den Schultern und hielt ihn fest, während ich nach Worten des Trostes suchte. Er sei erschöpft von dem langen Flug und der Ungewißheit, sagte ich, und solle in diesem Zustand nicht allzusehr auf ungute Vorahnungen geben. Wir wüßten noch nicht, was die Ursache für die vergrößerten Lymphknoten sei. Sobald die Diagnose feststehe, würden wir mit der Behandlung beginnen.

Mir fiel Elliotts abwesender Blick auf, während ich ihn zu beruhigen versuchte, und ich fragte mich, ob er in der Ferne wirklich schon den letzten Besucher im Leben hatte kommen sehen.

»Skalpell« – »Skalpell«; »Klammer« – »Klammer«; »Naht« – »Naht«.

Die Operation dauerte nun schon fast zwei Stunden. Peter Draper, der Thoraxchirurg, hatte sich zwischen den lebenswichtigen Organen im Mediastinum – Herz, Aorta, Lunge – mittlerweile bis zu einem dichten Band entzündeten Fasergewebes vorgearbeitet, das über den Lymphknoten lag.

Ich hielt mich etwas abseits. Es war zu erschreckend, einen Menschen, den ich in der gleichen Weise begriff wie mich selbst – als erfüllt von Gedanken und Gefühlen, der Körper nur eine äußerliche Hülle – so vor sich liegen zu sehen, als Ansammlung von Geweben und Blutgefäßen, aus denen Blut und Lymphe sickerte. Mein Blick wanderte vom Operationsfeld nach oben. Die Lider über Elliotts kobaltblauen Augen waren geschlossen, sein Gesicht zu einer Maske erstarrt. Er war durch die Narkose in einen besonderen Zustand versetzt worden, diesen Zustand auf der Schwelle zwischen dem, was wir unter Leben verstehen, und dem, was wir uns unter Tod vorstellen, wo Bewußtsein und Gefühl zeitweilig aufgehoben sind. Ich stellte mir vor, wie seine Seele jetzt im Vorzimmer der Zeit wartete – bereit, wieder ins Leben zurückzukehren, sollte die Operation gelingen, oder auf die letzte Reise zu gehen. Ich betete inständig um Elliotts Rückkehr ins Leben, während ich auf seinen reglosen Körper hinuntersah. Elliotts Leben. Es war mir nach zwanzig Jahren Freundschaft sehr vertraut.

Er stammte aus einer jüdisch-orthodoxen Familie in Brooklyn, ein Wunderkind, begabt in Sprachen, Mathematik, Musik. Sein Vater, von dem ich immer noch respektvoll als »Professor Ehrlich« sprach, war ein angesehener Wissenschaftler, Experte für mittelalterliche jüdische Geschichte, seine Mutter Rektorin einer jüdischen Highschool.

Elliott war einer der ersten Schüler seiner *jeschiwa*, die nach Harvard gingen, und er schloß das Studium der Amerikanistik mit magna cum laude ab. Der Familientradition folgend, begann er in Yale ein Promotionsstudium in Kolonialgeschichte. Aber das akademische Leben war ihm auf die Dauer zu eintönig, der Elfenbeinturm zu eng.

Elliott verließ Yale und nahm eine Stelle bei *Time* in New York an. Eine Zeitlang fand er alles sehr spannend. Es war nicht das New York, das er kannte – Brooklyn mit seinen ruhigen, von Bäumen gesäumten Straßen und Zweifamilienhäusern, den alten Leuten, die auf den Gehsteigen zu einem gemütlichen Schwatz stehenblieben. Es war Manhattan, das quirlige, herausfordernde, ehrgeizige Manhattan. Bei *Time* fand er viele, die so waren wie er: Absolventen der besten Universitäten, entschlossen, die Welt zu erobern. Und damals, als Elliott bei *Time* war und ich an der Columbia University Medizin studierte, hatte Anne Albright uns miteinander bekannt gemacht.

Elliott verdiente zwar gut bei *Time*, ganz »anständig« für einen Junggesellen, wie seine Eltern meinten, aber nach drei Jahren fand er dieses Leben langsam unbefriedigend. Er hatte nicht mehr das Hochgefühl wie am Anfang, wenn er seinen Namen neben denen anderer Autoren sah. Es gelang ihm nicht, eine regelmäßige, landesweite Kolumne zu bekommen oder einen Artikel zu schreiben, der für einen Preis in Betracht gezogen worden wäre. Im Juni 1976, als ich New York verließ, um in Boston mein medizinisches Praktikum zu machen, kündigte Elliott bei *Time* und ging nach Los Angeles. Er hoffte in Hollywood zu finden, was weder Harvard, Yale oder *Time* hatten bieten können.

»Du kannst nie dir selbst entfliehen, egal wo du hingehst«, hatte sein Vater ihm zu bedenken gegeben. Ich erinnerte mich, wie ich Elliott damals gesagt hatte, einen solchen Rat hätte mir mein Vater, wäre er noch am Leben, auch mit auf den Weg gegeben.

Ich hörte, wie Peter Draper sagte, er habe den oberen Lappen der Geschwulst mit der Drahtschlinge abgetrennt, und Ned Waterman, der Pathologe, könne jetzt anfangen. Ich sah zu, wie Peter tief aus Elliotts offenem Brustkorb einen glänzenden Gewebeklumpen herausholte, ihn auf ein steriles Mullkissen legte und ihn dann in drei gleich große Teile schnitt. Ned Waterman kam sofort dazu und beförderte die Gewebestücke mit einer Pinzette in drei verschiedene Behälter: Das eine wurde in flüssigem Stickstoff schockgefroren, das andere kam in einen Plastikbehälter mit Fixiermittel, das letzte zur Zellaufschwemmung in ein mit Kochsalzlösung gefülltes Röhrchen.

Peter Draper sah hoch und nickte mir zu, gab mir damit zu verstehen, daß alles glattging. Meine Anspannung ließ ein wenig nach, und ich kehrte zu meinen Erinnerungen zurück.

Vielleicht nahm Elliott deshalb einen so besonderen Platz in meinem Leben ein, weil er sozusagen mein Alter ego war. Durch seine Odyssee sind mir meine eigene Ruhelosigkeit, meine eigenen

Phantasien von einem aufregenden Leben, von einem anderen Lebensweg als dem eines »guten jüdischen Jungen« bewußt geworden.

Als ich Harvard verließ, um an der UCLA meine Fachausbildung in Hämatologie und Onkologie zu machen, schrieb Elliott in Hollywood Drehbücher. Er lebte in einem heruntergekommenen Häuschen auf einem Hügel in Malibu mit Blick auf den Pazifischen Ozean. Dort waren auch des öfteren attraktive Frauen zu Gast, die er in den Filmstudios kennengelernt hatte und mit seinem Humor und seiner Herzlichkeit für sich einnahm.

Sein großer Wunsch war, einen Film über die Entwicklung der amerikanischen Identität bei den Amerikanern der ersten Generation zu schreiben. Er suchte sich die Schauplätze nicht nur in den Städten, sondern auch draußen im Land. Er fuhr in die Wüste von Arizona, in Kleinstädte im Osten von Texas, in den wilden Chaparral von Montana. Durch die intensive Auseinandersetzung mit der vielgestaltigen amerikanischen Kultur entwickelte er mit der Zeit ein zwiespältiges Verhältnis zu seiner eigenen Herkunft. Er fühlte sich zwar seinen jüdischen Landsleuten nach wie vor sehr verbunden, empfand ihre Erfolge wie ihre Neurosen als die seinen, wollte aber trotzdem aus den Traditionen ausbrechen, Neues kennenlernen. Er hielt die religiösen Festtage nicht mehr ein, aß auch anderes als koscheres Essen, und er zog die Gesellschaft nichtjüdischer Frauen vor.

Finanziell war Elliott in Los Angeles erfolgreich, denn er verdiente an Optionen und Tantiemen für seine Drehbücher hunderttausend Dollar und mehr im Jahr. Einige wurden zu Fernsehfilmen verarbeitet, eines wurde fast ein Kinofilm, aber dann blies die Filmfirma, die sein Buch gekauft hatte, die Sache doch in letzter Minute wieder ab. Der Film über den amerikanischen Traum – sein großes Projekt – wurde jedoch nie verwirklicht.

Das Operationsteam war jetzt fast fertig mit seiner Arbeit. Die Rippen wurden wieder in die richtige Lage gebracht; Peter Draper verschloß die Haut mit letzten Stichen. Elliott würde bald wieder so aussehen, wie ich ihn immer gekannt hatte.

Nebenan untersuchte Ned Waterman, der Pathologe, bereits die Schnitte des schockgefrorenen Gewebes, um eine erste Diagnose zu erstellen. Ich verließ den Operationssaal und ging zu ihm hinüber. Als ich mich neben ihm an das Stereomikroskop setzte, begann ich im Geiste wieder die möglichen Diagnosen durchzugehen, aber auf einmal konnte ich nicht mehr denken. Ich spürte, wie etwas in mir sich dagegen wehrte, so als wollte man zwei Magnete mit den gleichen Polen zusammenbringen.

Ich kümmerte mich vorerst nicht weiter um die mögliche Diagnose, sondern flüchtete wieder in Erinnerungen, in die Zeit vor Elliotts Anruf vier lange Tage zuvor.

Elliott blieb in Los Angeles, als ich nach Boston zurückkam. Wir telefonierten oft, und ich hörte die Enttäuschung in seiner Stimme, wenn er erzählte, daß wieder einmal ein Projekt nicht zustande gekommen war. Drei Jahre nach meinem Weggang von der UCLA, im Sommer 1986, beschloß Elliott, daß er Tapetenwechsel brauchte, mal von Hollywood weg mußte. Er reiste durch ganz Europa und ging dann nach Israel, wo seine Eltern seit der Pensionierung lebten. Bei einer Gartenparty in Jerusalem lernte er Susan kennen. Sie verliebten sich ineinander, heirateten, und Elliott begann wieder ein neues Leben, diesmal in Israel.

Elliott erzählte mir, daß er sich ungeheuer darauf freue, in Jerusalem zu leben, daß er hoffe, die Stadt würde sein »Lehrmeister« sein. Er glaubte, der radikale Wechsel von der oberflächlichen, narzißtischen Welt Hollywoods in die uralte heilige Stadt würde seine Kreativität fördern und es ihm leichter machen, einen großen Film zu schreiben. Um seinen Lebensunterhalt zu bestreiten, schrieb er regelmäßig Artikel für eine neue englischsprachige Zeitschrift, *The Israel Bulletin*; darüber hinaus hielt er an der Hebräischen Universität Vorlesungen über Filmkritik.

»Schauen Sie sich diese Zellen an«, sagte Ned Waterman.

Ich konnte nur schwer begreifen, daß das Gewebe, das ich da unter dem Mikroskop betrachtete, ein Teil von Elliott war. Das vielfach vergrößerte Präparat sollte eigentlich klar erkennbar sein, war aber verwirrend, fast surreal. Große Zellen wirbelten und taumelten herum wie berauscht, wie Mond und Sterne auf den Bildern des wahnsinnig gewordenen van Gogh.

»Es ist ein T-Zell-Lymphom«, faßte Ned Waterman seine Diagnose knapp zusammen.

Mir blieb fast das Herz stehen.

Ich versuchte, innerlich möglichst ruhig zu bleiben und Elliotts Situation medizinisch-nüchtern zu analysieren. Ich wiederholte in Gedanken die Merkmale eines T-Zell-Lymphoms, als würde ich vor einer Runde von Medizinstudenten und AiPs referieren: Das T-Zell-Lymphom stellt etwa 2 Prozent der malignen Lymphome bei Erwachsenen. Es ist aggressiv und dringt in lebenswichtige Organe ein, besonders Leber, Knochen und Gehirn. Die Ursache ist in der Regel unbekannt, wie wahrscheinlich auch in diesem Fall. Vor kurzem wurde beim T-Zell-Lymphom eine Mutation des sogenannten p16-Tumorsuppressor-Gens gefunden. Normalerweise bremst das p16-Gen die Zellteilung in der T-Zelle, aber diese Bremse funktioniert nicht mehr, wenn es mutiert ist, und die Zellen können ungehemmt wuchern. Eine seltene Form des T-Zell-Lymphoms ist im Süden Japans und in der Karibik endemisch. Ursache ist jedoch nicht eine Mutation des p16-Gens, sondern eine Infektion mit dem sogenannten HTLV-Virus, ein Akronym für »human T-cell lymphoma/leukemia virus«.

Ich stoppte meine didaktische Übung, als mir einfiel, daß Elliott Ende der siebziger Jahre, während ich mich an der UCLA mit ebendiesem Virus beschäftigte, auf seinem Hügel in Malibu gelebt hatte. Konnte er sich bei einer seiner Liebesaffären mit diesem seltenen Virus angesteckt haben? Wir würden ihn testen, aber das Ergebnis würde mit ziemlicher Sicherheit negativ ausfallen.

Mein Mund war trocken, ich spürte eine leichte Übelkeit. Als nächstes würden wir versuchen festzustellen, in welchem Stadium sein Lymphom war; mittels Computertomogramm und Gewebebiopsie würden wir weiterhin versuchen herauszufinden, wo außer im Brustraum eventuell sonst noch Krebszellen wucherten. Es konnte zwar sein, daß sie sich auf das Mediastinum beschränkten, aber da die Knoten relativ groß waren und wir zwei Monate bis zur Diagnose verloren hatten, vermutete ich, daß wir auch an anderen Stellen Krebszellen finden würden.

In diesem Fall würde Elliott eine sehr intensive Therapie brauchen. Er würde neun Monate lang mindestens fünf verschiedene Chemotherapeutika bekommen, anschließend zwei Jahre lang – in der sogenannten Erhaltungstherapie – drei weitere Medikamente mit dem Ziel, auch die letzte Krebszelle zu zerstören. Die Behandlung würde ihn an die Schwelle des Todes bringen, es würde sehr viel gesundes Gewebe – in Knochenmark, Leber, Haut, Mund und Darm – geschädigt werden, um den Krebs ganz auszumerzen.

Ich konnte fast nicht mehr klar denken, als ich an die Prognose für einen »43jährigen Mann, bislang gesund, mit einem T-Zell-Lymphom in Form einer 8 Zentimeter großen Geschwulst in der Brust« dachte. Es wollte mir einfach nicht in den Kopf. Wenn ich an die langfristige statistische Überlebensrate dachte, die unter 50 Prozent lag, verließ mich aller Mut.

In diesem Moment wußte ich, daß ich Elliotts Behandlung nicht übernehmen konnte. Zum ersten Mal in meiner ganzen Laufbahn als Kliniker war ich an meine Grenzen gestoßen. Ich konnte nicht die notwendige analytische Distanz aufbringen, und das lag nicht nur daran, daß wir uns so nahe waren. Es lag auch daran, daß Elliott viel zu sehr ein Spiegel meiner selbst war.

Seine Situation hatte Erinnerungen an den Tod meines Vaters heraufbeschworen, an meine Studentenjahre, an meine Träume als junger Arzt im Praktikum. Als Benjamin und Susan vor mir gestanden waren, hatte ich daran denken müssen, wie Pam es wohl mit unseren Kindern schaffen würde, wenn ich derjenige wäre, der plötzlich eine lebensbedrohliche Krankheit hat. Im Operationssaal hatte ich den Blick abwenden müssen aus Angst, mich selbst so zu sehen, wie er in diesen Stunden war, reduziert auf das, was wir alle sind: verwundbare Menschen von Fleisch und Blut. Später, während der Therapie, hätte ich unweigerlich das

Gefühl, die toxischen Infusionen strömten ebenso durch meine Venen. Ich wußte – und bei diesem Gedanken lief es mir kalt über den Rücken –, daß ich seinen Todeskampf wie meinen eigenen empfinden würde.

Ich begriff, daß ich nicht sein behandelnder Arzt sein konnte, daß ich nicht jeden Morgen in sein Zimmer gehen und seine Qualen mit ansehen konnte, die unumgänglich waren, wenn er eine Chance haben sollte zu überleben – das Erbrechen, den Durchfall, den Verlust der Haare, die Blutungen und Fieberschübe, die Infektionen und Entzündungen im Mund, die starke Schuppung und Verdickung der Haut und die vielen anderen Nebenwirkungen der Behandlung. Ich fürchtete, sein körperliches und psychisches Leid würde mein Urteilsvermögen trüben und mich einen Fehler machen lassen – einen Fehler, der ihn das Leben kosten konnte.

Ich würde es mir nie verzeihen, so wie ich dem Arzt nie verziehen habe, der bei meinem Vater versagt hat. Dieser Arzt kannte seine Grenzen nicht. Ich wußte, daß mein Vater vielleicht auch gestorben wäre, wenn er den besten Arzt gehabt und im modernsten Krankenhaus gelegen hätte. Aber dann hätten meine Familie und ich gewußt, daß wirklich alles Menschenmögliche getan worden war, und wir hätten uns weniger gequält.

Jetzt, wo ich meinen inneren Konflikt verstanden hatte, konnte ich wieder klarer denken.

Ich konnte und wollte mich nicht völlig aus Elliotts Behandlung heraushalten, ihn als Arzt im Stich lassen. Ich wollte ihm helfen, unbedingt.

Es gab eine Lösung. Ich würde mich als »beratender Arzt« zur Verfügung stellen und mein Fachwissen in der jeweiligen Phase der Behandlung einbringen, soweit es von Nutzen sein konnte. Sobald feststand, wie weit sich der Krebs bereits ausgebreitet hatte, würde ich Elliotts Behandlung in die Hände eines kompetenten und engagierten Onkologen legen. Ich würde ihm helfen, die geeignete Behandlungsstrategie festzulegen, und ihm beratend zur Seite stehen, wenn Probleme und Komplikationen auftraten – was zweifellos der Fall sein würde.

Ich stand im Aufwachraum an Elliotts Bett und hielt seine Hand, neben mir Susan, die ihrem Mann mit einem feuchten Tuch die schweißnasse Stirn kühlte. Sie nahm die Nachricht, daß er Krebs hatte, sehr gefaßt auf. Ich spürte, daß sie von Anfang an damit gerechnet hatte.

»Elliott wird es schaffen«, sagte Susan voller Überzeugung. »Ich kenne ihn, ich weiß, was für ein Kämpfer er sein kann.«

Elliott sah sie nachdenklich an und sagte dann flüsternd, noch halb benommen von der Narkose, wie zur Bestätigung: »Ich bin bereit zu kämpfen. Ich will leben. Vor allem für dich und Benjamin. Und für mein Töchterchen.«

Ich sah Susan überrascht an, und dann verstand ich. Sie war mir gleich etwas fülliger vorgekommen, das schmale Gesicht etwas runder. Ich hatte gedacht, das liege am Alter; sie war inzwischen ja auch Anfang Vierzig.

Susan sah mich lächelnd an.

»Ich bin erst im dritten Monat.«

»*Masel tow*«, gratulierte ich den beiden, was wörtlich »viel Glück« heißt. Dem traditionellen Glückwunsch folgte eine beklemmende Stille. Wir alle wußten, daß wir alles Glück der Welt brauchen würden, wenn die ungeborene Tochter ihren Vater kennenlernen sollte.

Später am Abend, als Elliott auf seinem Zimmer lag, die Nachwirkung der Narkose nachgelassen und er bereits wieder etwas gegessen hatte, begannen wir die einzelnen Therapieschritte zu besprechen. Ich erklärte ihm, welche Untersuchungen noch gemacht werden mußten, nämlich zwei getrennte Knochenmarkbiopsien, ein Kernspintomogramm des Gehirns und eine Lumbalpunktion. Am nächsten Tag würden wir mit einer Kurzbestrahlung der Geschwulst beginnen, damit die Vena cava entlastet wurde und das Blut aus dem Kopf wieder ungehindert abfließen konnte.

Ich zögerte etwas und kam dann auf die Frage zu sprechen, wo er die neunmonatige Chemotherapie machen sollte.

Elliott sah mich wissend an, und ehe ich mich weiter dazu äußern konnte, meinte er, es sei wenig sinnvoll, zur Behandlung in Boston zu bleiben. Jetzt, da die Situation unter Kontrolle war, könne man die Sache ganz pragmatisch angehen.

Er nahm meine Hand und drückte sie mit erstaunlicher Kraft. Er wisse, ich würde immer für ihn dasein, sagte er, und das bedeute ihm sehr viel, mehr als er sagen könne. Aber die Behandlung solle jemand anders übernehmen, jemand, den ich gut kenne und dem ich vertraue.

Ich atmete auf, dankbar, daß er meine Gefühle intuitiv erfaßt und mich aus meinem Konflikt erlöst hatte.

Wir gingen dann die verschiedenen Alternativen durch, welche Klinik und welches Behandlungsteam in diesem Fall das »Allerbeste« wäre, und kamen zu dem Schluß, daß Elliott in das Alta Bates Hospital in Berkeley, Kalifornien, gehen sollte. Leiter der hervorragenden Abteilung für Krebs und Blutkrankheiten war Dr. Jim Fox, ein warmherziger Mensch und sehr erfahrener Kollege. Jim, das wußte ich, würde sich persönlich um Elliott kümmern. Ein wichtiger Punkt bei dieser Entscheidung war Susans Familie. Ihre Eltern lebten in Sacramento und hatten eine Zweitwohnung in San Francisco, wo Susan und Benjamin wohnen konnten, solange Elliott in der Klinik war. Und Susan konnte auf die Unterstützung ihrer Eltern rechnen, wenn das Baby da war.

Bevor sie abfuhren, bekam Elliott zwei Kurzbestrahlungen. Die Venen am Nacken waren innerhalb von 48 Stunden flacher, und die Kopfschmerzen verschwanden. Damit war erst einmal Zeit gewonnen, so daß er die Reise an die Westküste machen und mit der richtigen Behandlung beginnen konnte.

Ich rief Jim Fox an, ging Elliotts Fall ausführlich mit ihm durch und schickte ihm anschließend per Expreß die Gewebeschnitte unseres Pathologen, Kopien der Röntgenbilder und den Operationsbericht. Das Lymphom hatte bereits ins Knochenmark metastasiert, wie ich schon befürchtet hatte, zum Glück aber nicht in Leber und Gehirn.

Vier Tage nach der Abreise aus Boston begann Elliott mit der Chemotherapie, und es stellten sich die erwarteten Nebenwirkungen ein: Übelkeit, Erbrechen, Haarausfall, Blasen im Mund, Durchfall. Aber auch weniger häufige Komplikationen traten auf. Zuerst eine akute Pankreatitis, eine Entzündung der Bauchspeicheldrüse, verursacht durch das Medikament L-Asparaginase. Er hatte wochenlang heftige Schmerzen im Oberbauch, die bis in die Wirbelsäule ausstrahlten, und der Blutzuckerspiegel schwankte extrem, da die Insulinproduktion gestört war. Die hochdosierten Chemotherapeutika schädigten auch die kleinen Blutgefäße, die sogenannten Kapillaren, so daß Flüssigkeit austrat und sich im Gewebe von Armen, Beinen und Gesicht ansammelte. Durch harntreibende Mittel und Beschränkung der Flüssigkeitszufuhr bekam man dieses Problem schließlich in den Griff.

Die wiederholte Behandlung mit Steroiden führte zu einem schmerzhaften Knochenfraß im rechten Hüftgelenk. Elliott würde später operiert werden müssen und ein künstliches Gelenk bekommen. Die Steroide machten auch seine Lunge zu einem idealen Nährboden für einen Pilz namens *Aspergillus*, und diese Pilzerkrankung führte zu Verkrampfungen der Luftwege und schwerer Atemnot. Er brauchte Sauerstoff, Antibiotika und Bronchodilatat.

Elliott ertrug die fürchterlichen Nebenwirkungen mit stoischem Gleichmut und bekämpfte seine Schmerzen und seine Angst mit viel Humor: »Ich sehe aus wie ein Michelin-Männchen«, witzelte er, als das Ödem seinen Körper immer unförmiger werden ließ. Als seine langen Haare ganz ausgefallen waren, flachste er: »Es heißt doch, reife Frauen wie Susan lieben kahlköpfige Männer.« Elliott wurde von Fieberschüben geschüttelt und aufgrund der Pilzinfektion von einem rauhen Husten gequält; sein ganzer Mund war entzündet, und der Darm war unfähig, das wenige zu verarbeiten, was er zu sich nahm. Mit heiserer Stimme meinte Elliott: »Ich glaube, jetzt habe ich Hiob noch übertroffen.«

Ich hielt engen Kontakt mit Jim Fox, per Telefon, Fax und E-Mail. Sobald ich die neuesten Befunde hatte, telefonierte ich mit Elliott, und mit der Zeit entwickelte sich ein bestimmtes Schema bei unseren Gesprächen: Zuerst besprachen wir die medizinischen Probleme, dann redeten wir über seine psychische Verfassung und wie es seiner Familie ging. Wenn ich zu einer Tagung nach Kalifornien mußte, was häufig vorkam, nutzte ich die Gelegenheit, um ihn in San Francisco oder Sacramento zu besuchen.

Elliott wollte nicht nur meinen ärztlichen Rat, er setzte seine ganze Hoffnung auf mich. Ich versicherte ihm, daß alle Komplikationen sich wieder geben würden, daß die Behandlung sehr gut verlaufe. Er begann, solchen als moralische Unterstützung gemeinten Aussagen eine tiefere Bedeutung zuzuschreiben, als hätte ich Zugang zu Gewißheiten, die wir mit unseren Sinnen nicht wahrnehmen können. Und zu meiner Überraschung schlug Susan, die nüchterne Geschäftsfrau, in die gleiche Kerbe. Sie beschloß unsere Dreiergespräche über seinen aktuellen Zustand regelmäßig mit den Worten: »Wenn Jerry sagt, es kommt in Ordnung, dann kommt es auch in Ordnung, Elliott.«

Ich fühlte mich äußerst unwohl in dieser Rolle. Ich wußte nur zu gut, wie groß die Verzweiflung werden kann, wenn wir uns mit einer lebensbedrohlichen Krankheit und der belastenden Behandlung konfrontiert sehen, wie wir uns an jeden Strohhalm klammern und nur zu gerne glauben wollen, daß der Arzt mit all seiner Erfahrung und seinen Referenzen die Zukunft vorhersehen kann. Ich versuchte, sie etwas auf den Boden der Realität zu holen, ihnen aber trotzdem nicht die Hoffnung zu nehmen, ihnen behutsam die Wahrheit nahezubringen, so wie ich sie sah, aus wissenschaftlicher Sicht. Ich erklärte, die bisher vorliegenden klinischen Daten ließen erkennen, daß Elliotts Chancen zu überleben sich zunehmend erhöhten, daß es aber noch große Hürden zu nehmen gelte. Nach dem dritten Behandlungszyklus war die Geschwulst in seiner Brust verschwunden, und nach dem fünften waren bei der Kontrollbiopsie des Rückenmarks auch keine Krebszellen mehr festzustellen.

Susan und Elliott bemerkten bei jedem kleinen Fortschritt, ich hätte ja vorhergesagt, daß alles gutgehen würde – wie ein Orakel –, und das bestätige sich jetzt endgültig.

Elliott beendete die achtzehn Monate Intensivtherapie. Dann wurden alle diagnostischen Untersuchungen noch einmal wiederholt: ein Computertomogramm von Brust- und Bauchraum, eine beiderseitige Knochenmarkbiopsie und eine Lumbalpunktion. Es gab keinerlei Hinweis mehr auf Krebszellen. Und Elliott kommentierte die vielen belastenden Untersuchungen mit der trockenen Bemerkung: »Ich war schon immer gut bei Prüfungen, und diesmal war es wirklich nicht schwer.«

Man hatte bei Elliott eine Vollremission erreicht. Er mußte allerdings noch fünf Jahre unter Beobachtung bleiben, ehe man von einer sicheren Heilung sprechen konnte – ein Wiederauftreten der Krankheit nach dieser Zeitspanne ist sehr selten.

»Ich werde mit dieser Ungewißheit leben«, versicherte Elliott. »Wenn ich etwas aus der Krankheit gelernt habe, dann das, daß alles im Leben ungewiß ist.«

Zwei Jahre später, Anfang Juni 1994, kam Elliott mit seiner Familie zum 25jährigen Harvard-Ehemaligentreffen nach Cambridge. Bei dieser Gelegenheit lernte ich seine inzwischen dreijährige Tochter Tikva kennen, ein munteres kleines Mädchen, das mich mit einem schelmischen Lächeln begrüßte. Sie war nach Elliotts Chemotherapie zur Welt gekommen, als alle Krebszellen aus seinem Körper verschwunden waren; und zum Dank dafür hatte sie diesen Namen bekommen – *tikva* bedeutet »Hoffnung« im Hebräischen. Susan sagte, der Name sei Ausdruck ihres unverwüstlichen Optimismus.

Elliott, seine Familie und ich marschierten über den Campus von Harvard, und trotz seines künstlichen Hüftgelenks brauchte er seinen Gehstock nur, wenn Stufen zu überwinden waren. Er trug eine elegante Kombination, die er sich im Banana Republic in Berkeley gekauft hatte, um seine Remission zu feiern: ein weißes, kragenloses Hemd, eine beige Leinenhose und dazu eine passende Weste. Die inzwischen wieder dichten und langen Haare hatte er zu einem Pferdeschwanz gebunden, »Samson mit wiedergewonnener Stärke«, bemerkte Susan mit einem liebevollen Lächeln.

Susan ging mit Tikva und Benjamin eine Kleinigkeit zu Mittag essen, Elliott und ich ruhten uns auf den Stufen der Widener Library aus. Wir sahen zu, wie die letzten Vorbereitungen für die Abschlußfeier getroffen wurden, die am nächsten Tag auf dem Campus stattfinden sollte, wie letzte Hand an die Bühne vor der Memorial Church gelegt wurde, wo der Rektor, die Dekane und Dozenten den Absolventen gegenübersitzen würden.

Elliott war nachdenklich gestimmt, bewegt von der Rückkehr an einen Ort, der ihm so viel bedeutete – einen Ort, wo jeder Student gesagt bekam, er gehöre zu den glücklichen Auserwählten, die Amerikas angesehenste Universität besuchen dürften.

Er erzählte mir, was ihm so durch den Kopf ging in letzter Zeit. Die ersten Monate nach ihrer Rückkehr nach Israel sei er nur dankbar dafür gewesen, daß er noch am Leben war, sagte er. Er habe jeden Tag als Geschenk genommen. Normal essen zu können, ohne Entzündungen im Mund und ohne Durchfall, normal atmen zu können, ohne Sauerstoffmaske auf dem Gesicht, seine Glieder normal bewegen zu können, ohne daß ihn Schläuche behinderten – das allein sei Grund genug gewesen, sich auf jeden neuen Tag zu freuen.

Aber jetzt, da ihn die Alltagsroutine wiederhatte, da er wieder für das *Israel Bulletin* schrieb und an der Universität Vorlesungen in Filmwissenschaft hielt, war er zutiefst unzufrieden. Das Ehemaligentreffen habe ihm mehr denn je bewußtgemacht, welche Chancen er sich hatte entgehen lassen, seit er seine Alma mater verlassen hatte. Er wolle endlich den großen Erfolg und jetzt, wo er wieder gesund sei, mit aller Entschlossenheit darauf hinarbeiten.

Mir war klar, daß wir jetzt an einen heiklen Punkt kamen. Jeder will Erfolg haben, und meistens messen wir ihn an dem, was andere erreichen – eine problematische Sache. Ich fürchtete, es könnte besserwisserisch oder herablassend klingen, wenn ich ihm das sagte, deshalb hielt ich lieber den Mund.

»Was habe ich schon erreicht?« fuhr Elliott fort, während er den Arbeitern zusah, die gerade die dunkelroten Fahnen der einzelnen Fakultäten von Harvard – Jura, Medizin, Wirtschaft und Theologie – an den Stangen neben der Bühne aufzogen. »Das habe ich vorzuweisen: eine monatliche Kolumne in einer jüdischen Zeitschrift, die ums Überleben kämpft; zwei Fernsehfilme und einen Berg unverkaufter Drehbücher; einen Teilzeitjob in Filmwissenschaft an der Hebräischen Universität.

Ich weiß, daß ich fast gestorben bin. Nicht, daß ich nicht dankbar dafür wäre, daß ich noch lebe. Ich kann nur nicht auf Dauer so leben, immer nur Gott und meinen Ärzten danken, daß ich noch am Leben bin. Keiner kann so leben – das ist, als wäre das Leben erstarrt, aufgeschoben. Ich muß wieder ins wirkliche Leben hinein, mich auch um die ganz banalen Dinge kümmern – daß die Kinder in die Schule kommen, das Auto repariert, die Steuern bezahlt und die Wäsche gemacht wird. Und ich muß mich um meine andere Sache kümmern; endlich etwas wirklich Großes zu schaffen.

Es war gut, wieder nach Harvard zu kommen, gerade jetzt, nachdem ich dem Tod schon so nahe war. Es motiviert mich, endlich zu tun, was man immer von mir erwartet hat, und was ich für mich selbst wollte.«

Er hatte vor, endlich ein Buch zu schreiben. Es sollte ein großes Werk über den Wandel der amerikanischen Kultur werden, und Grundlage würden verschiedene Porträts von Orten zu unterschiedlichen Zeiten sein: Brooklyn in den fünfziger Jahren, als der amerikanische Traum als eine Art kollektives Unbewußtes wirkte; Harvard in den Sechzigern, als das Establishment und die alten Autoritäten in Frage gestellt wurden, als die Vietnamproteste und Experimente mit Drogen begannen; dann die New Yorker Szene der siebziger Jahre, die Wiedergeburt des Karrierismus, der soziale Aufstieg, der Versuch, Halt und Orientierung zu finden; Los Angeles, also Hollywood, die Möchtegernstars, die allgemeine Speichelleckerei, der unverhohlen zur Schau gestellte Reichtum und Ruhm. Und schließlich die Westküste in den Neunzigern mit ihren zielstrebigen Studenten, den Computerfreaks mit ihren Kapitalgebern im Gefolge, die die Vermittlung und Verarbeitung von Wissen in unserer Gesellschaft völlig verändert haben.

»Die Erfahrung meiner Krebskrankheit hat mich nicht nur in meinem Wunsch bestärkt, das zu tun, was ich immer tun wollte – etwas Wichtiges, etwas von Bedeutung zu schaffen, ein Buch, das bei den Menschen Beachtung findet, die ich schätze. Ich glaube, ich habe meine innere Blockade jetzt endlich überwunden. Meine Krankheit hat mir ganz neue Erkenntnisse über mich selbst gebracht.«

Susan kam mit Tikva und Benjamin vom Essen zurück. Wir setzten unseren Spaziergang über den Campus fort und unterhielten uns nun über andere Themen – über die politische Situation und daß der Friedensprozeß nach dem historischen Treffen zwischen Rabin und Arafat langsam, aber sicher Fortschritte machte. Es war eine Zeit der Hoffnung, der neuen Chancen in Israel, und Elliott meinte, es sei trotz aller Enttäuschungen und Fehlschläge niemals zu spät für einen neuen Anfang.

Ein Jahr nach dem Ehemaligentreffen in Harvard ergab sich für Elliott wieder eine Gelegenheit, nach Boston zu kommen. Er schrieb zwar weiterhin alle zwei Wochen seine Kolumne, machte mittlerweile aber auch häufig Vortragsreisen und hatte in der jüdisch-intellektuellen Szene inzwischen einen guten Namen als neue Stimme. Er griff bei seinen Vorträgen auf sein umfangreiches Wissen in jüdischer Geschichte und Tradition zurück, ergänzte es jedoch durch eine moderne, weltliche Interpretation. Die Themen reichten von Politik bis zu Filmkunst, Büchern und Religion. Die Leserschaft des *Israel Bulletin* war nicht sehr groß, aber in der ganzen jüdischen Welt verstreut. Er hatte in diesem Jahr schon vor Gemeinden in Australien, Kanada und England gesprochen und sollte nun in New York bei einem großen Rabbinertreffen einen Vortrag halten. Das sei schon eine besondere Herausforderung, bemerkte Elliott, den »Profis eine Predigt zu halten«. Er würde Mitte der Woche, nach seinem Vortrag, nach Boston kommen. Fast beiläufig bat er mich, bei der Gelegenheit sein Blut zu untersuchen. Dr. Levy, sein Hausarzt, hatte bei einer Routineuntersuchung vor ein paar Tagen festgestellt, daß die Zahl der weißen Blutkörperchen knapp unter der Norm lag. »Ich habe gerade eine Erkältung hinter mir, die mir Tikva angehängt hat. Jeremy Levy meinte, das könnte der Grund sein. Glaubst du, es hat etwas mit dem Lymphom zu tun?« Ich verneinte, denn ich war der gleichen Meinung wie Dr. Levy. Ein Virusschnupfen wird oft von einem leichten Rückgang der Leukozytenzahl begleitet.

Elliott wirkte vital und energiegeladen, als er bei uns eintraf, das Gesicht von der israelischen Sonne gebräunt. Brustkorb und Schultern waren breiter geworden, seit er seine neue Leidenschaft, das Schwimmen, entdeckt hatte. Er hatte sich inzwischen an das künstliche Hüftgelenk gewöhnt und hinkte nicht mehr. Wir umarmten uns lange und fest, glücklich, daß er seine schwere Krankheit überstanden hatte. Pam und die Kinder begrüßten ihn, wie immer, mit herzlichen Küssen auf die Wange.

Elliott ließ sich beim Abendessen dann unsere Hausmannskost schmecken und stand am nächsten Tag früh auf, um die *New York Times* zu lesen. Wir unterhielten uns darüber, wie der Friedensprozeß und der Truppenabzug von der West Bank voranging und ob Rabins Arbeitspartei wohl die Wahlen im nächsten Jahr gewinnen würde.

Youngsun begrüßte Elliott herzlich, als wir in die Klinik kamen, und schaute sich interessiert die neuesten Fotos von Benjamin und Tikva an.

Zwei Stunden später saß ich neben Ned Waterman, demselben Pathologen, der damals die Gewebeuntersuchung von Elliotts Lymphom gemacht hatte. Wir kontrollierten systematisch den Blutausstrich mit Tausenden von weißen Blutkörperchen aus einem einzigen Tropfen von Elliotts Blut. Zwischen den normalen Leukozyten schwammen etliche große Zellen mit unregelmäßigem Rand. Diese eigenartig geformten Zellen hatten einen vergrößerten Kern, und das Zytoplasma wies eine Menge hellroter Einsprengsel auf. Ich sah, wie sich das Gesicht meines Kollegen neben mir am Mikroskop verdüsterte. Die Diagnose wäre selbst für einen Medizinstudenten im ersten Semester kein Problem gewesen, denn die Struktur der großen, deformierten Zellen war unverwechselbar. Elliott hatte akute Leukämie.

Ich schloß die Augen, und das Bild der leukämischen Zellen blieb noch eine Weile auf der Netzhaut haften. Dann sah ich nur noch tiefste Schwärze vor mir. Ich fühlte mich leer, als wäre diese Dunkelheit zum Kern meines Wesens vorgedrungen und hätte jedes Gefühl aufgesogen. Es war kein Zorn in mir, kein Schmerz, nur eine kalte Empfindungslosigkeit, wie wenn jemand ein scharfes Messer in den Bauch gerammt bekommt und durch den Schock überhaupt nichts spürt.

Trotz meiner Erschütterung verstand ich auf der rationalen Ebene sofort, was passiert war.

»Behandlungsbedingte Leukämie« lautete die Bezeichnung für Elliotts Erkrankung, eine schreckliche Folge der modernen Chemotherapie, die einem Patienten zuerst das Leben rettet und dann, Jahre später, bei einigen wenigen eine zweite, potentiell tödliche Krankheit auslöst. Die Medikamente, die Elliott bekommen hatte, um das Lymphom zu zerstören, hatten die DNS seiner normalen Knochenmarkszellen geschädigt. Die meisten dieser Zellen waren in der Folge abgestorben, mit einem geschädigten Genprogramm nicht mehr überlebensfähig; einige wenige hatten, zufällig, die nötigen Mutationen vollzogen, die zum Gegenteil des Zelltods führen – zum ungehemmten Krebswachstum.

Ich ging in mein Zimmer zurück, wo Elliott auf mich wartete. Wir hatten vorgehabt, in Rebecca's Café, dem kleinen Bistro in der Nähe der medizinischen Fakultät, zu Mittag zu essen. Elliott hatte den Vormittag damit verbracht, für die Kinder T-Shirts mit Harvard-Aufdruck zu kaufen und auf seinem geliebten Campus herumzuspazieren.

»Es ist unglaublich, wie schnell sie wachsen«, bemerkte er, als ich ins Zimmer trat. »Letztes Jahr haben wir ihnen hier alle möglichen Harvard-Sachen gekauft, und jetzt sind sie ihnen schon wieder zu klein.«

»Kinder schießen oft wirklich mächtig in die Höhe«, sagte ich, während ich mich setzte. Ich sah ihm fest in die Augen, als ich ihm eröffnete, was auf ihn zukommen würde.

»Ell, ich habe mir gerade dein Blut angesehen.«

Ich machte eine Pause. Ein brennender Schmerz erfüllte mich jetzt, wo ich vorher nur kalte Leere gespürt hatte.

Zuerst war ich versucht, mich hinter Euphemismen zu verstecken, zu sagen, es seien einige »Anomalien« festgestellt worden und »weitere Untersuchungen« erforderlich. Ich dachte, vielleicht würde er die Nachricht dann besser verkraften, die schreckliche Nachricht, daß ihm nach allem, was er durchlitten hatte, jetzt noch viel Schlimmeres bevorstand – die aggressivste Behandlung, die die klinische Medizin kennt. Eine Chemotherapie würde nicht genügen, um die Leukämie zu beseitigen und Elliott zu heilen. Er brauchte eine Knochenmarktransplantation.

Aber ich wußte, daß es am besten für ihn war, wenn er alles erfuhr, so bald wie möglich, ohne Beschönigung, genau wie damals, als ich ihn über sein T-Zell-Lymphom aufklärte.

»Elliott, die Zahl deiner weißen Blutkörperchen ist so niedrig, weil du eine akute Leukämie hast.«

Elliott schwieg eine Weile und nickte dann wissend, als hätte er ein vertrautes Gesicht wiedererkannt. Ich hatte erwartet, daß er unter diesem Schlag zusammenbrechen würde. Ich selbst mußte sehr kämpfen, um die Fassung zu bewahren. Aber er saß stumm und reglos da.

Ich nahm sein Schweigen als Aufforderung, ihn über die einzige Behandlung aufzuklären, die ihm Heilung bringen konnte – eine Knochenmarktransplantation –, und was das bedeutete, da viele Laien eine falsche Vorstellung davon haben. Alle Blutzellen in seinem Körper würden zerstört werden müssen. Das geschehe mittels Bestrahlung, einer sogenannten »Ganzkörperbestrahlung«, bei der jeder Millimeter an Körpergewebe erfaßt werde, wie von der Strahlung einer Atombombe.

Waren alle Blutzellen zerstört, würde er die primitivsten Markzellen eines kompatiblen Spenders bekommen. Diese primitiven Zellen hießen »Stammzellen«, weil sie sich zu all den reifen Blutbestandteilen entwickeln – weiße Blutkörperchen, rote Blutkörperchen, Blutplättchen – und sein ganzes hämatopoetisches System wiederaufbauen könnten.

Ich wartete auf Fragen, aber Elliott blieb stumm, und ich überlegte, ob er die Informationen wirklich aufnahm oder ob ihm alles zuviel war.

»Habe ich mich klar ausgedrückt, Ell? Ich weiß, das ist etwas viel auf einmal.«

Da begann er endlich zu sprechen.

»Und was ist, wenn es keinen passenden Spender für die Stammzellen gibt, die ich brauche?«

Damit war klar, daß er mich verstanden hatte – nur allzu gut –, denn das war das Kernproblem. Selbst wenn er die Behandlung der akuten Leukämie gut überstand und wir eine Remission erreichten, konnte es sein, daß er lange Zeit auf die Transplantation warten mußte. Und Alternativen gab es kaum.

»Wenn wir, was Gott verhüten möge, keinen passenden Spender in deiner Familie oder über die weltweite Datei von Knochenmarkspendern finden, haben wir zwei Möglichkeiten. Zum einen die konservative Behandlung der Leukämie – bis zur Remission, die Monate oder Jahre anhalten kann. Du bist in dieser Zeit gesund und voll funktionsfähig, und wir können hoffen, daß die Forschung einen weiteren Therapieweg entdeckt, bevor die Leukämie wiederkommt. Die zweite Möglichkeit ist sehr riskant – ein nicht kompatibles Transplantat. Dabei entwickeln sich die übertragenen Stammzellen zu Blutzellen, die dein Körpergewebe als fremd erkennen und angreifen. Das ist die sogenannte »Graft-versus-host«-Reaktion, also »Transplantat gegen Wirt« – die nicht kompatiblen Blutzellen, das Transplantat, greift Körpergewebe wie Leber, Haut und Darm an, den »Wirt«.

»Und wie geht der Kampf aus?«

»Meistens nicht zugunsten des Wirts.«

Ich ließ dieses Thema vorerst sein, um den allernächsten Schritt zu besprechen, die Behandlung der akuten Leukämie. Ich sagte, wir sollten zunächst davon ausgehen, daß ein kompatibler Spender zur Verfügung stand – Michael oder Simon, seine Brüder, deren genetisch verwandte Zellen vermutlich keine schwere Graft-versus-host-Reaktion auslösen würden. Ich erläuterte kurz das Verfahren und die neuesten Statistiken zur Transplantation kompatibler Spenderzellen und hob hervor, was zu seinen Gunsten sprach: seine allgemein robuste Konstitution, sein relativ junges Alter, die Diagnose in einem sehr frühen Stadium. Ich verhielt mich, wie ich mich als Mediziner immer verhalte, nämlich der lebensbedrohlichen Krankheit mit Ruhe und Sachverstand und ehrlichem Optimismus entgegenzutreten. Ich glaubte, ich würde Elliott damit eine gewisse Entschlossenheit und Zuversicht vermitteln.

Elliott schienen die ganzen medizinischen Aspekte im Moment gar nicht so sehr zu interessieren. Er stellte mir eine überraschende Frage.

»Was für ein *chusch* hast du, Jerry, was für ein Gefühl? Werde ich es schaffen?«

Chusch ist ein althebräisches Wort, das »Gespür« oder »Gefühl« bedeutet. Es ist ein lautmalendes Wort, das den Klang des ausströmenden Atems nachahmt, wenn er von ganz tief innen kommt, ein Wort, das nichts mit rationaler Überlegung und Beurteilung zu tun hat, sondern mit Intuition.

Ich sagte erst einmal gar nichts, denn ich hatte nicht erwartet, nach meinem *chusch* gefragt zu werden, sondern nach meiner *Meinung* als Mediziner, der die Faktoren, die für und gegen eine erfolgreiche Behandlung sprechen, nüchtern abwägt.

Aber tief in mir hatte ich eine Antwort *gespürt* und nicht vom Verstand her überlegt.

»Mein *chusch* ist gut. Ich glaube, du wirst es schaffen.«

Ich stand auf und umarmte ihn ganz fest, und beiden von uns liefen nun Tränen über die Wangen.

Ich fragte mich, ob ich verrückt geworden war, ob der vorweggenommene Schmerz über seinen möglicherweise baldigen Tod so groß war, daß mein Verstand, nachdem ich mich vom ersten Schock nach der Diagnose erholt hatte, aussetzte und ich mich Illusionen hingab. Wer war ich denn, daß ich mich als Prophet aufspielte, als mit außersinnlicher Wahrnehmung Begabter? Was bedeutete schon mein *chusch* angesichts der medizinischen Fakten? War es nicht doch nur eine barmherzige Lüge, mit der ich mich selbst und meinen engsten Freund beruhigen wollte?

Nein, es war keine Lüge. Ich hatte es gespürt, ganz deutlich und stark. Tief in mir war eine große Ruhe. Mir war durchaus bewußt, daß viele Schwierigkeiten und Unwägbarkeiten vor uns lagen: die einleitende Chemotherapie zur Behandlung der akuten Leukämie, die Suche nach einem kompatiblen Spender, die Vorbereitung zur Transplantation mittels Ganzkörperbestrahlung, das angespannte Warten, ob die übertragenen Stammzellen in der Markhöhle »angehen« und gesunde Blutzellen bilden würden, dazu das Risiko einer Graft-versus-host-Reaktion. Die ganze Zeit über würde Elliott – ohne Immunabwehr – in einem sehr kritischen Zustand sein, anfällig für zahllose und oft tödliche Infektionen. Er würde in einem Isolierzimmer mit keimfreier Luft liegen und sterile Nahrung bekommen, er würde nur selten Besuch haben dürfen und wenn, dann nur für kurze Zeit, und die Besucher mußten sterile Schutzkleidung, Mundschutz und Handschuhe tragen. Er würde, solange er keine körpereigene Abwehr hatte, so umfassend wie nur irgend möglich von unserer Welt mit ihren allgegenwärtigen Mikroben abgeschottet werden.

Aber all diese realen medizinischen Probleme wurden von dem machtvollen Gefühl in den Hintergrund gedrängt, daß er es schaffen würde. Ich sah kein strahlendes Licht, hörte keine Stimmen, hatte keine Halluzinationen sonstiger Art. Und als er mir diese Frage stellte, hatte ich zuerst gedacht, ich sollte vielleicht nicht darauf eingehen, denn medizinisch gesehen war *chusch* bedeutungslos.

Aber ich hatte gespürt, daß er es schaffen würde, und es wäre falsch gewesen, ihm das nicht zu sagen.

»Rufen wir Susan an«, sagte ich, weil ich von diesem mystischen Gefühl Abstand bekommen und mich wieder auf die konkreten Aufgaben konzentrieren wollte. »Wir sollten die nächsten Schritte mit ihr besprechen.«

»Sie müßte eigentlich schon von der Arbeit zurück sein«, entgegnete Elliott und sah auf die Uhr.

Ich wählte ihre Nummer in Jerusalem, die ich auswendig wußte, und fragte mich, während ich schon das Freizeichen hörte, ob Elliotts Krankheit mir wohl wieder einmal meine Grenzen zeigen würde.

Elliott beschloß, für die Chemotherapie und anschließende Knochenmarktransplantation wieder zu Jim Fox ins Alta Bates Hospital in Berkeley zu gehen. Die dortige Krebsstation war hervorragend ausgestattet. Außerdem war es angenehm, daß Elliott die Schwestern und die Klinikroutine schon kannte, und es würde auch eine große Hilfe sein, daß Susans Eltern in der Nähe lebten. Und Jim war mittlerweile nicht nur sein Arzt, sondern auch ein guter Freund.

Susan flog gleich direkt nach Kalifornien, Benjamin und Tikva blieben in Jerusalem bei Elliotts Mutter. Es war mitten im Schuljahr, und die Kinder aus der Klasse zu nehmen hätte ihnen Probleme gemacht. Susan hatte ihnen gesagt, Daddy müsse wieder ins Krankenhaus. Sie hatten angemessen reagiert – enttäuscht, aber verständnisvoll; Daddy war in ihrem jungen Leben ja schon so oft im Krankenhaus gewesen.

Elliott bekam hochdosiertes Ara-C, ein sehr wirksames Chemotherapeutikum bei behandlungsbedingter Leukämie, allerdings mit schweren neurologischen Nebenwirkungen. Er mußte trotz starker Mittel gegen Übelkeit tagelang erbrechen, und außerdem wurde ihm anfangs ständig schwindelig, weil das Ara-C die Funktion des Kleinhirns beeinträchtigte, wo das Gleichgewichtszentrum sitzt. Er konnte kaum sprechen und lag nur mit geschlossenen Augen da, ohne auch nur den Kopf zu bewegen. Im Laufe von zwei Wochen klangen diese Nebenwirkungen langsam ab. Dann fielen ihm die Haare aus; er bekam Blasen im Mund und eine Darmentzündung, das Blutbild verschlechterte sich. Anschließend bekam er eine durch Streptokokken hervorgerufene bakterielle Lungenentzündung; er brauchte Sauerstoff und hochdosierte Antibiotika. Und das alles hatte er schon einmal durchgemacht.

Susan klammerte sich an meine Worte, um die Situation zu bewältigen, und wiederholte bei jedem neuen Schlag, als wäre es ihr Mantra: »Jerrys *chusch* sagt, daß Elliott es schaffen wird.« Sechs Wochen später hatte Elliott die erste kritische Hürde überwunden – die Leukämie ging in Remission. Er wurde aus der Klinik entlassen. Die Woche darauf riefen mich Elliott und Susan von der Wohnung ihrer Eltern in San Francisco an, um mir eine wunderbare Neuigkeit zu erzählen: Elliotts älterer Bruder Michael war als Knochenmarkspender hervorragend geeignet. Susan hatte die Entschlossenheit eines Panzerkommandanten, der einen Angriff führt.

»Jetzt kommt die Bestrahlung. Dann die Transplantation. Michaels Zellen passen genau! Bald haben wir es geschafft. Alles wird gut werden, so wie du es gesagt hast, Jerry. Nicht, Elliott?«
Elliott hatte bisher noch kein Wort gesagt. Erst kam eine lange Pause, und dann bestätigte er Susans Worte knapp und mit ausdruckloser Stimme: »Ja, alles wird gut werden.«
Spätabends klingelte das Telefon wieder. Ich war gerade in der Küche und räumte den Geschirrspüler aus. Es war bereits nach zehn; die Kinder schliefen schon, und Pam las noch ein bißchen.
»Jerry, hier ist Elliott.« Seine Stimme klang sehr leise.
»Bist du okay? Warum flüsterst du?«
»Ich möchte nicht, daß Susan mich hört. Sie ist nebenan und sieht fern.«
Er schwieg eine Weile und holte dann tief Luft. »Ich weiß nicht, ob ich noch länger durchhalte. Ich weiß nicht, ob ich die Transplantation machen lasse.«
Ich hörte, wie er sich bemühte, seine Stimme normal klingen zu lassen.
»Warum nicht? Du hast dich bis jetzt sehr gut gehalten. Du hast die Leukämiebehandlung sehr gut überstanden. Du hast den idealen Knochenmarkspender. Wir haben es fast schon geschafft.«

»Ich weiß nicht, warum ...«, begann er zu schluchzen. »Ich weiß einfach nicht ... ob ich ...«
Er brach ab, um sich etwas zu beruhigen, und sprach dann weiter, mit immer noch zitternder Stimme.
»Susan, du, meine Eltern, Michael, Jim Fox – alle wollen, daß ich es mache. Aber ich weiß nicht, ob ... ich eure Erwartungen erfüllen kann.«
Tausende von Kilometern lagen zwischen uns, und ich spürte, wie schwer es mir diese Entfernung machte, die richtigen Worte zu finden, ohne sein Gesicht sehen und seine Hand nehmen zu können.
»Jerry, mit der Transplantation ist es schon wie mit meinem großen Roman oder dem Drehbuch. Diese ganzen Erwartungen, mein Leben lang – alle denken, ich könnte wunder was schaffen –, alles hängt jetzt davon ab. Ich weiß einfach nicht, ob ich es durchstehe.«
Ich sagte zuerst nichts, um mich gedanklich zu sammeln. Wie erfolgreich oder nicht Elliott gewesen war, das zu beurteilen war nicht meine Sache. Darum ging es jetzt auch gar nicht. Es ging darum, daß er sich der Transplantation unterzog, die seine einzige Chance auf Heilung war. Ich versuchte es zuerst auf analytischem Weg und erklärte Elliott, was meiner Meinung nach psychisch bei ihm ablief. Ich hoffte, das würde ihn ruhiger machen, ihm Mut machen.
»Ell, es ist ganz normal, Angst zu haben. Besonders beim zweiten Mal. Es ist wie mit einem Soldaten, der wieder an die Front geschickt wird, nachdem er schon ein Bombardement überlebt hat. Du hast diesen Schock noch in dir. Du bist einfach mit den Nerven fertig. Das ist absolut normal. Ich habe das schon bei so vielen Leuten erlebt – diese ganzen Selbstzweifel, diese geheimen Ängste, die auf einmal hochkommen, daß du das Gefühl hast, du schaffst es nicht. Aber du wirst es schaffen. Wir alle helfen dir, mit unserer Liebe, ohne Erwartungen. Ich weiß, Susan kann ganz schön energisch sein und einen auch unter Druck setzen. Es ist ihre Art, mit der Sache fertig zu werden, ihre Art, sich selbst und dich zu stabilisieren.«

»Du verstehst nicht, worum es mir geht, Jerry.«

Ich hörte ihn seufzen, verzweifelt und frustriert.

»Immer hat man von mir erwartet, daß ich Superleistungen bringe. Harvard. Yale. *Time.* Hollywood. Aber es hat nie ganz gereicht. Ich bin eher so Mittelmaß. Diesmal darf ich einfach nicht versagen, es ist meine einzige Chance.«

Ich redete ihm weiter gut zu und sagte, er sei im Moment einfach erschöpft; Susan und ich und Jim Fox und seine Eltern wollten ihm nur Mut machen und ihn nicht mit Erwartungen unter Druck setzen. Aber meine Worte klangen hohl, und ich fürchtete, daß sie nichts bewirken würden. Ich schwieg, um meine Gedanken zu ordnen, und hörte, wie Elliott wieder zu schluchzen begann.

Ich versuchte, die bevorstehende Knochenmarktransplantation aus Elliotts Sicht zu sehen und ihm daraus eine Alternative zu entwickeln, mit der er besser zurechtkam.

»Meine Worte sind nur Worte, Ell. Ich habe die Sache nur von der anderen Seite gesehen, aus der Sicht des Arztes. Setz dich doch nicht selber so unter Druck. Denk immer nur an den nächsten Schritt, den du machen mußt. Wenn du immer den ganzen Berg an Problemen auf einmal siehst, macht das viel zuviel angst. Du hast schon bei dem Lymphom und bei der Leukämie bewiesen, daß du stark bist. Du mußt niemandem mehr etwas beweisen, nicht dir, nicht Susan oder ...«

»Jerry, sag mir, was für ein *chusch* du hast, für die Transplantation«, unterbrach mich Elliott, und er klang jetzt etwas ruhiger.

Ich antwortete nicht gleich, sondern versuchte, mein innerstes Gefühl zu erspüren. Es war schon merkwürdig, daß ich auch diesmal auf seine Frage einging. Auf der bewußten Ebene fragte ich mich erneut, ob das alles ein Spiel war, ob ich darauf einging, um mich aus einer Situation zu befreien, die nicht leicht zu lösen war. Es war, wie wenn ein Kind an Zauberei glaubt oder daß Märchen auf realen Begebenheiten beruhen. Ich dachte an die Geschichten, die ich als Kind von meinen chassidischen Verwandten gehört hatte – Geschichten von Wunderrabbis, Sehern und Wahrsagern, denen die Geheimnisse von Zeit und Raum durch Engelserscheinungen und das Studium mystischer Texte, der *Kabbala*, enthüllt wurden. Meine Eltern hatten gesagt, ich solle das nicht glauben, das sei alles naiv und unsinnig. Übernahm ich jetzt eine solche Rolle für Elliott oder für mich oder für uns beide? Aber tief in meinem Innern hatte ich die Antwort *gespürt*, und das hatte nichts mit Wissen zu tun.

»Ich spüre, daß du es schaffen wirst, Elliott. Ganz ehrlich.«

Elliott blieb in Berkeley hundert Tage unter Beobachtung, wie es üblich ist, und ging dann nach Jerusalem zurück. Die Knochenmarktransplantation war ausgesprochen gut und problemlos verlaufen. Die Stammzellen seines Bruders waren in Elliotts Markhöhle angegangen und hatten innerhalb von sechs Wochen begonnen, alle notwendigen Blutzellen zu bilden. Elliott bekam den Wachstumsfaktor G-CSF, um die Reifung der transplantierten weißen Blutkörperchen zu beschleunigen, und in der zehnten Woche hatten sie wieder die normale Zahl erreicht. Es gab keine Anzeichen für eine Graft-versus-host-Reaktion, so daß die zur Vorbeugung gegebenen Medikamente bald abgesetzt werden konnten.

Wir hatten während dieser kritischen hundert Tage mehrmals die Woche miteinander telefoniert, und wenn wir den aktuellen Stand der Dinge besprochen hatten, unterhielten wir uns über medizinische und biologische Aspekte dieser relativ neuen Therapie. Elliott hatte sich ein Laptop in sein Krankenzimmer mitgenommen und nicht nur E-Mails verschickt und geschrieben, sondern im Internet auch Recherchen zur Knochenmarktransplantation angestellt.

Für die Entwicklung der Knochenmarktransplantation bekam Edward Donnall Thomas, der heute am Fred Hutchinson Cancer Research Center tätig ist, 1990 den Nobelpreis für Medizin – glanzvoller Höhepunkt einer bemerkenswerten Geschichte. Die ersten elf von Dr. Thomas transplantierten Patienten waren innerhalb weniger Wochen gestorben. Es erforderte großen Mut, trotzdem weiterzumachen, daran zu glauben, daß die Hindernisse für eine erfolgreiche Transplantation von menschlichem Knochenmark zu überwinden waren. Ähnlich bemerkenswert ist der biologische Vorgang selbst. Die seltenen Stammzellen – nur jede zehntausendste gespendete Markzelle ist eine Stammzelle – konnten einem Empfänger nun intravenös übertragen werden, durch den Körper wandern, sich insbesondere in der entleerten Markhöhle ansiedeln und dort reifen, bis das ganze Blutsystem wiederhergestellt ist – jene Abermilliarden von Zellen, die für unsere Immunabwehr, den Sauerstofftransport und die Gerinnungsfunktion zuständig sind. Hier beweist sich wieder einmal das erstaunliche Regenerationsvermögen des menschlichen Körpers.

Elliott meinte, abgesehen von der beeindruckenden Geschichte ihrer Entwicklung und des biologischen Ablaufs gebe es bei der Knochenmarktransplantation noch eine andere Dimension, die wahrscheinlich nur der glückliche Empfänger so empfindet. Sie kommt in einem Satz von Levitikus zum Ausdruck: »Die Lebenskraft des Fleisches sitzt im Blut.« In ihm, in allen Körpergeweben – in Herz und Gehirn, in Muskeln und Eingeweiden – waren nun die lebenspendenden Blutzellen seines Bruders Michael.

»Es ist, als wäre ich noch einmal geboren worden, als wäre ich Teil eines neuen Schöpfungsaktes gewesen, bei dem Gott und Mensch Hand in Hand gearbeitet haben.«

Ich fand Elliotts Metapher sehr schön, erinnerte mich aber auch daran, welch hohen Preis es gekostet hatte, die Knochenmarktransplantation auf den heutigen Stand zu bringen. Vor etwa zwanzig Jahren, als ich meine Ausbildung in Hämatologie an der UCLA machte, steckte die Knochenmarktransplantation noch in den Kinderschuhen. Dr. Thomas hatte gerade die ersten Hürden überwunden, und die ersten Transplantationen waren gelungen. Auf unserer Abteilung wurde eine Transplantationseinheit eingerichtet. Es gab viele, viele Fehlschläge; heute würden diese Patienten geheilt. Man wußte noch wenig über die optimale Anwendung der Ganzkörperbestrahlung und begleitende Therapien, damit der Patient die ganze Prozedur gut überstand. Es gab keine Wachstumsfaktoren wie G-CSF, um die Stammzellen zur Bildung weißer Blutkörperchen anzuregen und den Aufbau der körpereigenen Abwehrkräfte zu beschleunigen. Als Assistent auf der Transplantationsstation mußte ich ohnmächtig zusehen, wie ein Patient nach dem anderen nicht beherrschbare Infektionen bekam und starb. Das Medikament, das Elliott bekam – Cyclosporin zur »Erziehung« der transplantierten Zellen, damit sie »lernen«, ihre neue Umgebung zu akzeptieren und sich nicht in einer Graft-versus-host-Reaktion dagegen zu wehren –, gab es damals, als ich in der Ausbildung war, auch noch nicht. Die verheerenden Folgen dieser Abwehrreaktion, verbunden mit Leberschäden, Durchfall und Hautproblemen, waren sehr häufig zu beobachten. Wenn ein Patient überlebte, dann in der Regel mit schweren Schäden.

Elliott, meinem Herzensfreund, Susans Ehemann, Vater von Benjamin und Tikva, war dank des unermüdlichen Engagements von Medizinern wie Donnall Thomas das Leben wiedergegeben worden. Die Wissenschaft verändert die Welt doch – grundlegend und zum Besseren.

Elliott rief mich drei Wochen nach seiner Rückkehr nach Jerusalem an und erzählte, daß Susan und seine Eltern eine »Zweites-Leben-Party« planten. Pam und ich seien natürlich eingeladen, obwohl sie bezweifelten, daß wir kommen würden.

Ich sagte, wir würden in Gedanken mitfeiern und ein Glas trinken auf das Wunder der Wissenschaft, durch das er seiner Familie und seinen Freunden zurückgegeben worden war.

»Du hast es von Anfang an gewußt, Jerry. Dein *chusch* hat gesagt, daß ich es schaffen würde.«

Mir war nicht ganz wohl bei dieser Bemerkung. Ich wollte den Triumph der medizinischen Forschung feiern, keine mystischen Intuitionen.

»Ich weiß nicht, was mein *chusch* bedeutet hat, Ell. Ich habe es wirklich gespürt, aber vielleicht war es nur eine Illusion, ein psychologischer Mechanismus, der mir geholfen hat, mit diesem Alptraum deiner Krankheit fertig zu werden.«

Elliott schwieg und antwortete dann nachdenklich.

»Ich glaube inzwischen viel mehr an diese mystische Dimension, Jerry. Als ich die vielen Tage völlig isoliert in meinem Zimmer lag, als meine eigenen Zellen für immer zerstört waren und Michaels Stammzellen mein neues Blut bildeten, hatte ich ein ganz eigenartiges *chusch*.

Ich spürte, daß es kein bloßer Zufall war, daß Anne Albright uns zusammengebracht hat. Sie hat dich vielmehr als meinen Bruder gesehen, und dann haben meine zwei ›Brüder‹ – du mein Seelenbruder, Michael mein leiblicher – mir das Leben gerettet. Ich habe mich dir, Anne und allen Menschen, die mich auf meinem Lebensweg liebevoll begleitet haben, zutiefst verbunden gefühlt. Im Moment der Transplantation habe ich es ganz deutlich gespürt. Es war, als würde mir mit dem Knochenmark euer aller Lebensgeist gegeben. So wie Michaels Stammzellen meinem Körper neues Leben gegeben haben, so hat eurer Geist meine Seele neu belebt.«

Wir sprachen nicht weiter darüber, diese mystischen Erfahrungen würden nun ein Teil unserer gemeinsamen Geschichte sein, sondern unterhielten uns über die Arbeit.

»Ich weiß noch nicht genau, was ich machen will«, sagte Elliott. »Ob ich beim *Bulletin* bleibe und Vortragsreisen mache, oder ob ich mir etwas ganz anderes suche – eine neue Herausforderung. Ich versuche herauszufinden, was ›Erfolg‹ in meinem Leben bedeutet. Das ist gar nicht so einfach. Ich denke im Moment viel darüber nach, wie ich Erfolg bei allem, was ich hinter mir habe, eigentlich messen soll.

Als ich so schwach war, daß ich keinen Kugelschreiber mehr halten, meine Augen nicht auf einen Punkt konzentrieren und nicht einmal mehr den Kopf heben konnte, wurde mir bewußt, daß es ein ›großer‹ Erfolg wäre, diese einfachen Dinge tun zu können. Daß man etwas erst schätzenlernt, wenn man es nicht mehr hat, ist ein Klischee, aber es ist tatsächlich so.

In der Jeschiwa haben wir vor vielen Jahren einmal über eine Frage aus dem Talmud gesprochen: *Ejsehu aschir?* – Wer ist reich?

Und die Antwort des Rabbi ist: *Ha sameach b'chelko.* – Jener, der froh ist mit dem, was er hat.

Es war in den letzten Jahren nicht immer leicht für mich, froh zu sein über das, was ich hatte. Aber damals in meinem Isolierzimmer, als mein Körper neues Blut bildete, konnte ich wieder meine Kolumne schreiben. Und ich war *froh* darüber.

Weißt du, mein erster Artikel ging über meine Leukämie und die Transplantation. Als er im *Bulletin* erschien, bekam ich Berge von Post. Die Leute haben mir nicht nur baldige Genesung gewünscht oder sonst ein paar freundliche Worte geschickt, sondern auch geschrieben, wie sehr meine Gedanken sie berührt haben. Da habe ich gemerkt, daß man auch für kleine Erfolge Anerkennung bekommt, daß auch sie zählen.

Ich habe noch meinen alten Ehrgeiz. Ich möchte immer noch ein großes Buch schreiben, ein Buch mit einer wichtigen Aussage. Aber meine Beweggründe sind inzwischen andere. Vor allen Dingen muß ich die Arbeit befriedigend finden, Freude daran haben können. Den Maßstab für Erfolg möchte ich in mir selbst finden, nicht irgendwo sonst.«

Ich konnte Elliotts innere Kämpfe gut verstehen. Der Wunsch, etwas zu gelten, für seine Leistungen anerkannt zu werden, ist ein unersättlicher Wurm, der an unserem Bewußtsein nagt, in unsere Träume schlüpft. Wer kennt ihn nicht, diesen ständigen Druck, mehr zu leisten, mehr zu erreichen, höher zu steigen? Häufig ist die ganze Mühe jedoch umsonst, weil es gar keinen wirklichen »Gipfel« gibt.

Ich habe es als Arzt oft erlebt, war oft dabei in den Stunden, wenn der nahende Tod dem scheinbar unaufhaltsamen Aufstieg abrupt, unerwartet und unwiderruflich ein Ende setzt. Ein gut Teil von dem »Erfolg«, nach dem wir vorher so gegiert haben, erscheint uns dann sinnlos und unwichtig.

Es gibt natürlich Leistungen im Leben, die Bestand haben, wie zum Beispiel die bahnbrechende Forschungsarbeit von Edward Donnall Thomas, die zu einer Perfektionierung der Knochenmarktransplantation bei Leukämiepatienten führte. Ihn trieb sicher auch der Ehrgeiz – der Wunsch –, die von der Natur gesetzten Grenzen zu überwinden und etwas zu tun, was zuvor nicht möglich gewesen war. Und er hatte den Nobelpreis bekommen, die höchste Auszeichnung für einen Wissenschaftler. Mehr als diese weltliche Anerkennung wiegt jedoch eine andere Auszeichnung – ein Vermächtnis an alle Menschen, für Elliott und andere wie ihn, die durch seine große Leistung weiterleben können.

»Es ist sehr schwer, nach seinen eigenen Wertmaßstäben zu leben, Ell.«

»Wahrscheinlich unmöglich. Aber ich werde es versuchen. Und wenn ich spüre, daß ich wieder auf die alte Schiene komme, dann werde ich mich daran erinnern, wie ich mich bei der Transplantation gefühlt habe, wie brutal eingeschränkt mein Leben war, wie meine Tage buchstäblich gezählt waren.«

»Buchstäblich gezählt?« Ich war mir nicht sicher, wie Elliott das meinte.

»Ja. Jim und die Schwestern haben jeden Tag bei der Visite die Tage gezählt: Der Tag Null war der Tag, an dem mein Blut nach der Bestrahlung völlig zerstört war. Am Tag eins bekam ich Michaels Stammzellen. Dann kam Tag zwei, drei und so weiter. Es war ein seltsames Gefühl, als Jim Fox an meinem Bett stand und dem Ärzteteam erklärte: ›Heute ist Tag vierzehn nach der Transplantation, Lebensfunktionen stabil, noch keine Anzeichen, daß das Transplantat angegangen ist.‹ Das machte mir angst, aber gleichzeitig hatte ich Hoffnung – Angst, weil ich wußte, daß Jim vielleicht meine letzten Tage zählt, aber auch Hoffnung, weil ich dachte, er zählt vielleicht doch die Tage meines zweiten Lebens. Und sollte ich überleben, dann würde ich auf ganz besondere Weise wiedergeboren werden, nicht wie ein Baby, als leeres Blatt Papier, sondern mit dem Wissen um alles, was ich durchgemacht habe, und mit meinen Erkenntnissen daraus.«

Elliotts Worte erinnerten mich an die Verse aus Psalm 90, einem Psalm über Leben und Tod. Er wird in meiner Synagoge zu Beginn der *Jiskor*-Andacht gesprochen, wenn wir unserer Verstorbenen gedenken. Ich sah mich dort stehen, in tiefem Gebet, die Augen geschlossen, Erkenntnis in der Erinnerung suchend. Dieses Mal sprachen mir die Worte nicht von Verlust, sondern von Bereicherung:

Denn tausend Jahre sind für dich
wie der Tag, der gestern vergangen ist,
wie eine Wache in der Nacht.
Von Jahr zu Jahr säst du die Menschen aus;
sie gleichen dem sprossenden Gras.
Am Morgen grünt es und blüht,
am Abend wird es geschnitten und welkt ...
Wir beenden unsere Jahre wie einen Seufzer.
Unser Leben währt siebzig Jahre,
und wenn es hoch kommt, sind es achtzig.
Das Beste daran ist nur Mühsal und Beschwer,
rasch geht es vorbei, wir fliegen dahin ...
Unsere Tage zu zählen lehre uns!
Dann gewinnen wir ein weises Herz.

Nachwort

IN DEM JAHR, als ich an diesem Buch schrieb, begann auch in meinem Leben ein neues Kapitel. Meine Mutter, damals siebenundsechzig, bekam Brustkrebs.

Es gab bei meiner Mutter keine besonderen Risikofaktoren. Sie heiratete jung, mit achtzehn, und ging schon im ersten Jahr vom College ab, um mit meinem Vater, der im Zweiten Weltkrieg gedient hatte und gerade zurückgekommen war, eine Familie zu gründen. Am Ende des ersten Ehejahres wurde meine Schwester geboren; ich und mein jüngerer Bruder folgten kurz hintereinander. Brustkrebs tritt häufiger bei Frauen auf, die erst in späteren Jahren Kinder bekommen. Außerdem war meine Mutter nicht familiär vorbelastet, und sie nahm keine Hormone, weder vor noch nach der Menopause. Die Krankheit kam völlig unerwartet.

Meine Mutter lebt zwar in New York, wollte zur Behandlung aber in meine Klinik in Boston kommen, soweit es ging. Sie begründete diesen Wunsch damit, daß ich ihr sicher die besten Chirurgen vermitteln würde, und außerdem bewunderte sie die Effizienz und Freundlichkeit der Mitarbeiter. Aber wir wußten beide, ohne es auszusprechen, daß sie furchtbare Angst hatte und es sie beruhigen würde, in meiner Nähe zu sein.

Auch ich hatte Angst. Als meine Mutter mich nach der Nadelbiopsie anrief, gingen mir die schlimmsten Dinge durch den Kopf – daß der Krebs nicht lokalisiert war, sondern sich bereits ausgebreitet hatte; daß eine intensive Chemotherapie keinen Erfolg mehr bringen würde; daß ich zusehen mußte, wie sie litt und immer mehr verfiel; wie ich nach ihrem Tod unter Tränen den *Kaddisch* sprach, das Trauergebet. Ich zwang mich, diese schrecklichen Bilder aus meinem Kopf zu verbannen und mich darauf zu konzentrieren, ihren Fall Schritt für Schritt anzugehen. Ich wußte, ich würde ihr keine Hilfe sein, wenn ich meine Angst nicht unterdrückte.

Der Primärtumor war zu groß, um ihn mittels einer einfachen Resektion zu entfernen, es mußte eine Mastektomie – eine Brustamputation – gemacht werden. Während der Operation wurden in fünf Lymphknoten der Brust Metastasen festgestellt. Andere Organe waren zum Glück nicht betroffen.

In Anbetracht der Größe des Primärtumors und der Anzahl der betroffenen Lymphknoten blieben wahrscheinlich mikroskopisch kleine Metastasen zurück – trotz der Mastektomie. Das Risiko neuer Wucherungen in Monaten bis Jahren war hoch. Deshalb war eine zusätzliche Therapie angezeigt. Studien haben erbracht, daß eine intensive Chemotherapie mit vier Medikamenten das Risiko eines Rückfalls in Fällen wie bei meiner Mutter verringern, jedoch nicht ganz ausschalten kann.

Meine Mutter hat immer ganz offen ihre Meinung gesagt, und das tat sie auch, als sie in meine Klinik nach Boston kam. Sie wolle mich nicht als ihren Arzt, sagte sie, sondern als Sohn bei sich haben. Aber dieser Sohn war nun einmal Arzt, und deshalb bat sie mich trotzdem, für sie als eine Art Dolmetscher zu fungieren, ihr zu erklären, was medizinisch mit ihr gemacht wurde. Vor allem wollte sie die Wahrheit wissen, und zwar in jeder Phase der Behandlung.

Den »Dolmetscher« zu spielen machte mir anfangs große Probleme, und ich wehrte mich innerlich sehr dagegen. Ich wollte einfach nur ihr Sohn sein, still an ihrem Bett sitzen und ihre Hand halten; mit Entscheidungen und sonstigen Dingen, die ihre Krankheit betrafen, wollte ich möglichst wenig zu tun haben. Als ich jedoch den Schock über ihre Diagnose und den Operationsbefund einigermaßen überwunden hatte, merkte ich, wie sehr ich ihr helfen konnte; mir wurde klar, daß meine sachlichen und zuversichtlichen Erklärungen für sie eine besondere Bedeutung hatten. Es gab niemanden, dem sie mehr vertraut hätte.

Unsere Beziehung war von einer besonderen Nähe, aber auch von besonderen Konflikten geprägt, wahrscheinlich weil wir uns in vieler Hinsicht sehr ähnlich waren. Die Leute sagten oft, daß ich ihr mit meinen tiefliegenden Augen und der Adlernase von den drei Kindern am ähnlichsten war. Wir hatten viele Gewohnheiten und Charakterzüge gemeinsam; beide standen wir beispielsweise gerne schon vor der Morgendämmerung auf und waren fast zwanghaft ordentlich. Unsere Erziehung hatte zum größten Teil in ihren Händen gelegen, und mit mir hatte sie ganz schön zu tun: Ich war in der Schulzeit ein ungebärdiges Kind, und später wollte ich schon sehr früh unabhängig sein. Es gab viele Kämpfe zwischen uns, jeder wollte seinen Willen durchsetzen.

Die meisten Entscheidungen in der Familie traf, dem traditionellen Rollenverständnis entsprechend, mein Vater, und meine Mutter setzte sie dann um. Als er starb, brach für meine Mutter eine Welt zusammen. Sie war in sechsundzwanzig Ehejahren nie länger als einen Tag von meinem Vater getrennt gewesen, und wir, ihre Kinder, fragten uns, wie sie nun mit ihrem Leben zurechtkommen würde. Sie wohnte allein in unserem Haus in Queens; meine Schwester war verheiratet, mein Bruder studierte in Harvard. Ich selbst war im zweiten Jahr des Medizinstudiums am Columbia College of Physicians and Surgeons und hatte seit meiner Collegezeit allein gelebt. Ich holte meine Mutter zu mir nach Manhattan. Das Zusammenleben verlangte zwar von beiden Seiten Kompromisse, aber wir waren sozusagen wieder eine kleine Familie.

Während dieser zwei gemeinsamen Jahre in Manhattan entdeckte ich an meiner Mutter ganz neue Seiten. Sie hatte viel Kraft und Durchhaltevermögen, was ich vorher nicht gesehen hatte. Sie suchte sich eine Stelle als Sekretärin in einem presbyterianischen Krankenhaus. Es gab sehr viel zu tun, und die Arbeit war anstrengend, aber sie schaffte es mit ihrem starken Willen und ihrem Organisationstalent, Ordnung in das Chaos zu bringen, und hielt durch. Zudem wurde sie zu einer Art »Pflegemutter« für viele meiner Studienfreunde, und selbst an Abenden, wo ich Bereitschaft hatte und gar nicht da war, kamen immer ein paar zu uns zum Essen.

Die Stärken, die nach dem Tod meines Vaters zum Vorschein gekommen waren, zeigten sich auch jetzt bei ihrer Krankheit wieder. Ich war überrascht, mit wieviel Kraft sie meine Hand drückte, als ich nach der Mastektomie an ihrem Bett saß, ihre Hand hielt und die bevorstehende Chemotherapie mit ihr besprach. Ihre Augen wurden feucht, aber sie weinte nicht, zumindest nicht vor mir. Und sie sagte, sie würde ihre Krankheit nicht verheimlichen. Wo es angebracht war, würde sie jedem in unserer weitläufigen Familie und ihrem Freundeskreis sagen, daß sie Brustkrebs hatte, daß die Brust amputiert und chirurgisch wiederaufgebaut worden war und daß sie jetzt ein Jahr lang eine Kombinations-Chemotherapie machen würde.

Die Chemotherapie geht ihrem Ende zu, es stehen im Moment noch zwei Behandlungszyklen aus. Meine Mutter hält tapfer durch, obwohl die Therapie sie sehr mitnimmt.

»Eigentlich geht es mir nicht so gut, aber ich versuche, es nicht zu zeigen«, vertraute sie mir nach einer besonders schlimmen Behandlungsrunde an. »Ich kann dies alles auch besser durchstehen, wenn ich mich zusammennehme.«

Mir wurde bei diesen Worten bewußt, wie sehr auch ich mich zusammennahm in der letzten Zeit. Ich schob jeden Gedanken, daß es vielleicht nicht gut ausgehen könnte, weit weg – was half auch alles Grübeln? Ich zwang mich, daran zu glauben, daß die Chemotherapie den Krebs besiegen und meiner Mutter noch ein langes und gesundes Leben schenken würde.

In anderen Dingen wollten wir uns aber nichts vormachen, meine Mutter und ich. Es gab Probleme zwischen uns, die wir lösen wollten, alte Probleme und aktuelle Probleme. Wir konnten sie jetzt leichter ansprechen. Daß wir nicht wußten, ob sie wieder gesund werden würde, wieviel Zeit ihr noch blieb, hatte uns einander nähergebracht.

In diesem Jahr, Anfang Januar, feierte ich meinen 45. Geburtstag; er fiel auf einen Samstag. Morgens ging ich mit meiner vierjährigen Tochter Emily in die Synagoge. Wir stapften nebeneinander durch den frisch gefallenen Schnee, und Emily verglich ihre kleinen Stiefelabdrücke mit den meinen.

Wir gingen zum Kindergottesdienst, den ein engagierter junger Lehrer gestaltete. Ich saß mit einem guten Dutzend anderer Eltern im hinteren Teil des Raumes, vorne standen unsere Kinder und sangen. Dann durften die Kinder von einem besonders schönen oder aufregenden Ereignis in der Woche erzählen.

Als Emily an die Reihe kam, stand sie auf und verkündete stolz, sie habe das Neujahrswochenende in New York verbracht. Ihre blauen Augen strahlten, als sie erzählte, was für sie das Schönste gewesen war.

»Ich habe mit Oma Muriel gespielt!«

Meiner Mutter war es recht gut gegangen, so daß sie mit der Familie auch etwas unternehmen konnte. Es war eine Woche vor ihrer nächsten Chemotherapie; ihre Blutwerte waren normal, und die Nebenwirkungen der starken Medikamente waren abgeklungen. Sie hatte an diesem Wochenende viel mit Emily gespielt. Ich spürte, was für ein großes Geschenk es für meine Mutter war, Emily und meine Söhne zu erleben – ein Geschenk, das meinem Vater nicht vergönnt gewesen war. Ich fragte mich, wieviel Lebenszeit meine Mutter noch mit meinen Kindern würde verbringen können, wie intensiv sie diese gemeinsame Zeit nutzen würden.

Ich dachte nicht nur darüber nach, wieviel Zeit meiner Mutter noch blieb. Ich war inzwischen fünfundvierzig, nur zehn Jahre jünger als mein Vater bei seinem Tod. Ich betete darum, daß meinen Kindern der Schmerz und das Leid erspart bliebe, ihren Vater in jungen Jahren zu verlieren, wie es mir und meinen Geschwistern widerfahren war.

Ich begann dieses Buch in dem Bewußtsein zu schreiben, wie sehr der Tod meines Vaters mein Leben überschattete, und versuchte zu verstehen, wie dieses Ereignis mir die Kraft und den Ansporn gegeben hat, das zu tun, was ich tue. Nun, da ich es beschließe, schaue ich zuversichtlich in die Zukunft und versuche von den Patienten, die ich betreue, etwas über das Leben zu lernen – für meine Mutter und mich selbst.

Danksagung

VIELE FREUNDE HABEN mich dazu ermutigt, dieses Buch zu schreiben, und haben wesentlich zu seiner Entstehung beigetragen. Ich bin ihnen sehr dankbar dafür. Anne und Marty Peretz haben die ersten Kapitel gelesen, als das Projekt noch in der Anfangsphase war, und Anne schickte sie an Maggie Scarf. Maggie brachte mich mit Suzanne Gluck bei ICM zusammen, die sich mit viel Einsatz und großem Sachverstand für das Projekt engagierte. Als das Buch langsam Form annahm, halfen mir Margo Howard, David Sanford und Melanie Thernstrom, meine Gedanken besser zu formulieren. Besonders ehrliche und verständige Kritiker waren Charlene Engelhard, Liz Young, Arthur Sulzberger jr. und Arthur Cohen. Sehr wichtiges Feedback zu bestimmten Teilen des Manuskripts bekam ich von Caroline Alexander, Robert Brassel, Eric Breindel, Sally Button, Barbara Carton, Marilyn Chase, Roberta Fahn, Everett Fahy, Roberta Ferriani, Dan Gadish, Barbara Gladstone, Lenny Groopman und Yasmine Ergas (mein Bruder und meine Schwägerin), Francine und Harry Hartzband (meine Schwiegereltern), Youngsun Jung, Susan Kamil, Carol Kann, Larry Lasky, Merle und Yangja Legg, Rita Levinson, Robert McCleary, Ellen Murphy, Stephen und Georgia Nimer, Francine Pascal, Alexander Roesle, Stuart Schoffman, Terri Schraeder, Stephen Shea, Andrew Spindler, James Spindler, Brenda Star, Abe und Cindy Steinberger, Michael Ward Stout, Andrew Sullivan, Abigail Thernstrom, John Thomas, Elizabeth Weymouth und Debbie Zaitchik.

Das Nachwort habe ich auf Anregung meiner Mutter geschrieben, weil sie meinte, ihre Geschichte könne vielleicht anderen Menschen helfen. Aus dem gleichen Grund haben auch alle hier vorgestellten Patienten, die heute noch leben, der Veröffentlichung zugestimmt. Ich bin ihnen zu großem Dank verpflichtet, Dank für ihren Mut und ihre Mitarbeit. Zum Schutz der Privatsphäre wurden bestimmte persönliche Details und Umstände in allen Kapiteln außer »Alex« geändert. Ansonsten sind die Geschichten wahrheitsgetreu erzählt.

Dawn Drzal, meine Lektorin bei Viking Penguin, hat das Projekt sehr professionell und fachkundig begleitet. Sie weiß, wie man ein Buch mit Sachverstand und Sorgfalt in die richtige Form bringt. Barbara Grossman, Cathy Hemming und Paul Slovak bei Viking Penguin haben an das Projekt geglaubt und entscheidend zu seiner Verwirklichung beigetragen.

Ich danke meiner Familie, die oft zurückstecken mußte, weil mich meine »Schreibarbeit« so sehr in Anspruch nahm. Meine Frau Pam hat jeden Entwurf aufmerksam gelesen. Sie kennt mich besser, als ich mich selbst manchmal kenne, und ohne ihre Unterstützung würde es dieses Buch nicht geben. Vor etwa 3000 Jahren stellte König Salomo einmal die Frage: »*Eschet chajil mi jimza?*« – »Eine tüchtige Frau, wer findet sie?« Ich habe das große Glück, sie an meiner Seite zu haben. Durch sie habe ich nicht nur dieses Buch vollenden können, sondern auch gelernt, was ein erfülltes Leben heißt.